München
blut
rot

www.lektoratsanstalt.de

Erstausgabe November 2009
© 2009, Kölnisch-Preußische Lektoratsanstalt
Dr. Heinlein, Schmitz & Schubert GbR

Umschlaggestaltung und Satz:
Kölnisch-Preußische Lektoratsanstalt
Druck: Aalexx, Großburgwedel
ISBN 978-3-940610-07-2

Ottfried Fischer	**Vorwort**	6
Sandra Niermeyer	**Mea Culpa**	9
Andrea M. Schenkel	**Die Bank**	23
Stefan Slupetzky	**Mein kleiner Münchner Grabgesang**	35
Heidi Rehn	**Acht gegen acht**	49
Andrea Izquierdo	**Die Einladung**	61
Henrike Heiland	**Konkurrenzausschluss**	83
Beatrix Mannel	**Fensterln**	97
Iny Lorentz	**Eine Wurst für Hasso**	111
Roger Fiedler	**In Ewigkeit Amen**	127
U.A.O. Heinlein	**Milde Gabe**	143
Friedrich Ani	**Killing Giesing III**	157
Angela Eßer	**6 Uhr 23 – Guten Morgen, München**	173
Zoe Beck	**Draußen**	181
Carsten S. Henn	**Der Fall Maria W.**	209
Jörg Juretzka	**Der Narr, der Wein, die Laute und des Feuers Brunst**	221
Michael Rossié	**Wie man einen München-Krimi schreibt**	231
Antje Stockmann	**Illustrationen**	

Ottfried Fischer

Vorwort

München stammt von den Mönchen ab. Namentlich Mönche sind – das weiß man spätestens seit Umberto Ecos „Der Name der Rose" – gottesfürchtige Menschen, die, soweit sie nicht selbst vorher einer Straftat zum Opfer fallen, ein Verbrechen höchstens dann begehen, wenn keiner hinschaut beziehungsweise das Ganze hinter verschlossenen Mauen stattfindet, oder wenn Gott es ausdrücklich will, was aber letztlich auch immer einblicksfrei über die Bühne geht, allein schon um den omnipotenten Komplizen Himmelvater nicht in kriminelle Schwulitäten zu bringen.

Und so verhält es sich bis heute – oder wie ist sonst zu erklären, dass München, die nördlichste italienische respektive vatikanische Stadt in Europa, also durchaus stark seelenverwandt mit den kriminalverliebten renaissancehaften südlichen Landstrichen, in denen schon immer Päpste, Fürsten und Kurtisanen gerne südländisch heiter dem Giftmord oder sonstiger Meuchelei zum Opfer gefallen sind, wo also das Verbrechen schon beinahe sportlichen Charakter hatte, dass ausgerechnet diese Stadt in der Verbrechensstatistik ganz weit hinten liegt.

So darf dieses Vorwort in leicht kritischer Attitüde konstatieren, dass „München blutrot" nicht der am besten passende Titel sein dürfte bezüglich des kriminellen Charakters der bayerischen Weltstadt, deren Herzblut ja bekanntlich mehr für die Gemütlichkeit rauscht, als dass es im Zuge von Kapitalverbrechen vergossen wird.

Die mangelnde Errötungsneigung fängt doch hier beim Kopf an, wenn man bedenkt, dass die politischen Häuptlinge der Roten in München und der dazugehörigen bayerischen Umgebung zumeist harmlose und biedere Typen sind, denen man jederzeit auch einen Gebrauchtwagen abkaufen würde – also eine Spezies, die nicht einmal zu minimalexistenzsichernder Kleinkriminalität geeignet wäre.

Aus korrekter Sicht der *causa criminalis monacensis bavariaque* müsste vorliegendes Buch besser „München tiefschwarz" heißen, wenn man bedenkt, dass die Machenschaften der in Bayern herrschenden schwarzen Partei schon vor Jahren dazu geführt haben, dass an Orten, wo sich viele Mandatsträger jener staatstragenden politischen Vereinigung aufhielten, wie beispielsweise im Münchner Rathaus, überall Handschellenautomaten zur Selbstbedienung aufgestellt waren.

Aber dass München keine blutarme Insel der Seligen am Isarstrand ist oder war, dass es zumindest in der Phantasie einer gehörigen Kriminalitätskultur eine angemessene Heimstatt bieten kann, das beweisen die blutrünstigen Autoren des vorliegenden Bandes.

Sie sorgen für den notwendigen kriminalitätsaffinen Rotstich, für den literarischen Blutrausch, für ein Mords-Blutvergießen und tauchen die Bayernkapitale in ein blutiges Morgenrot der feinsten kriminalistischen Belletristik.

Und jetzt wird auch deutlich, dass der Titel des vorliegenden Werkes nicht nur wegen der hartnäckigen roten Stadtregierung niemals dem Rotstift zum Opfer fallen darf, sondern durchaus zu Recht lautet: „München blutrot".

Folgen Sie, geneigter Leser, mit schaurigem Schaudern der hier versammelten hochkarätigen Investigativcorona in Sachen Krimifiktion in die münchenspezifischen Untiefen der *criminalitas Bavariae*.

Sandra Niermeyer

Mea Culpa

Sie haben mir gesagt, ich soll es aufschreiben. Von Anfang an. Zeit genug habe ich hier. In diesem Raum stehen nur ein Bett, ein Tisch und ein Stuhl. Die Badewanne wirkt fehl am Platz.

Das Fenster ist verdunkelt, aber ich glaube, ich bin nicht weit von meiner Wohnung entfernt.

Alles begann mit dem Umzug nach München. Diese Stadt ist eine Lebensfalle.

Ich stamme aus einer Kleinstadt. Ich wollte raus aus dem Mief. Ich hatte einen Freund und alles. Hier in München hatte ich nichts. In München ist man Single. München ist die Hochburg der erfolgreichen, schicken Singles, die ihr Leben genießen wollen.

Nur leider war ich weder erfolgreich noch schick. Ich konnte kaum meine Wohnung halten, die viel zu klein war.

Also tat ich das, was hier alle tun: Ich ging aus. Meistens ins Ruffini, das ist hier gleich um die Ecke. Ich trank Cappuccino und versuchte das Leben zu genießen, während meine Ersparnisse schwanden.

Das Ruffini war anders als die anderen Cafés. Um mich herum, auf der Dachterrasse, von der man so schön in malerisch verwahrloste Kleingärten schaute, saßen nur Pärchen. Ich beobachtete sie unauffällig, wie sie sich berührten, wie sie sich an der Hand hielten, wie sie vom Teller des anderen aßen, wie sie sich küssten.

Das alles hatte ich schon seit Monaten nicht mehr gehabt. Und Geld hatte ich auch keins.

So begann es. Wahrscheinlich reicht das nicht als Entschuldigung.

Sie bringen mir einmal am Tag Essen in einem zerkratzten Teller. Sie schauen mir über die Schulter, wie viel ich geschrieben habe. Ich habe schon vier Mal von vorne angefangen. Warum soll ich ein Schuldbekenntnis schreiben, wenn ich mir keiner Schuld bewusst bin? Man hätte mir nicht glauben müssen, oder? Es stand jedem frei, mich als Spinnerin abzutun. Aber sie haben mir fast die Tür eingerannt in ihrer Not.

Ich saß also im Ruffini, tagein, tagaus, und bildete mir ein, ich säße in einem Wiener Kaffeehaus oder in einer italienischen Osteria. Überall, nur nicht in München.

Kennen Sie den Kinofilm „Shoppen"? Eine junge Frau sagt an einer Stelle: In München sitzt du im Café, freust dich über den Föhn, trinkst Cappuccino, und rumms! Mit einem Schlag bist du 55 Jahre alt. Und plötzlich merkst du, dass alle ein Leben gelebt haben, und nur du … du hast Cappuccino getrunken."

Genauso fühlte ich mich. Ich merkte, dass es ein Fehler gewesen war, aus einer Kleinstadt nach München zu ziehen. Ich hatte dort mehr gehabt, als ich hier je haben würde. Überflüssig zu sagen, dass ich neidisch wurde auf alle, die mehr zu besitzen schienen als ich. Und irgendwann dachte ich: Was ich nicht habe, sollen die anderen auch nicht haben. Der Plan reifte langsam in mir. Das Publikum im Ruffini schien geeignet dafür. Sie waren alternativ genug, um auf so etwas herein zu fallen.

Ich ließ Flyer drucken. Seriös aussehende Hochglanzflyer mit einem Foto, auf dem ich nett aussah und Referenzen, die ich nicht besaß. Das Titelbild zeigte zwei Personen mit einer strahlenden Aura.

Flyer auszulegen bringt überhaupt nichts. Niemand wird dich jemals anrufen. Ich entwickelte eine andere Methode. Ich saß Zeitung lesend und Kaffee trinkend auf der Dachterrasse und verteilte die Flyer über den Biertisch. Vorgeblich, um Platz für die Zeitung zu schaffen. Dabei schob ich sie dem Nachbarn zur Rechten fast auf den Teller. Oder ich stand sonntags in der Schlange vorm Eckladen, um das hausgebackene Brot zu kaufen, und ließ alle Flyer auf den Bürgersteig regnen, im vermeintlichen Versuch, das Portemonnaie zu finden.

Bald sprachen mich die ersten an. Oh, Sie sind Paarberaterin, sagte jemand, der so freundlich war, mir zu helfen, die Flyer wieder einzusammeln.

Ja, sagte ich, der Trend geht wieder zur lange dauernden Partnerschaft in unsicheren Zeiten wie diesen.

Mein Gegenüber nickte ernsthaft.

Besonders in München, fügte ich hinzu. Wer hier einen Partner hat, der tut etwas, um ihn zu halten.

Mein Gegenüber nahm einen Flyer mit. Nicht nur er. Auch andere aus der Reihe baten um einen.

Es schafft Vertrauen, wenn man sich Sonntagmorgens in einer Brötchenschlange kennen lernt, wenn die Sonne scheint und die Vögel zwitschern.

Bald riefen die ersten an. Und irgendwann saß ein Pärchen vor mir.

Nennen wir sie Tobias und Andrea. Es spielt keine Rolle. Ich hatte in meiner 45-Quadratmeter-Wohnung extra ein Zimmer frei geräumt, hatte ein rotes Sofa für das Pärchen, einen einzelnen Sessel für mich, und ein paar große Topfpflanzen und Lampen mit warmem Licht hinein gestellt. Dazu hatte ich ein großes Poster von einem Liebespaar aufgehängt, das in Paris auf einer Brücke steht und versonnen in die Seine schaut.

Lassen Sie mich am Anfang ein wenig über mich erzählen, begrüßte ich Tobias und Andrea, bevor Sie dann von sich berichten.

Eine Sitzung dauert neunzig Minuten, sagte ich. In den üblichen fünfzig Minuten kann man nicht tief genug in die Materie einsteigen. Ich nehme hundertzwanzig Euro pro Sitzung, das ist sehr günstig. Vor allen Dingen, wenn man in Betracht zieht, dass ich mich nicht nur auf Ihre aktuelle Partnerschaft beziehe, sondern auch auf andere Partnerschaften, die Sie vor dieser, vielleicht sogar in einem früheren Leben gehabt haben.

Tobias und Andrea sahen mich verunsichert an.

Ich arbeite ganzheitlich, fügte ich hinzu.

Sie entspannten sich wieder.

Unzählige Dinge können in eine Partnerschaft hinein spielen und für die aktuellen Probleme verantwortlich sein.

Ich lullte sie langsam ein.

Dafür war nicht nur mein langsames Reden verantwortlich, sondern auch die Hypnotrancemusik, die ich leise im Hintergrund laufen ließ, und das Räucherstäbchen, das ich in einer Ecke angezündet hatte.

Sie müssen nicht an Reinkarnation glauben, versicherte ich Tobias und Andrea, um Gewinn aus dieser Beratung zu ziehen. So etwas wirkt auf energetischer Ebene.

Die beiden hatten mittlerweile extrem große Pupillen und nickten in einem fort.

Ich ließ sie die Augen schließen und schickte sie auf eine Reise in die Vergangenheit. Dazu las ich langsam und leise eine Rückführungsmeditation vor.

Ich schickte sie in ihre Kindheit zurück, ich schickte sie zu ihrer Geburt zurück, und schließlich schickte ich sie in ihr vorheriges Leben zurück.

Dabei kam heraus, dass Tobias und Andrea sich auch im 19. Jahrhundert schon kannten. Er war ein Großgrundbesitzer gewesen, sie seine Magd, und er hatte sie vergewaltigt.

Andrea öffnete erschrocken die Augen.

Das kommt häufig vor, beruhigte ich sie, dass man noch ungeklärte Dinge aus einem früheren Leben mit sich herum trägt und sich nun in diesem Leben wieder trifft, um diese Dinge zu lösen.

Die beiden wirkten erschöpft, als ich mich an der Tür von ihnen verabschiedete. Sie berührten sich nicht, als sie die Treppe hinunter gingen.

Auch draußen auf dem Bürgersteig hielten sie einen Meter Abstand zwischen sich. Ich stand hinter der Gardine und sah ihnen nach.

Andrea muss lange darüber nachgedacht haben, wie sie Tobias die Vergewaltigung heimzahlen konnte. Anzeigen konnte sie ihn nicht, welcher Richter lässt sich schon auf eine Vergewaltigung in einem vergangenen Leben ein? Also bezichtigte sie ihn des Missbrauchs an ihrer gemeinsamen Tochter Marie. Tobias stritt natürlich alles ab, und auch die Gerichtsverhandlung fiel positiv für ihn aus, aber das Gerede der Leute war nicht mehr zu stoppen, und schließlich verlor er seinen Job aus einem fadenscheinigen Grund.

Diese Nachwirkungen erfuhr ich erst hier. Meine Beratungen hatten Folgen, die ich mir nicht erträumt hätte.

Sven und Mareike saßen am nächsten Abend vor mir. Sie kannten sich von der spanischen Inquisition. Er hatte ihren Fuß in einen Schraubstock geklemmt und so lange gedreht, bis er brach. Vor der Verbrennung hatte sie das nicht bewahrt.

Sie stritten sich noch vor meiner Haustür, ich beobachtete sie durchs Küchenfenster. Sven versuchte Mareike zu beschwichtigen, aber sie schlug ihre Autotür mit Wucht zu und brauste davon. In der Tür steckte Svens Finger. Man hätte ihn vielleicht noch retten und wieder annähen können, aber Mareike fuhr direkt zu ihrer Mutter und ließ sich trösten. Den Finger drapierte sie dekorativ im Hundenapf.

Am Donnerstag kamen Dirk und Beate. Ihre Bekanntschaft reichte noch weiter zurück als die der anderen. Sie waren Mutter und Sohn gewesen, und sie hatte ihren Säugling dem Gott Moloch in den feurigen Schlund geworfen.

Dirk schrie Beate am Ende der Sitzung an. Ich habe es immer geahnt, brüllte er, wenn du könntest, würdest du mich auch heute noch umbringen! Beate versuchte ihn zu beruhigen. Wir können es ja jetzt klären, sagte sie, aber Dirk stürmte aus der Praxis, ohne sich zu verabschieden.

Ich schickte beiden getrennte Rechnungen.

Wie ich später erfuhr, versuchte Dirk drei Wochen darauf, Beate in ihrem Haus anzuzünden, erlitt aber selbst schwere Verbrennungen dabei.

Sie sind heute nicht hier, Dirk stehen noch einige Hauttransplantationen bevor, aber einige von den anderen sind hier.

Sie müssten auf sich selbst mindestens ebenso wütend sein wie auf mich. Soviel Gutgläubigkeit ist mehr als unvernünftig. Weder sind irgendeinem dieser Pärchen meine zum Teil sehr mangelhaften Geschichtskenntnisse aufgefallen, noch haben sie sich darüber gewundert, dass sie in jeder Inkarnation ihrem heutigen Geschlecht angehörten. Das zumindest ist nach der Reinkarnationstheorie höchst unwahrscheinlich.

Ich hatte genug psychologische Küchenbildung, um zu wissen, wie ich Erfolg haben würde. Wenn bei einem Paar er als der Dominante erschien, dann hatte eben er sie im vergangenen Leben malträtiert. Wenn eher sie die Dominante war, ließ ich sie im vorherigen Leben Mutter und Sohn sein. War die Partnerschaft von den Machtverhältnissen her ausgeglichen, ließ ich sie im letzten Leben Geschwister sein und erklärte dadurch ihr eingeschlafenes Sexualleben.

Viele von ihnen, die nicht gleich nach der ersten Sitzung aufeinander losgingen, kamen wieder, um mit mir an ihren Problemen zu arbeiten. Die allerdings von Sitzung zu Sitzung mehr wurden. Manche jedoch tauchten nach dem ersten Termin nie wieder auf und ich hörte auch nie wieder von ihnen. Sie haben sicherlich dazu beigetragen, Münchens Single-Dichte zu erhöhen und Cappuccino getrunken.

Ich verdiente gut durch die Paarberatungen. Bald konnte ich mir eine Praxis außerhalb der Wohnung leisten, die ich mit allerlei Requisiten ausstattete, damit meine Klienten ihre Erfahrungen mit der passenden historischen Kleidung und den notwendigen Gerätschaften nachspielen konnten. Ich legte einen Vergewaltigungsteppich bereit, der aussah wie ein Strohhaufen, und ein paar Folterwerkzeuge, die denen der Inquisition täuschend echt nachempfunden waren.

Meine Patienten verließen geläutert, wenn auch oft nicht unverletzt, die Praxis.

Ich stelle mir vor, dass ich einigen von ihnen wirklich geholfen habe. So fanden sie wenigstens einen Kanal für ihre paartypischen Aggressionen, die sie im geschützten Raum meiner Praxis sozialverträglich ausleben konnten, aber das glauben die hier nicht.

Sie halten mich für eine Scharlatanin. Eine Betrügerin. Eine Kriminelle.

Sie wollen diesen Bericht zusammenschneiden. Wie einen zensierten Film. Alles, was auf sie hinweist, wird herausgeschnitten, alles, was von meiner Schuld, meiner übergroßen Schuld handelt, bleibt drin. Ich darf die Blätter nur einseitig beschreiben.

Ich soll zerknirscht klingen. Mein Gewissen soll mich umbringen.

Wissen sie nicht, dass Täter nur sehr selten ihre Tat bereuen? Ich bin keine Täterin. Ich habe ihnen geholfen. Sie hätten sich auch getrennt, wenn ich nicht gewesen wäre. Vielleicht erst Jahre später, aber qualvolle, verzweifelte Jahre später.

Wann der Erste von ihnen Verdacht schöpfte, weiß ich nicht.

Vielleicht haben sie sich unterhalten im Ruffini. In Neuhausens Wohnzimmer kommt man leicht miteinander ins Gespräch. Vielleicht haben andere Gäste mitgehört. Gäste, die ich nicht mit Trancemusik bedudelt hatte, und die den unglücklichen Pärchen oder frischen Singles gesagt haben: Die ist nicht ganz koscher.

Ich kann mir vorstellen, wie sie sie gegen mich aufgehetzt haben.

Claudia wird erzählt haben, wie ihr Mann Hans nach der dritten Sitzung ihre Bilder zerstört hat. Sie hätte in der darauf folgenden Woche ihre erste Ausstellung gehabt, ihren Durchbruch vielleicht, wichtige Kenner der Kunstszene wurden erwartet, aber ihre Gemälde waren nach der Spezialbehandlung mit Domestos nicht mehr zu erkennen.

Andere Gäste werden den Kopf geschüttelt und den Paaren ihr Mitgefühl signalisiert haben, vielleicht sogar ihre Unterstützung.

Ich hatte gerade einige Daumenschrauben gekauft und suggestiv neben das Sofa gelegt, als mir der Umschwung auffiel.

Klaus und Tamara wirkten nicht wie ein Pärchen. Sie begrüßten mich mit festem Händedruck und beobachteten mich lauernd. Selbst das Räucherstäbchen konnte sie nicht einlullen. Ich ließ sie Sandkastenfreunde in ihrem früheren Leben sein. Einer von ihnen fiel in einen Kanal und ertrank und der andere fühlte sich schuldig, weil er daneben gestanden und nicht geholfen hatte.

Machen Sie sich keine Vorwürfe, sagte ich. Sie waren erst fünf, Sie konnten nicht schwimmen, was hätten Sie tun sollen?

Als die beiden gingen, wirkten sie enttäuscht.

Mit Frida und Tom am nächsten Abend war es dasselbe. Sie wirkten mir nicht gutgläubig genug. Ich machte erst gar keine Rückführung mit ihnen, sondern plauderte die ganzen neunzig Minuten ungezwungen und versicherte ihnen, dass ich ihre Partnerschaft als stabil und entwicklungsfähig einschätzte.

Auch sie gingen enttäuscht.

Es war klar, dass etwas im Busch war. Ich wurde ausspioniert.

Rechtlich war ich abgesichert. Ich hatte in den Flyern bewusst das Wort Therapie vermieden und erwähnte es auch in den Gesprächen nicht. Paarberater durfte sich jeder nennen.

Trotzdem war etwas faul an den neuen Klienten. Sie schienen keine Pärchen zu sein, zumindest keine problembeladenen, und sie reagierten nicht auf die Musik. Auch die Paare, die ich schon kannte, verhielten sich anders. Sie wollten die kathartischen Spiele nicht mehr mitmachen. Die Daumenschrauben und Zündhölzer blieben ungenutzt neben dem Sofa liegen.

Sie steckten alle unter einer Decke.

Ich überlegte, ob ich die Praxis von heute auf morgen schließen sollte, aber dazu kam ich nicht mehr.

Eines Abends, als ich gerade ein Pärchen verabschiedet hatte, das sich die ganze Sitzung lang unruhig verhalten hatte, als würde es auf etwas warten, ging plötzlich die Tür auf. Davor standen einige Ehemalige. Tobias und Andrea, offenbar wieder versöhnt, Sven mit seinen neun Fingern und Mareike; sie waren alle da, bildeten eine merkwürdige Einheit. Ohne viel zu reden, fesselten und knebelten sie mich, rollten mich in den Vergewaltigungsteppich und trugen mich die Treppe hinunter.

Dann brachten sie mich hierher. Der Wagen, in dessen Koffer-raum es denkbar unbequem war, fuhr nicht lange. Darum ver-mute ich, dass wir uns immer noch in der Gegend vom Ruffini, meiner Wohnung und der Praxis befinden. Also irgendwo zwi-schen der Nymphenburger und der Dachauer Straße. Obwohl ich wegen der Verdunkelung nicht aus dem Fenster sehen kann, vermute ich, dass ich mich in einem Keller befinde. Es ist emp-findlich kalt hier.

Ich kann höchstens seit ein paar Tagen hier sein, trotzdem mer-ke ich, wie ich das Zeitgefühl verliere. Die Tage sind gleichför-mig. Ich schreibe oder starre an die Wand.

Heute bringt mir Bettina ein Stück Seife. Es ist hart wie ein Stein und sieht auch so aus.

Wasch dich, du stinkst, zischt sie. Sie tut mir leid. Sie hat vie-le psychosomatische Probleme. Ihr letztes Leben ist noch nicht lange her. Sie hat mit dem Versprechen auf Freilassung im Ra-vensbrücker Bordell gearbeitet, wurde nach einem halben Jahr als asozial abgestempelt und für medizinische Versuche miss-braucht.

Ihr Mann Patrick entnahm ihr in seiner damaligen Funktion als Arzt beide Eierstöcke ohne Narkose. Sie starb an den Qualen.

Patrick kam in den letzten Kriegstagen durch einen Bomben-splitter um, sonst wäre er sicherlich vor ein Kriegsgericht ge-kommen oder über die Vatikanroute nach Südamerika ausge-wandert. Oder er hätte hier in München unbehelligt eine gut gehende Frauenarztpraxis geführt.

Auf die Idee zu dieser Episode bin ich gekommen, als Bettina in der Beratungsstunde äußerte, sie hätte beim Sex mit Patrick oft Schmerzen im Unterbauch, besonders wenn er ihr sagte, sie sol-le ihren Bauch einziehen, er läge nicht gerne auf einem Hügel, dann könne er nicht richtig loslassen.

Ich bin mir sicher, dass sich ihr Sexleben seitdem erheblich verbessert hat; kennen sie doch nun die tiefere Ursache dieser Schmerzen.

Bettina zittert, als sie mir die Seife hinhält. Sie weiß, was sie mit mir vorhaben. Ich weiß es mittlerweile auch. Ich habe Andeutungen aufgeschnappt, die sie auf dem Flur geäußert haben. Ihr Plan ist bis ins letzte ausgetüftelt.

Da sie mich rechtlich in keiner Weise belangen können – ihre Schäden haben sie sich schließlich selbst eingebrockt – wollen sie mich anders bestrafen.

Ich schreibe diesen Abschiedsbrief, der gleichzeitig ein Schuldeingeständnis ist, und dann begehe ich Selbstmord. In der Badewanne. Ich schneide mir die Pulsadern auf.

Meine ehemaligen Klienten werden das Badewasser, das mit meinem Blut vermengt ist, mit Eimern aus der Wanne schöpfen und dann meine Leiche und die Eimer zu meiner Wohnung fahren. Sie werden mich und das Blutwasser in meiner Wanne anrichten und mich dann so lange dort vergammeln lassen, bis mich jemand findet.

Das dürfte Wochen dauern. Ich habe keine Freunde in München.

Wenn die Polizei den Tatort betritt, wird es so aussehen, als hätte ich in meiner eigenen Badewanne Selbstmord begangen. Den Abschiedsbrief wollen sie an den Badezimmerspiegel kleben.

Es wird zwecklos sein, sich zu wehren. Wenn mich mehrere von ihnen festhalten und mir zwei die Pulsadern aufschneiden, habe ich keine Chance gegen sie anzukommen.

Ich habe mich in diesem Raum schon mehrmals ans Fenster gestellt und um Hilfe gerufen. Aber bei dem Straßenlärm, der von draußen herein dringt, hört mich keiner.

Wie lange noch? frage ich Bettina.

Bis du den Brief fertig geschrieben hast, sagt sie, ohne mir in die Augen zu sehen.

Ihr Mann Patrick kommt gelegentlich, nimmt einige der fertig geschriebenen Blätter und liest sie. Nachher schreit er mich an. Mehr Schuld, sagt er, mehr Schuldgefühl muss da hinein. Du musst echte Reue zeigen.

Ich weiß nicht, was das ist. Ich bin mir keines Vergehens bewusst. Diese armseligen Paare. Ich habe ihnen doch nur geholfen, ihre Sackgassenbeziehung schnell zu beenden. Sie hätten sonst noch Jahre miteinander verschwendet.

Ich wäre gerne bei der Ausführung ihrer Tat dabei. Die ganze Zeit, meine ich, nicht nur bis zu meinem Tod. Ich würde so gerne ihre Gesichter sehen. Denn sie haben bei ihrer Planung ein wichtiges Detail übersehen.

Hör zu, sage ich zu Bettina, die sich an der Fensterverdunkelung zu schaffen macht, die ich gestern Nacht versucht habe abzureißen, ich zahle euch allen euer Geld zurück, mit Zinsen.

Vergiss es, faucht sie. Du hast uns um mehr betrogen als um Geld. Katja kann ihrem Mann Franz nie wieder vertrauen, seitdem er versucht hat, sie in der Vorratskammer einzumauern.

An Katja und Franz kann ich mich nur dunkel erinnern, sie waren nur einmal in meiner Beratung. Soweit ich weiß, kannten sie sich aus Ägypten. Sie war Pharaonin gewesen und hatte ihn in einer imposanten Pyramide bestattet. Er lebte allerdings zu dem Zeitpunkt noch.

Bettina mustert mich herausfordernd, als müsste ich meine Schuld einsehen. Ich zucke die Schultern. Wenn hier jemand jemanden betrogen hat, dann doch wohl Franz seine Katja. Schließlich ist eine mickrige Vorratskammer nicht mit einer Pyramide zu vergleichen, und auch dass die Richterin ihn zu dreihundert Sozialstunden verdonnert hat, kann ich nicht als Opfer ansehen, er tut es schließlich nicht freiwillig.

Bettina sieht resigniert auf die Straße, ich sehe auch hinaus. Auf der gegenüberliegenden Seite, hinter einem hohen Zaun, gehen bestrumpfte Frauenbeine vorbei.

Wenn ihr euch so sicher seid, dass ich euch belogen habe, setze ich dort erneut an, wo wir aufgehört haben, dann vergesst doch einfach, was ich gesagt habe, und macht mit eurem Leben weiter wie bisher. Bettina presst ihre Lippen zusammen.

Du hast unsere Beziehungen zerstört, murmelt sie bockig. Du hast unser Leben zerstört, unsere Jobs, unsere Familien, unsere Gesundheit.

Ich schüttele den Kopf über soviel Unverstand. Aber das habt ihr doch selbst gemacht, sage ich langsam und herablassend wie zu einem Kind, das einfach nicht begreifen will. Ich habe euch angelogen, na schön, aber das habt ihr ja nun erkannt.

Bettina verlässt fluchtartig den Raum. Sie ist mir nicht gewachsen.

Kurz darauf reißt Patrick die Tür auf. Du sollst schreiben, nicht reden, schreit er. Er versucht Bettina vor Allem zu beschützen, seitdem er weiß, dass er ihr in ihrem letzten Leben die Eierstöcke herausgerissen hat.

Ich habe schon langsam einen Krampf in der Hand vom Schreiben, Korrigieren, neu Schreiben.

Aber gut, bevor ich den Rest meines Lebens in diesem dunklen Kellerloch friste, schreibe ich es eben: Ich habe mutwillig und unter Vortäuschung falscher Tatsachen mehrere Partnerschaften zerstört. Vornehmlich aus Neid und Geldsucht. Ich habe zuvor glückliche Menschen ins Unglück gestürzt. Das alles ist mir nun klar geworden. Ich kann mit dieser Schuld nicht weiterleben. Mein Leben macht keinen Sinn und hat noch nie Sinn gemacht. Was bleibt mir noch ohne die Paarberatungen? Wovon soll ich den Cappuccino bezahlen? Ich bin eine Pest für die Menschheit. Ich verdiene den Tod. Nur wenn ich von diesem Erdboden verschwinde, ist sichergestellt, dass ich mit meinem Gift anderen nicht mehr schaden kann. Ich habe mehr Unheil angerichtet als je ein anderer Mensch auf dieser Welt. Wäre ich nur nie geboren. Ich bin es nicht wert, noch weiter zu leben. „Entfernt diesen bösen Menschen aus eurer Mitte", 1. Korinther 5 Vers 13. Mein Leichnam möge verbrannt und die Asche auf einer Müllhalde verstreut werden.

Ich halte zufrieden inne. Das dürfte nach einem ausgewachsenen depressiven Schuldwahn klingen. Hoffentlich sind sie nun zufrieden.

Eigentlich macht es mir nichts aus, wenn sie mich umbringen. Wenn sie so etwas tun, begegnen wir uns im nächsten Leben ohnehin alle wieder.

Der Kugelschreiber wird langsam leer. Ich habe noch eine Ergänzung anzubringen. Auf einem der Zettel, die hier zerknüllt auf dem Betonboden herum liegen, weil sie nicht reuevoll genug waren, steht: „Ich konnte kaum meine Wohnung halten, die viel zu klein war." Am Rand füge ich hinzu: „Sie hatte nicht einmal eine Badewanne, obwohl Baden eines der größten Vergnügen meines Lebens ist."

Dann zerknülle ich den Zettel, und werfe ihn auf den Boden zurück.

Oben geht eine Tür. Sie kommen.

Andrea Maria Schenkel

Die Bank

Kommens, setzen Sie sich ruhig zu mir her und ich erzähl Ihnen was, Geschichten wüsst ich genug, da würden's schaun. Ich rutsch ein bisserl, dann haben wir alle zwei Platz auf der Bank. Seiens nicht so schüchtern. Ich beiß schon nicht, könnt ich auch gar nicht mehr mit meinem falschen Gebiss.

Heutzutage, da sitzen die Leut immer alleine auf den Bänken, keiner setzt sich zum Anderen. Schauen Sie sich um, immer einer alleine auf der Bank. Und griesgrämig dreinschaun tun's, als hätt ihnen einer ein Stückl Brot gestohlen. Früher war das anders, da war es gang und gäbe, dass man sich dazugesetzt hat. Auf der Parkbank, im Wirtshaus und im Biergarten sowieso. Enger beieinander ist man gesessen. Alles war enger, das ganze

Leben war familiärer. Einen jeden hast gleich geduzt, nicht aus mangelndem Respekt, damit hat das nichts zu tun. Ein jeder fühlte sich mit dem anderen verbunden, auch wenn man sein Gegenüber nur vom Sehen gekannt hat. Selbst hier in München, da hat man die Leut auf der Straße gegrüßt, hat gewusst, wer zu wem gehört. Zumindest in dem Viertel, in dem man zu Hause war, nichts war anonym. Damals war selbst München ein Dorf, man ist beieinander gesessen, hat angefangen zu reden und beim Reden kommen die Leut zusammen. Das war schon immer so.

Da schauns einmal rüber, über die Straßen. Dort drüben reißens wieder eines der alten Häuser ab. Gut, um das, das s' gerade abreißen, war's eh nicht schad, war ein scheußlicher Betonbau aus den Fuchzigern, aber trotzdem. Jetzt kommt wieder ein Neubau hin, mit Apartments und Büroräumen, ganz modern, extra teuer, alles nur vom Feinsten, so dass sich Unsereins das gar nicht mehr leisten kann. Ein- und ausziehen tun's dann wie im Taubenschlag, so dass sich nicht einmal mehr die Hausleut untereinander kennen. Gut, das ist nicht das Schlimmste, mit manchen ist es besser nichts zu tun zu haben, aber mit dem Haus geht wieder eine Geschichte verloren. Und um die Geschichten, da ist es wirklich schad. Wissens, das ist wie mit uns alten Leut, wenn wir nimmer sind, wer soll dann noch von früher erzählen? Da schauns einmal die Straße runter, zu dem Haus, gleich vorn an der Ecken. Jetzt steht da schon seit Jahren ein Neubau, des alte haben's abgerissen. Kaum einer kann sich noch daran erinnern. Schad drum, war ein schönes Haus, Jugendstil. Ich kann mich noch gut entsinnen. Schon als kleines Kind hab ich's mir immer im Vorbeigehen angeschaut. Schon damals, da bin ich mit meiner Mutter hier her in den Park gegangen. Wir haben ein paar Straßen weiter gewohnt, vielleicht zehn, fünfzehn Minuten zum Gehen. Dort, waren die Wohnungen viel billiger. Hier in der Straße, gleich neben dem Park, da haben sich die einfachen Leut nichts leisten können, die Gegend hier war schon immer für die Geldigen reserviert. Die ärmeren Leut, die sind nur hier her in den Park und haben sich für ein paar Stunden oder einen ganzen Sonntagnachmittag lang auch für was Besseres gehalten. Ein bisserl die Leut anschauen und ein bisserl Müßiggang. So war das schon damals. Wenn ich mit meiner Mutter hier war, ist sie auf der Bank gesessen und ich hab gespielt, drüben unter den Bäumen. Und wenn ich nimmer spielen wollt, dann hab ich von ihr ein Stückl altes, trockenes Brot zum Füttern der Vögel bekommen. In ganz kleine Bröckerl hab ich's zerteilt und an die Tauben und Spatzen verfüttert. Die waren so zutraulich, manche haben sich direkt aus der Hand füttern lassen, nur ganz still halten hat man müssen. Und wenn die Mutter grad nicht hingeschaut hat, weil's wieder ganz vertieft war in ein Romanheftl, da hab ich dann selbst ein kleines Stückerl von dem Brot in den Mund geschoben. Weil's plötzlich gar so gut ausgeschaut hat, des trockene Brot, und geschmeckt hat's auch so gut, viel besser als daheim, wo ich es ganz für mich alleine gehabt hätte. Wenn man was teilen muss, schmeckt's immer besser, da schmeckt sogar das, was man normalerweise gar nicht anschauen würd.

Bis auf den heutigen Tag hab ich immer ein altes Brot in der Tasche, für die Tauben und die Spatzen. Ich geh nie ohne aus dem Haus. Wollens auch ein Stückl? Ich weiß schon, es ist ja nimmer erlaubt, die Vögel zu füttern, wegen dem Tierschutz und so. Und weil doch die Tauben alles voll scheißen. Das schadet dann den Gebäuden und Krankheiten soll's auch übertragen, die Vogelgrippe oder wie das neumodische Zeug heißt; früher, da gab's bloß die spanische Grippe. Deshalb zahlt man heutzutage auch eine Strafe, wenn's dich erwischen, aber ich halt mich nicht dran. Ich bin einfach zu alt, um mich noch umzugewöhnen. Ich hab die Vögel immer gefüttert, und so bleibt des auch, bis ich nimmer bin.

Aber eigentlich wollt ich ihnen ja von dem Haus erzählen. Jetzt bin ich ganz schön abgekommen von meiner Geschichte, aber so ist das halt mit uns alten Leut, da braucht man halt viel Geduld. Also, wunderschön war's, wie ein verwunschenes Schloss hat's ausgeschaut, oder zumindest hab ich mir das als Kind immer eingebildet. In dem Alter hat man ja viel Fantasie, da kann man sich alles vorstellen. Überall sind Prinzen und Prinzessinnen, Ritter und Burgfräulein, Tapetenmuster werden zu Monsterfratzen, und im Keller lauern Ungeheuer.

So wie das Haus ausgeschaut hat, war da alles möglich. Mit der Zeit ist's immer mehr verfallen, der Putz ist von der Fassade gebröckelt und die Fenster waren schon recht trüb, aber mir war das egal, mir hat's gefallen, so wie es war.

Meine Mutter, die hat mir erzählt, wie sie ganz ein junges Mädel war und nach München gekommen ist, damals sind ganz viele junge Leut vom Land rein in die Stadt, wegen der Arbeit, dem Geld und auch wegen dem freieren Leben, dass muss noch vor dem ersten Weltkrieg gewesen sein, lange ehe sie meinen Vater kennen gelernt hat. Wennst jung bist, willst halt noch was sehen von der Welt, da ist das Dorf viel zu eng.

Anfangs hat sie bei einem Anwalt im Haushalt gearbeitet, und mit den Kindern ihrer Herrschaft, da ist sie immer hier her in den Park. Und da hat sie auch die Magda kennen gelernt. Die Magda, die war auch neu in der Stadt, wie meine Mutter. Das verbindet. Die Magda hat in dem Eckhaus als Hausmädchen gearbeitet.

Von der hat meine Mutter gewusst, wie es in dem Haus ausschaut und was für Leut da drinnen wohnen, wer ein und aus geht, und überhaupt, wie es halt so zugeht. Das ganze Haus war wie aus einem Guss, ganz im Jugendstil, das Gebäude, die Möbel, alles. Erbaut worden ist's um 1896, noch vor der Jahrhundertwende, also damals ganz modern. Gehört hat's einer bekannten Opernsängerin und ihrem Mann, einem Künstler. Bildhauer war der, hat mir zumindest meine Mutter erzählt, und die hat's von der Magda, ihrer Freundin. Feine Leut waren das, und die ganze feine Gesellschaft der Stadt ist ein und ausgegangen. Privatiers, Künstler, Schauspieler, einfach alle. Zwei Kinder haben's gehabt, und an die kann ich mich erinnern. Die waren schon erwachsen, als ich noch ein kleines Kind war, aber erinnern kann ich mich trotzdem an sie. Den Karl und die Lina. Und von den beiden, da wollt ich ihnen die Geschichte erzählen.

Ich weiß gar nicht so Recht, wo ich eigentlich anfangen soll. Wissen S', die beiden waren schon immer recht eigen, spinnert halt, hingen immer zusammen wie Zwillinge, dabei waren sie gar keine Zwillinge. Karl war zwei Jahre älter als die Lina. Er soll schon immer ein zartes Kind gewesen sein. Immer kleiner und viel dünner als die gleichaltrigen Kinder, von seiner Mutter verwöhnt und verzogen. Im Alter, später, nach dem zweiten Weltkrieg, war er ein richtiges Zwetschgenmanderl, da hatte der nichts Elegantes und Mondänes an sich. Die Lina war ganz anders, groß, stattlich. Ganz wie ihre Mutter, die Sängerin, soll's ausgesehen haben, und das war auch eine große, stattliche Frau, immer mit Perlenkette und Stielaugenglas, wie das halt so war, damals.

Zu der Zeit, als die Kinder noch klein waren, sind in dem Haus viele berühmte Menschen ein- und ausgegangen. Künstler, Maler, Dichter, Schriftsteller, aber das habe ich ja schon erzählt. Angeblich soll auch der Thomas Mann der Familie sehr verbunden gewesen sein, ob das so stimmt, kann ich nicht sagen, ich hab's nur von meiner Mutter gehört, und die weiß es wiederum von der Magda.

Der Mann soll sich sogar inspirieren haben lassen zu dieser Novelle – wie hieß die doch gleich? Wartens. Wälsungenblut, oder so. Da geht es um zwei Geschwister, die sich näher stehen, als das eigentlich bei Geschwistern üblich ist. Ich glaub ja nicht, dass die Geschichte wahr ist, ich mein, dass mit der Inspiration, denn wer weiß schon, wovon oder durch was sich Schriftsteller inspirieren lassen, und außerdem kommt das auch rein zeitlich nicht hin. Aber die Leut, die reden viel, wenn der Tag lang ist, und noch mehr, wenns glauben, das s' was wissen und eigentlich nichts wissen. Aber dass der Karl und die Lina ein besonders inniges Verhältnis zueinander gehabt haben, das war allgemein bekannt. Einmal, da hat der Karl gar damit gedroht, dass er sich umbringen würde, weil die Lina heiraten wollte. Ganz oben im zweiten Stock soll er auf dem Fensterbrett gestanden sein und damit gedroht haben, dass er in die Tiefe springt, wenn seine Schwester die Verlobung nicht rückgängig machen würde.

Das muss so in den dreißiger Jahren gewesen sein. Die Hochzeit wäre nicht das Schlechteste gewesen, denn wirtschaftlich ging es ihnen zu der Zeit angeblich schon gar nicht mehr so gut, und die Lina selbst war ja auch nicht mehr die Jüngste. Aber das nur nebenbei.

Die ganze Straße ist zusammen gelaufen, am anderen Tag ist es sogar in der Zeitung gestanden. Gesprungen ist der Karl nicht, und geheiratet hat die Lina auch nicht.

Wer weiß, vielleicht wäre dann alles anders gekommen.

Und für Skandale war die Familie schon immer gut. 1923, im Jahr der Währungsreform nach dem ersten Weltkrieg, da hatte sich der Vater bereits das Leben genommen. Erschossen hat er sich. In seinem Atelier. Das lag im Anbau an der hinteren Seiten des Hauses, wo genau, das kann ich nicht sagen, ich kenn das Haus selbst nur aus Erzählungen, rein gekommen bin ich nur einmal, viel später. Der Karl soll seinen Vater gefunden haben, und alles soll voller Blut gewesen sein; der Vater hatte sich mit dem Jagdgewehr in den Mund geschossen. Warum, weiß keiner so genau. Die einen haben gewusst, dass er unheilbar krank war, die anderen, dass er kurz vor der Währungsreform noch ein Grundstück verkauft haben soll. Das Geld dafür soll knöcheltief im Wohnzimmer gelegen haben. Ein riesiger Haufen. Ich kann mir gut vorstellen, dass das ein großer Haufen Geld gewesen sein muss, die Mark war doch nichts mehr wert, für ein Brot hast doch Billionen zahlen müssen, da war doch ein jeder ein Milliardär, bei der Inflation damals. Aber dass einer so dumm ist und zu der Zeit noch seinen Grund verkauft, das kann ich mir nicht vorstellen. Wie auch immer, die Magda auf jeden Fall erzählt, dass der ganze Fußboden über und über voll war, mit Geldnoten. Nichts, aber auch gar nichts, hat man mehr gesehen, von den Teppichen und dem Parkett. Also muss doch was Wahres dran sein an dieser Geschichte. „Der gnädige Herr war ganz aus dem Häuschen", so die Magda. „Eine Kiste Champagner, keinen deutschen Schaumwein, echten französischen Schampus hat er aus dem Keller geholt. Wie ein Verrückter ist er mit dem Glas und später mit der Flasche umhergelaufen. Hat gesungen wie toll und von Zeit zu Zeit das Geld mit beiden Händen durch die Luft geworfen. Die Kinder, der Karl und die Lina, sind ganz stumm dabei gestanden, und die gnädige Frau ist im Sessel gesessen und hat geweint." Drei Tage später haben sie ihn dann, nur noch mit halben Kopf, im Atelier gefunden.

Kurze Zeit später hat die Magda für immer das Haus verlassen, gekündigt habens ihr, weil kein Geld mehr da war. Sie ist wieder zu ihren Verwandten nach Passau und kurz darauf hat sie geheiratet. Jedes Weihnachten kam eine Karte aus von der Magda, selbst in der schweren Zeit, nur im letzten Kriegsjahr blieb die Postkarte aus. Aber das war auch kein Wunder, hatte da doch jeder seine eigenen Sorgen.

Um die Mutter und die beiden Geschwister im Haus ist's immer stiller geworden.

Es gab keine Feste mehr. Um 1930 herum ist dann die Mutter auch gestorben. Und die Geschwister man immer seltener gesehen. Na ja, bis auf die Sache, von der ich schon erzählt habe, die mit dem angekündigtem Selbstmord wegen der Verlobung.

Die Lina soll ein ganz schlimmes Augenleiden bekommen haben und am Ende ganz erblindet sein. Nur der Karl, der ist ab und zu am Abend aus dem Haus, hat eingekauft und ist wieder zu seiner Schwester zurück ins Haus. Weil er die Blinde doch nicht so lange alleine lassen kann, das hat er zumindest den wenigen Nachbarn erzählt, die er von Zeit zu Zeit gesehen hat.

Eingekauft hat er immer dasselbe: Brot, Eier und zehn Äpfel. Wie die Zeiten während des Krieges immer schlechter geworden sind, da ist er immer weitere Strecken gelaufen, um noch an die Lebensmittel zu kommen, da ging es ihm wie dem Rest der Leute, aber geschafft hat er es immer.

Seltsam war auch, dass ihn die Nazis in Ruhe gelassen haben. Angeblich soll irgendein ganz großes Tier der Partei die Hände schützend über die Geschwister gelegt haben, weil seine Frau eine glühende Anhängerin der Mutter, der Opernsängerin, war. Aber ob das stimmte oder nur Gerede war? Die beiden, der Karl und die Lina, sind, wie auch immer, durch den zweiten Weltkrieg gekommen, absolut unbeschadet und von der Welt vergessen, wie in einen Dornröschenschlaf.

Bis zum 21. März 1955.

Am späten Abend hatte sich ein Mann bei der Polizei gemeldet. Aufgeregt hat sich die Stimme angehört, daran hat sich der Polizist noch erinnern können. und dass der Anrufer seinen Namen dreimal wiederholt hat, damit der Wachtmeister ihn sich ja merkt. Er sei der Hans Meier und wohne gleich ganz in Nähe. „Aus dem Haus kommen seltsame Geräusche. Lichtkegel, wie von einer Taschenlampe, sind in den Fenstern sichtbar. Da ist bestimmt einer drinnen."

Wie die Polizei viel später nach dem Zeugen gesucht hat, da haben sie ihn nicht finden können. In der ganzen Straße und auch in den umliegenden Straßen gab es keinen einzigen Hans oder Johann Meier, weder mit „ei" noch in einer anderen Schreibweise. Bis heute weiß keiner, wer bei der Polizei angerufen hat.

Und als die Polizisten versuchten, ins Haus zu kommen, da haben sie gemerkt, dass das untere Stockwerk des Hauses von innen vernagelt war. Weder die Polizei noch die Feuerwehr konnte ins Haus, es gab einfach keinen Zugang mehr, alles war verrammelt und vernagelt. Bis schließlich einer der Polizisten durch das Fenster im ersten Stock einstieg. Genau das Fenster, aus dem sich Karl seinerzeit in die Tiefe hatte stürzen wollen. Und vor dem Haus sind die ersten Schaulustigen gestanden. Nach einer Ewigkeit ist dann endlich der Polizeibeamte wieder am Fenster aufgetaucht, und wie dann alle wussten, dass im Haus eine Leiche gefunden worden war, da hatte sich das Ganze wie ein Lauffeuer im Viertel verbreitet. Alle waren sie dann wieder unterwegs, es war wie damals, als der Karl sich aus dem Fenster stürzen wollte, die ganze Straße war voll. Von überall her sind die Leute gekommen, zu Fuß, mit dem Radl, mit dem

Auto. In den Nachbarhäusern wurden die Fenster geöffnet, Kissen auf die Fensterbretter gelegt und ganze Familien saßen da und schauten zu.

Und die Geschichten überschlugen sich. Ein Jeder wusste auf einmal Alles, von Zimmer voller hoch aufgestapeltem Gerümpel, Zeitungen, Möbeln, Müll, von Ratten groß wie Katzen, und in all dem Gerümpel soll auf einer alten Chaiselonge der ausgemergelte tote Körper der Lina sitzen. Bekleidet nur mit einem alten, verschlissenen Nachthemd. Die dünnen Beine, zugedeckt mit einer alten löchrigen Decke, die Augenhöhlen eingefallen. Von Karl keine Spur.

Und weil sie sich doch nicht erklären konnten, wo der Karl den geblieben sein mag, fingen sie an, sich ihre eigenen Geschichten zu erzählen; davon, dass der Karl die Lina umgebracht hat, aus Eifersucht, aus Verzweiflung. Oder davon, dass er es leid war, die Kranke zu pflegen, und deshalb auf und davon ist. Als am nächsten Tag die Polizei anfing, das Haus zu räumen, wurden Wagenladungen voller Zeitungen, Bücher, Lumpen und anderem Müll aus dem Haus geschafft. Haben Sie eine Ahnung! Mit den Schuttbergen vor dem Haus wuchsen auch die Geschichten, die die Leute sich auf der Straße vor dem Haus über die Geschwister erzählten. Plötzlich wurde der Karl an allen möglichen und unmöglichen Orten innerhalb der Stadt gesehen. Irrte, so die Geschichtenerzähler, ziellos umher oder wurde in der Straßenbahn gesehen. Und wenn die Geschwister über lange Zeit unsichtbar gewesen waren, war nun der Karl scheinbar überall.

Jeden Tag sind die Neugierigen zum Haus gelaufen, und jeden Tag haben die Polizisten weiter geräumt, Zimmer für Zimmer. Weihnachtsgeschenke mit Grußkarten aus dem Jahr 1929, noch eingepackt in Geschenkpapier. Tagebücher, alte Einladungskarten kamen zum Vorschein, Koffer voll mit alten, wertlos gewordenen Geldscheinen, Opernprogrammen und Müll. All das, was sich in den Jahren seit dem Tod des Vaters angehäuft hatte und nie mehr hinausgetragen wurde, kam jetzt zum Vorschein.

Und ganz zum Schluss, als schon keiner mehr daran glaubte, wurde der Karl auch noch gefunden. Begraben unter einer Matratze und heruntergefallenen Zeitungen, tot. Beerdigt worden sind die beiden dann im Familiengrab neben Vater und Mutter. Ob an jenem Tag tatsächlich einer ins Haus eingestiegen ist, und Karl bei dem Versuch, den Einbrecher zu vertreiben, unter all dem Gerümpel begraben wurde, oder ob das Ganze einfach nur ein tragischer Unfall war, wurde nie geklärt. Vielleicht hat den Einbrecher schließlich das schlechte Gewissen gedrückt und er deshalb mit ein paar Tagen Verspätung bei der Polizei angerufen, vielleicht gab es auch nie einen Einbruch. Lina jedenfalls, blind und gelähmt, konnte sich ohne den Bruder nicht zurecht finden und verhungerte und verdurstete. Und so hat jedes Haus, wie ich ihnen schon gesagt habe, seine ganz eigenen Geschichten.

Stefan Slupetzky

Mein kleiner Münchner Grabgesang

Ich habe München nie gemocht. München, dieses protzig vergoldete Schmuckkästchen, in dem sich Alpenveilchenstraßen und Edelweißplätze finden; München, dieses Mekka biederprätentiöser Nobelrustikalität. Wobei München ja nur das Symptom eines Krankheitsbilds darstellt, dessen Ursache seine Bewohner sind. Das blasierte Gehabe der Münchner sprengt jeden, ja selbst einen bayerischen Rahmen. Sie gerieren sich wie ein ungehobeltes Bauernvolk, das im Lotto gewonnen hat. So breit und grob ihre Sprache, so schmerzhaft ihr Mangel an gutem Geschmack. Kitschig, grotesk, maniert sind ihre Kleider, ihre Häuser, ihre Zimmer: Zerrspiegel einer Schimäre, die den Namen kulturelle Wurzeln trägt. Hirschgeweihkronleuchter, Troddelzierkissen und Eierwärmer aus Blümchenbrokat, das ist München. Männer, mit Hirschlederhöschen, Gamsbärtchen, glitzernden Knöpfchen und Kettchen verziert, kokette, geradezu tuntige Männchen, die ihr halbes Leben vor dem Spiegel verbringen, um sich hernach als „gstandene Mannsbilder" zu bezeichnen, das ist München. Charivari? Nein. Nur Larifari. Das ist München.

Fragen Sie mich nicht, warum ich trotzdem hingefahren bin. „Ein Auftrag", werde ich sagen, „die Arbeit, die Pflicht und das Geld. Man muss ja schließlich leben." Abgedroschene Phrasen also, die nicht zuletzt deshalb so widerlich schmecken, weil sie schon von Millionen anderer Menschen in den Mund genommen wurden. Nein, die unausgesprochene Wahrheit ist: Ich bin ein Trottel. Anders kann ich Ihnen meine Reise nicht erklären. Anders kann wohl noch nie eine Reise nach München erklärt worden sein, ganz gleich, von wem und wie lange und wann.

Als einzigen mildernden Umstand will ich ins Treffen führen, dass mir der Einsatzort die längste Zeit verschwiegen worden war. Mein Kontaktmann in Wien (ich will ihn der Einfachheit halber Mittler nennen) hatte mir das übliche Kuvert auf den Kaffeehaustisch gelegt, ein Kuvert, dessen Inhalt – das wurde mir Sekunden später klar – kaum dürftiger sein hätte können. Name der Zielperson: Puppi von Haindlfing. Besondere Kennzeichen: weiße Locken. Kein Foto, keine Alters-, Berufs- oder Größenangabe. Puppi von Haindlfing. Weiße Locken. Punkt.

„Bist du jetzt vollkommen deppert geworden?", fragte ich Mittler.

Statt einer Antwort zog er einen weiteren Briefumschlag aus seiner Tasche, diesmal zum Bersten gefüllt mit Papier – violettem Papier wohlgemerkt: Es waren gezählte zwanzigtausend Euro, die in dem Umschlag steckten.

„Und die andere Hälfte?", fragte ich mit leicht belegter Stimme, während ich die Scheine in meinem Jackett verstaute. Eine dreiste Frage, zugegeben: Angesichts der Summe rechnete ich nicht wirklich mit einer anderen Hälfte, obwohl die Praktik der Ratenzahlung in meinem Metier durchaus üblich ist: die Hälfte der Gage im Voraus, die andere dann nach erledigtem Auftrag.

„Nach erledigtem Auftrag, wie immer", gab Mittler zurück. „Der Kunde ist sogar bereit, die zweite Rate zu verdoppeln, wenn Du gute Arbeit leistest."

„Was soll das heißen: gute Arbeit? Ich werde es machen wie immer: rasch und schmerzlos, ohne Schnörkel."

Mittler sah mir lange in die Augen. „Eben nicht", meinte er dann. „Der Kunde wünscht in diesem Fall etwas Besonderes. Eine Art Inszenierung. Er will einen hässlichen Tod."

„Einen … hässlichen Tod?"

„Exakt mit diesen Worten, ja. Die … Patientin soll kein schönes Bild abgeben, wenn man sie findet."

„Eifersucht", konstatierte ich prompt.

Mittler bedachte mich mit einem rügenden Blick. „Es ist nicht an uns, Vermutungen anzustellen."

„Und noch dazu eine ‚von'", fuhr ich unbeirrt fort. „Da hat sich die Frau Baronesse wohl vom Schlossgärtner umpflügen lassen."

„Schluss jetzt!", zischte Mittler. Er nestelte ein weißes Röhrchen aus der Tasche, schüttelte eine Tablette heraus und schob sie in den Mund. Gastritis, unsere Berufskrankheit.

„Hast du irgendeinen Tipp für mich?", fragte ich, um ihn auf andere Gedanken zu bringen. „Eine Adresse zum Beispiel, an der ich die Dame finden kann?"

Er seufzte. „Au."

„Wie bitte?"

„Au", wiederholte er leise.

„Hör mal, deine Jammerei bringt mich nicht weiter."

„Au, verdammt! Au!", brüllte Mittler, um sich gleich darauf erschrocken umzusehen und mit mühsam unterdrücktem Zorn hinzuzufügen: „Au, das ist die Adresse, verstehst du? Entenbachstraße in Au. Da findest du einen Frisiersalon, den unsere … Patientin jeden Mittwochnachmittag besucht. Sie ist nur eine Stunde dort, von drei bis vier. In dieser Zeit musst du dich um sie kümmern."

„Warum nicht bei ihr daheim?"

„Weil der Kunde keine Schweinerei will."

„Wusste ich's doch. Ihr Ehemann."

„Was du weißt oder ahnst oder glaubst, ist mir herzlich egal."

„Geschenkt. Und wo ist dieses Au?"

„Im Westen." Mittler räusperte sich. „Also westlich von Wien."

„Na wunderbar, so werd ich's finden. Wo genau?"

Mittler murmelte etwas Unverständliches.

„Was hast du gesagt?"

„Ich habe dich gefragt, ob du den Auftrag annimmst."

„Sicher", meinte ich, „natürlich."

„Also abgemacht?"

„Ich geb's dir schriftlich, wenn du drauf bestehst! Warum auch nicht?"

„Weil", gluckste Mittler hämisch grinsend, „weil dieses Au in

München liegt." Mit diesen Worten schob er mir seine Magentabletten über den Tisch.

Ich parkte einige Blocks von der Entenbachstraße entfernt im Schatten eines gigantischen Kirschbaums, der selbstgefällig seine Blütenpracht zum Himmel reckte. Sicher, es war Frühling. Trotzdem hatte ich den Eindruck, dass sich selbst die Münchner Bäume eitler gaben als an irgendeinem anderen Ort der Welt, ja dass sie förmlich Pfauenräder schlugen.

Trotz des noch recht jungen Jahres schlug mir sommerliche Hitze ins Gesicht, als ich die Wagentür öffnete. Kurzerhand verstaute ich die Pistole und das Schnappmesser in meiner Hosentasche, zog das Jackett aus und hängte es über den Beifahrersitz. 14.40 Uhr. Ich schlenderte gemächlich meinem Einsatzort entgegen.

Das Schild war bereits aus der Ferne zu sehen: Coiffeur Fifi stand in goldenen Lettern über dem verspiegelten Glasportal. Ich muss gestehen, beim Anblick dieser Schrift ging mir zunächst nur eine Überlegung durch den Sinn, nämlich dass dieser Name – Fifi – vermutlich auf der zweiten Silbe zu betonen war. Französisches Raffinement, vom bayerischen Haarkunstgewerbe zur höchsten Vollendung getrieben. Den Ursprung und Hintersinn, das tiefere Wesen dieses Fifi hinterfragte ich nicht.

Die bittere Erkenntnis ließ sogar noch auf sich warten, als ich – fünf Minuten vor drei – eine Frau die Straße entlang kommen sah. Den üppigen Wanst in ein rosafarbenes Trachtenkleid gezwängt, so keuchte sie an mir vorbei und auf das Portal des Friseurs zu. Neben ihren aufgeschwemmten Beinen aber stelzte eine Kreatur, deren Abnormität mir fast die Tränen in die Augen trieb – nicht so sehr Tränen der Rührung als vielmehr solche der Heiterkeit. Die Kreatur trug ebenfalls ein rosa Dirndlkleid, aus dem an beiden Enden flauschig weiße Wülste quollen. Auch an ihren nackten Fesseln klebten diese schneeballartigen Geschwüre, und ein letztes weißes Wölkchen wippte eine Handbreit hinterher: Es saß an der Spitze des knochigen

Schwanzes, der das Bild der erbärmlichen Deformation, dieses exzentrischen Fehltritts der Natur komplettierte.

Eine aufgeplatzte Weißwurst auf vier Beinen, das war mein erster Gedanke. Dann aber kam jählings die Erkenntnis.

Ehe nämlich die zwei Trachtenwesen den Friseursalon betraten, beugte sich die dicke Frau zu dem Geschöpf hinunter, um ihm jenen Wattebausch zu tätscheln, der wohl den Kopf darstellen sollte: „Oiso, jetz gemma Haar schneidn, gell, Puppi?"

Puppi von Haindlfing. Weiße Locken. Meine Zielperson war eine Münchner Pudeldame.

Sie können sich nicht vorstellen, wie bestürzt ich war. Zum einen fühlte ich mich unsagbar gedemütigt: ein Spezialist mit makelloser Laufbahn, ein Mann, der sich im Schweiße seines Angesichts den Ruf geschaffen hat, der Zuverlässigste und Unerbittlichste in seiner Branche zu sein. Ein Meister in der Kunst der spurlosen Entledigung. So einen Mann nach München zu entsenden, um dort einen Pudel auszulöschen, ist eine grobe Missachtung nicht nur des Mannes, sondern des ganzen Gewerbes. Dazu kam noch der spezielle Wunsch des Kunden, der Wunsch nach einem hässlichen Tod. Die Patientin soll kein schönes Bild abgeben, wenn man sie findet … Wie um alles in der Welt, so dachte ich, kann eine Missgestalt wie dieser Hund im Tod noch hässlicher werden? Muss die Vernichtung des Hässlichen nicht zwangsläufig Schönheit hervorbringen? Und wenn schon nicht Schönheit, so doch eine gewisse morphologische Katharsis? Mit einem Mal erschien mir mein Auftrag unlösbar. Andererseits befand sich schon ein Packen Geld in meiner Jacke, und ein weiterer, doppelt so dicker wartete darauf, in meine Obhut genommen zu werden.

Was also tun? Dieweil ich unentschlossen vor mich hin sinnierte, trat die feiste Trachtenfrau aus dem Portal – diesmal ohne Begleitung. Sie wandte sich kurz der verspiegelten Scheibe zu, kontrollierte den Sitz ihres breiten, mit zartrosa Perlen besetzten Kropfbands und entfernte sich dann Richtung Osten.

15.30 Uhr. Ich hatte mich entschieden, für das Geld und gegen meinen Stolz. Wenn ich mir dabei redliche Motive zuschrieb (etwa, dass ich diese Welt in eine lebenswertere verwandeln würde, indem ich sie von diesem Lindwurm befreite), so war dies eine reine Schutzbehauptung. Mein Körper wusste es besser: Mit einem flauen Gefühl in der Magengegend, wie ich es seit meinen ersten beruflichen Einsätzen nicht mehr gehabt hatte, zog ich die Tür des Salons auf. Heller Glöckchenklang ertönte.

„Griasgott! Konn i Eana helfa?" Ein wohlbeleibter und intensiv duftender Herr im Seidenanzug eilte auf mich zu. Seine mächtige, glänzende Dauerwelle wippte im Rhythmus seiner Schritte.

„Ich bin … Ich komme, um …", begann ich zögernd.

„Jamei, Sie ham ja gar koa Hundal ned dabei!" Er suchte mit den Blicken irritiert den Boden ab.

„Nein, ich … möchte nur jemanden abholen."

„A geh! Wen denn nachad?"

„Puppi", murmelte ich. „Puppi von Haindlfing."

„Des Frailein Puppi? Zwengs wos kommt da ned ihr Frauerl, d' Frau Heringer?"

„Weil … Also ein Notfall. Die Frau Heringer hat sich gerade den Knöchel gebrochen. Und da hat sie mich gebeten …"

„Ja sakra! De arme Frau, a soichas Gfrett! I schaug glei, ob s' schon fertig is, des Frailein Puppi." Mit wehenden Schößen verschwand er hinter einem dicken roten Vorhang.

Ich sah mich um. An den Samttapeten des Warteraums hing eine Unzahl prunkvoll gerahmter Fotografien, die allesamt Hunde zeigten. Große und kleine, dicke und dünne, schwarze, braune, weiße, gescheckte, gestromte Hunde. Hunde von vorne, Hunde von hinten, Hunde im Profil. Es waren Portraits und Ganzkörperaufnahmen, je nach dem Fellwuchs, je nach Gewichtung der Hundefrisuren.

Die Dauerwelle lugte durch den Vorhang und nickte mir zu.

„Des Frailein Puppi is no beim Föhna. S' werd aba nimma lang braucha."

„Tut mir Leid", gab ich zurück. „Ich kann nicht mehr warten.

Bringen Sie mir jetzt den Hund, Monsieur … Monsieur Fifi. Sofort."

„Aba …" Er starrte mich an wie ein Konditor, dem seine eigene Torte ins Gesicht geworfen wird. „Aba …" Ein weiterer waidwunder Blick. „I hol s' glei 'naus", sagte er dann resignierend.

Keine zwei Minuten später übergab er mir die Leine – jene Leine, an deren Ende die feuchten, noch dampfenden Wollknödel Puppi von Haindlfings hingen, nach wie vor, oder besser: schon wieder in ihr rosa Dirndlkleid gezwängt.

„Gehst fei' mit dem Herrn da mit, mei Zamperl, gell?", raunte er Puppi ins Ohr. Er würdigte mich keines Blickes mehr, als ich mit seiner – meiner – Patientin das Geschäft verließ.

Ich hätte es gleich erledigen sollen. Mit dem Messer am besten. Ein sauberer Schnitt durch die Gurgel des Zeugen zunächst: unbezahlt zwar, aber doch ein notwendiger Kollateralschaden. Dann die Terminierung jener kynologischen Verirrung namens Puppi: Da gerade ihre lebenswichtigen Organe dicht bewachsen, also praktisch unzugänglich waren, wäre ein kräftiger Schlag auf den Schädel vonnöten gewesen, ehe ich sie fachgerecht gehäutet und ausgeweidet hätte. Ein hässlicher Tod: Das Fell als Fußabtreter vor die Tür, die Gedärme wie Faschingsgirlanden zwischen all den pompösen, mit betenden Putten besetzten Kerzenleuchtern drapiert, die den Warteraum schmückten. Ich hätte es gleich erledigen sollen. Dass ich es nicht tat, war ein folgenschwerer Fehler, der wohl nur der schwülstigen, barocken Atmosphäre des Friseursalons geschuldet war, die mir den Kopf vernebelte. Eines Salons, der ja per se nichts anderes war als ein Abbild der gesamten Stadt – ein kleines München im Großen sozusagen.

Um zehn Minuten vor vier verfrachtete ich Puppi von Haindlfing auf den Rücksitz meines Wagens. Ich würde nun ein wenig durch die Gegend fahren und mir ein stilles Plätzchen suchen, an dem ich sie in aller Ruhe beseitigen konnte. Kaum aber hatte ich mich ans Steuer gesetzt, fiel mein Blick auf die Windschutz-scheibe, die (ich rieb mir die Augen) frappant dem beschlagenen Milchglas einer Duschkabine ähnelte. Verfluchter Kirschbaum! Der Wagen war über und über mit Blüten und Baumharz bedeckt, die Fenster schlierig und verklebt: So konnte ich keinen Meter weit fahren.

Ich stieg also abermals aus und begann, die Scheibe zu putzen. In meinem Beruf führt man stets einen Vorrat an Feuchttüchern mit sich; man weiß nie, was es alles zu reinigen gilt. Während ich schrubbte und rubbelte, wallte das rosafarbene Trachten-weib, Puppis Frauchen Frau Heringer auf der anderen Straßen-seite vorbei.

Und Puppi schlug an.

Es war kein Bellen, wie man es von Hunden kennt, sondern eher ein gepresstes Jaulen, das unerträglich hoch und gellend aus dem Wagenschlag drang. Ich schloss rasch die Tür und putz-te weiter, indem ich so tat, als würde ich die fragenden Blicke Frau Heringers nicht bemerken. Sie war stehen geblieben und sah mit gerunzelten Brauen zu mir herüber. Dann aber ging ein Ruck durch ihren schwabbeligen Leib: Sie setzte sich jetzt wie-der in Bewegung, nahm zusehends Fahrt auf und steuerte, die Straße querend, auf mich zu.

Genug ist genug und zuviel ist zuviel. Selbst ein Profi kann manchmal die Nerven verlieren. Ich ließ das Feuchttuch fallen und sprang hastig ins Auto – in ein Auto, dessen Interieur ich nicht wieder erkannte ...

Mein erster Eindruck war der eines japanischen Gartens: Fin-gerdick lagen die Kirschblüten über den Boden, die Sitze, die Armaturen verteilt. Auch die Luft war von ihrem Gestöber er-füllt: Sie rieselten auf mich herab, als wäre ich in ein munteres Schneetreiben geraten, in einen fröhlichen Frühlingsflocken-tanz.

Zwei Dinge machten mich allerdings stutzig. Erstens: Ich habe kein Cabrio. Zweitens: Die Blüten wiesen nicht das gleiche Rosa auf wie jene auf der Kühlerhaube. Nein, ihr Farbton spielte mehr ins Violette.

Puppi hatte zu jaulen aufgehört. Sie lag auf dem Rücksitz, auf meinem zerfetzten Jackett, und kaute versonnen an Mittlers Phiole, Mittlers Magentabletten herum. Der Umschlag mit den zwanzigtausend Euro interessierte sie nicht mehr: Die zwanzigtausend Euro waren im wahrsten Sinn des Wortes Schnee von gestern. Violetter Schnee.

Unwillkürlich griff ich nach dem Messer, doch im selben Moment wurde die Wagentür aufgerissen.

„Jo, Kreizdaife! So a Hodalump!"

Ehe ich wusste, wie mir geschah, hatte mich Frau Heringer am Hemdkragen gepackt und – unter Hervorbringung weitgehend unverständlicher Flüche – aus dem Auto gezerrt. Schon blieben die ersten Passanten stehen und scharten sich um meinen Wagen, und es dauerte nicht lange, da umringte mich eine undurchdringliche Phalanx aus Dirndln und Lederhosen.

Entfürn hod a s' woin, der Saupreiß, der schiache! Entfürn! Mei Puppi! Der ausg'schamte Dreckhammel!"

„A geh!", „Schau o!", „Iss wahr?", wurden Stimmen im Publikum laut.

„Wenn i's sog! Du, geh her da!" Frau Heringer bedeutete einem jungen Mann im Lodenjanker, meine grob auf den Rücken gebogenen Arme festzuhalten. Dann wuchtete sie ihr gewaltiges Hinterteil auf den Fahrersitz und wandte sich schnaufend nach hinten, um Puppi aus dem Fond zu heben.

Die Pudeldame hatte mittlerweile fertig gegessen. Nicht nur das Röhrchen, auch alle Tabletten waren in ihrem Magen verschwunden. Ein Jammer: Ich hätte im Augenblick selber gern eine gehabt.

„Puppi, mei Bopperl! Was hast denn?" Frau Heringer beugte sich über den zitternden Hund, dessen Schnauze ein klagendes Winseln entströmte. „Ja, Himmelvotta … Had di der Hundsbua, der saggrische, aa no vagift!"

„Fotzts 'n ab!", „Mischts 'n auf!", „Machts 'n hi!", kommentierte das Publikum. Und nur der junge Mann, der mich unerbittlich im Klammergriff hielt, fügte ein leises „Pfui Daife, des is fei' greisli ..." hinzu.

Ich dachte zunächst, dass er sich auf Puppi von Haindlfings Wuchs bezog, auf den regelrecht basiliskischen Anblick des Tiers. Bald aber wurde mir klar, dass sein Ausspruch nur dem galt, was Puppi jetzt tat: Mit einem heiseren Röcheln riss sie das Maul auf und spie einen glänzenden, fliederfarbenen Schwall auf das Straßenpflaster. Puppi würgte. Puppi rotzte. Puppi kotzte sich die Seele aus dem Leib: eine Seele aus Magentabletten und Fünfhundert-Euro-Noten.

Und das war mein Glück.

Hätte nämlich Puppi nicht gekotzt, sie wäre vermutlich verreckt. Und wäre sie verreckt, dann hätte der Mob mich gelyncht. Die Münchner hätten mich fachgerecht gehäutet und ausgeweidet, spätestens als sie das Klappmesser und die Pistole in meinem Hosensack fanden.

Dass sie es nicht taten, habe ich einerseits Puppis Genesung, andererseits ihrem Frauchen zu danken. Ja, es war ausgerechnet Frau Heringer, die dem versammelten Trachtengesindel entgegentrat.

„Sakra no amoi! Seids es alle bledg'suffa? Den Lauskerl, den miserabligen, kann i no braucha!" Mit diesen Worten bahnte sie sich einen Weg durch die Menge und stieß mich die Straße hinab, nicht ohne mir vorher mit ihrem Kropfband die Hände gefesselt zu haben.

Mittlerweile haben selbst die Münchner Bäume ausgeblüht. Der Sommer ist vorbei, und auf der Wiesn sind schon längst die Zelte aufgebaut. Es ist Mittwoch, vierzehn Uhr. In einer halben Stunde werde ich mich auf den Weg machen, in die Au, um Puppi zu Coiffeur Fifi zu bringen. Ich beklage mich nicht. Die Verpflegung ist gut. Am Morgen, nach dem ersten Gassi gehen, bekomme ich zum Frühstück ein kernweiches Ei serviert. Frau Heringer hat ein winziges Häubchen aus Blümchenbrokat darüber gestülpt, um es warm zu halten. Und was ihren Mann,

Herrn Heringer betrifft, der hat mir vor einigen Tagen sogar ein Geschenk gemacht: meine erste Lederhose, damit er sich nicht mit mir schämen muss, wenn ich ihn auf das Oktoberfest begleite. Einen Gamsbart, so wie er ihn ständig trägt, besitze ich aber noch nicht. Den müsse ich mir erst verdienen, hat Herr Heringer gesagt, um – wie immer – ein grimmiges „Mi leckst am Arsch, du hintafotziga Kerl, du hintafotziga!" hinzuzusetzen.

Er hat mir, wie mir scheint, noch immer nicht verziehen, dass ich so schmählich versagt habe. Aber den Auftrag hat er trotz allem storniert. Aus Angst vor seiner Frau wahrscheinlich, aber auch, weil er Gefallen an meinem Eigentum gefunden hat: Es ist ihm mittlerweile wichtiger, mit meinem Wagen auf die Jagd zu fahren, als einen würdigen, seinen Passionen entsprechenden Hund an seiner Seite zu wissen.

Denn das war ja auch sein Motiv für den Auftrag gewesen: den ungeliebten Pudel zu entsorgen, um sich an seiner Statt einen zünftigen Dachshund beschaffen zu können. Puppi duldete nun einmal keine tierischen Mitbewohner. Und Frau Heringer duldete ihrerseits nicht, dass man Puppis sensibles Gemüt aus dem Gleichgewicht brachte. Herr Heringer hasste sie beide dafür. Er hasste sie so abgrundtief, dass er Mittler beauftragt hatte, sich der Sache anzunehmen. „I will fei' den bestn von deine Expertn", hatte Heringer gesagt.

Den Besten hat er letztlich auch bekommen, denn es ist mir immerhin gelungen, ihn von seinem Hass zu heilen. Geblieben ist nichts als ein dumpfer, verhaltener Groll. „A rechta Boar hod an Dackl oda gar nix", brummt Herr Heringer zuweilen vor sich hin, wenn Puppis weiße Puschel sein Gesichtsfeld kreuzen. Was ohnehin nur noch selten der Fall ist, seit ihre Betreuung zu meinen Verpflichtungen zählt.

Ich beklage mich nicht. Der Pudel ist alles, was mir noch geblieben ist – der Pudel und die Lederhose. Mein Geld, mein Messer und meine Pistole sind perdu, genauso wie Mittlers Magentabletten. Mein Autoschlüssel liegt sicher verwahrt in Herrn Heringers preziös verziertem Waffenschrank – als Trostpflaster für die verlorene Anzahlung, wie ich vermute. Wenn Sie mich nun fragen, warum ich nicht einfach davonlaufe, sind Sie sicherlich zum ersten Mal in München. Nein, an eine Flucht zu Fuß ist nicht zu denken: In jedem Biergarten, vor jedem Trachtenladen – sprich: an jeder Straßenecke – lauern die Joppen- und Dirndlagenten, die Bierzipf- und Münzbroschenspitzel der Heringers, um mich zu stoppen. Diese Stadt hat ihre brokatenen Netze nach mir ausgeworfen, ihre Fußangeln, Schlingen und Fallstricke – selbst in der tiefsten und schwärzesten Nacht, wenn sie so tut, als schliefe sie ihren Bierrausch aus. Sie ist Angel- und Drehpunkt der Achse des Bösen, ein scheinbar gemütlicher, aber verschlagener Moloch, der seine Feinde nicht ausspeit, sondern gnadenlos assimiliert. Paranoia? Fortgeschrittener Verfolgungswahn? Ja kreizkruzifixnoamoi, so a Schmarrn! I buidd ma doch nix ei', i bin ja ned damisch!

Nein, ich beklage mich nicht. Nur hin und wieder, wenn ich im eichengetäfelten Herrgottswinkel der Heringers sitze, erfasst mich so etwas wie Schwermut. Ich lehne mich an eines der opulent bestickten Zierkissen, betrachte den monströsen Kronleuchter aus Hirschgeweihen und trauere um eine bessere, schönere, lange vergangene Welt. Dann greife ich zu meinem schaumgekrönten Maßkrug, um die trüben Gedanken hinunterzuspülen. Und siehe da: Nachdem der dritte Krug geleert ist, träume ich nur noch den glorreichen Tag herbei, an dem ich endlich meinen eigenen Gamsbart tragen darf.

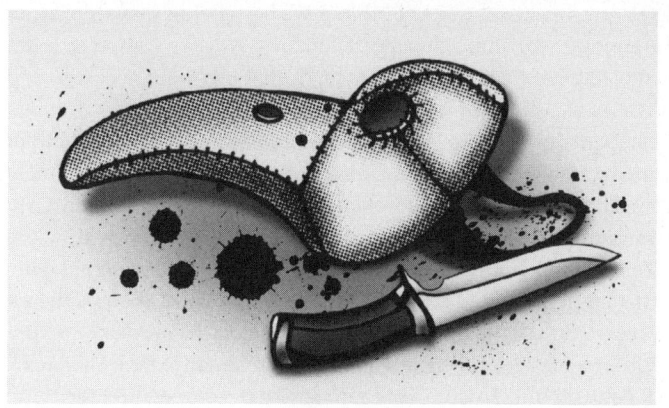

Heidi Rehn

Acht gegen acht

Grau und undurchdringlich hing der Nebel in diesem November des Jahres 1634 zwischen den Häusern, ein kaum sichtbarer Schleier aus Feuchtigkeit breitete sich über die Stadt. Keine Menschenseele ließ sich blicken, weder Hunde noch Katzen streunten durch die Gassen. Ratten und Mäuse waren lange schon totgeschlagen, das Vogelgezwitscher in den herbstkahlen Bäumen war verstummt. Süßlicher Verwesungsgeruch stieg aus sämtlichen Bodenlöchern. Nicht einmal, als die Schweden vor zweieinhalb Jahren die kurfürstliche Stadt an der Isar besetzt hatten, hatte eine ähnlich geisterhafte Stille geherrscht. München als riesiger Gottesacker – bei der Vorstellung lachte Job auf. Und er als Totengräber mittendrin! Er trat auf die Gasse, hob für einen kurzen Moment die lederne Maske vom Gesicht und sog gierig die Luft ein. Die Kälte auf der Haut zu spüren, tat gut. Im Haus der Lohbihlers war es stickig gewesen, jeder Atemzug war ihm schwergefallen. Seit Wochen hatten sich der alte Ratsherr und seine Frau nicht mehr getraut, Fenster und Türen zu öffnen. Der böse Hauch der Seuche sollte draußen bleiben, doch all die Vorsicht hatte dem graubärtigen Lohbihler nicht geholfen. Völlig abschotten konnte sich eben keiner, nicht einmal ein so hoch angesehener Ratsherr mit all seinem Geld, seinem prächtigen Besitz und dem Einfluss in der Stadt. Gerade Letzteres hatte ihm das sichere Todesurteil eingebrockt, aber das zu begreifen, dazu war der alte Mann nicht mehr fähig gewesen. So war er zwar nicht dem fauligen Odem der Pest zum Opfer gefallen, dafür jedoch seiner unersättlichen Gier nach Reichtum und Macht. Am Ende fand jeder seinen Richter – und sei es mit zwei Jahren Verspätung.

Job lehnte sich gegen die Mauer und wischte sich mit beiden Händen die Schweißperlen von der Stirn. Eine schreckliche Tat lag gerade hinter ihm, und das nicht zum ersten Mal in den letzten Tagen. Dennoch fühlte er Erleichterung in sich aufsteigen. Bald schon hatte er sein Ziel erreicht. Er presste die Fäuste gegen die Schläfen, wollte die entsetzlichen Kopfschmerzen vertreiben. Sein hoch aufgeschossener Körper wankte. Lohbihler war ein stattliches Mannsbild gewesen und hatte sich alles andere als leicht ergeben. Auf einen heftigen Kampf war es hinausgelaufen, an dessen Ende nur einer als Sieger übrig bleiben konnte. Job schloss die Augen. Von Anfang an hatte er gewusst, dass er derjenige war, der gewinnen musste. Zu oft und zu viel hatte er in den letzten Jahren gegen solche wie Lohbihler verloren.

Job wurde die Kehle eng und er fingerte an seinem hoch aufgeschlagenen Kragen herum. Gleichzeitig versuchte er, Lohbihlers grausigen Anblick aus seinem Gedächtnis zu tilgen. Noch immer starrten die braunen Augen des Stadtrats ihn an, der Mund weit aufgerissen zum letzten Schrei. Acht Mal hatte Job zustechen müssen, bis der letzte Funken Leben aus dem schweren Leib gewichen war. Wie ein Sack Mehl war der Ratsherr endlich zu Boden gegangen und hatte sich nicht mehr gerührt.

Acht Mal – die Zahl der göttlichen Vollkommenheit, der Auferstehung und des Neubeginns begleitete Job auf Schritt und Tritt: Acht Tage war er nun schon unterwegs in der kurfürstlichen Residenzstadt, um Rache zu üben. Acht Ratsherren standen auf seiner Liste, für jeden einzelnen Toten aus seiner Familie einen; darauf hatte er einen heiligen Eid geleistet. Bei dem Gedanken an das grausige Ende seiner Liebsten schluckte Job bittere Tränen hinunter.

„He du, was tust du da?" Ein hagerer Mann tauchte auf, lautlos herangeschlichen im feuchten Herbstdunst. „Hast hier beim Lohbihler wohl nichts mehr ausrichten können, was? Reiß dich zusammen! Der Tod geht um in der Stadt, doch das ist kein Grund zum Verzweifeln. Vorn am Kosttor warten die nächsten, eine ganze Familie. Die sind vielleicht noch zu retten. Bring die Kranken ins Lazarett vors Isartor, die Toten lässt du im Haus. Beeil dich, sonst ist der Tod doch wieder schneller als du. Diese Woche sind es schon viel zu viele, die wir auf dem Friedhof draußen beim Sendlinger Tor haben verscharren müssen."

Der Mann klopfte ihm auf die Schulter. Müde sah Job ihn an. Unverkennbar ein Franziskaner. Vor dem Gesicht trug er zwar die vorgeschriebene Maske und um die Schultern den bodenlangen Umhang, beides aus glattem Leder. Dennoch war er unschwer als Mönch zu erkennen. Zu lang ging Job bereits den Brüdern im Lazarett links des Isarufers zur Hand, um nicht doch ihren Habitus unter der Schutzkleidung zu erahnen. Gehorsam umfasste er die Griffe des klapprigen Karrens und wollte los.

„Hast du nicht was vergessen?" Der Franziskaner hielt ihn zurück. Erschrocken blieb Job stehen. Mahnend klopfte der Mönch mit den Fingerknöcheln gegen die Hauswand. „Hier, das Kreidezeichen am Türstock. Oder willst du, das Unschuldige ins Haus gehen und sich bei den Toten anstecken?"

Gehorsam nickte Job und tat schweigend, wie der Mönch ihm geheißen. Seine Augäpfel schmerzten, die Umrisse verschwammen vor seinen Augen in grauem Dunst. Es gelang ihm, das Pestzeichen übergroß auf die Tür zu malen. Damit würde sich so schnell keiner mehr ins Haus wagen und den niedergestochenen Toten entdecken. Job steckte die Kreide wieder ein. Der Mönch hatte Recht: der Tod ging um in der Stadt. Er trug einen langen, ledernen Umhang und eine spitze Maske. Für bislang sieben ehrwürdige, gutbetuchte Bürger aus dem Rat war es jedoch nicht der faulige Odem der Pest, der ihnen den alten Gevatter ins Haus geweht hatte, sondern Job. Er erinnerte sie daran, dass sie einst ihre Macht und ihren Einfluss aufs Schändlichste missbraucht und andere in unermessliches Unglück gestürzt hatten. Die Angst vor der Pest sorgte dafür, dass ihm keiner auf die Schliche kam. In aller Ruhe konnte er seinen Schwur erfüllen: acht Seelen aus den Reihen des Rats für acht unschuldige Opfer aus seiner Familie. Mitten in der furchtbarsten Seuche, die München seit mehr als einem Jahrhundert durchlebte, gab es kein Entrinnen. Der Tod fand seinen Weg, der Pesthelfer Job war sein williger Vollstrecker. Müde warf er einen letzten Blick auf den Mönch. „Geh mit Gott, mein Sohn!" Aufmunternd klopfte der Klosterbruder ihm auf die Schultern. Eilig schob Job den Karren an, lief am Hofgraben entlang, vorbei an der Pfistermühle bis zum Kosttor hinüber.

Die Stille lastete schwer auf den Gassen, niemand wagte sich mehr heraus. Die Gasthäuser waren geschlossen. Keine Versammlung durfte mehr stattfinden, kein Markttag mehr abgehalten, ja nicht einmal ein Gottesdienst mehr besucht werden. Seit den letzten Sommerwochen schon wütete die Seuche an der Isar, schlimmer und länger, als man es je befürchtet hatte. Spanische Söldner, die Anfang Juli zur Verteidigung der Stadt gegen die Ketzer aus dem Norden aus Weilheim und Tölz gekommen waren, hatten angeblich die Seuche eingeschleppt. Job war nicht der Einzige, der eine ganz andere Ursache hinter dem furchtbaren Übel vermutete. In seiner jüngsten Verordnung prangerte sogar der Stadtrat die schweren Sünden der Münchener als wahren Auslöser für den Ausbruch der Seuche an. Reumütig sollten sie alle ihr Gewissen erforschen und alsdann ihre Vergehen ehrlich beichten. Es galt, aufrichtig Buße zu tun, damit Gott, der Allmächtige, endlich die nötige Vergebung gewährte. Nur auf diese Weise wurde die Stadt erlöst. Job pflichtete dieser Ansicht gern bei, sah allerdings in den Herren Räten die schlimmsten der unchristlichen Übeltäter. Damit die Pest nicht ausgerechnet sie am Ende noch verschonte, war er selbst losgezogen, im Schatten der Seuche die gerechte Strafe zu vollziehen.

Ein heftiges Zittern durchlief seinen Körper. Der Kälteschauer ließ ihn von Kopf bis Fuß erbeben. Im nächsten Moment wurde ihm schrecklich heiß. Er riss an der Kordel, mit der er den schweren Umhang um seinen Hals befestigt hatte. Es gelang ihm, den hochgeschlagenen Kragen zu lockern. Tief atmete er durch. Allmählich schwanden seine Kräfte. Seit acht Tagen zog er unermüdlich mit dem Karren durch die Stadt, die Kranken aus den Häusern zu holen und ins Lazarett zu bringen oder die Toten zum Friedhof draußen vor dem Wall zu befördern. Das war schwer genug. Allein diese Aufgabe aber barg die Gelegenheit, unbehelligt sein wahres Ziel innerhalb der Stadtmauern zu verfolgen. Als Bewohner aus dem nahen Umland war ihm der Einlass in die Stadt der Pest wegen verwehrt. Äußerst scharf wurden die Stadttore seit Ausbruch der Seuche bewacht. Wer als Fremder trotzdem einreisen wollte, musste genaue Auskunft über Herkunftsort und geplantes Ziel der weiteren Reise erteilen. Ein Medicus untersuchte zudem, ob der Neuankömmling bereits erste Symptome der Pest aufwies. Längst reichten die fünf Lazarette direkt an der Mauer der Stadt schon kaum für die eigenen Bürger. Fremde wollte man da nicht noch zusätzlich aufnehmen und pflegen müssen. Im Räucherhaus beim Neuhauser Tor wurden aus- und eingehende Briefe geräuchert, bevor sie weiter befördert werden durften. Selbst Geldmünzen wurden gewaschen, ganz zu schweigen von den Fuhren mit Waren, Getreide und anderen Lebensmitteln. Die lagerte man für vierzig Tage in einem Stadl beim Isartor.

Einen Tag hatte Job das Treiben um die Stadttore beobachtet. Dann hatte er gewusst, wo sich das Schlupfloch in dem trutzigen Schutzwall befand. Es war ein Leichtes gewesen, sich Umhang und Maske eines der Helfer im Lazarett vor dem Isartor zu erschleichen. Viel zu wenige meldeten sich freiwillig für die gefährliche Aufgabe. Job lachte bitter in sich hinein. Wenn die Münchener nur wüssten, dass der Helfer gegen die Pest für so manch einen der Großkopferten noch einen ganz anderen Tod im Gepäck bereithielt.

Endlich klopfte Job an dem besagten Gebäude nahe dem Kosttor gegen die Tür. Ein altes Weib in Schwarz öffnete. „Sie liegen oben, in der Schlafkammer", krächzte sie. „Die ganze Familie: Vater, Mutter, drei Kinder, allesamt in einem Bett. Ich hoffe, Ihr schafft sie noch rechtzeitig ins Lazarett." Job nickte und schob sich an der Alten vorbei die schmale Stiege hinauf. In der Kammer fand er die fünf Kranken. Bis auf die Mutter, die das Fieber bereits fest in den Klauen hielt und deren Gesicht bereits vollständig von dunklen Flecken überzogen war, schien es, als waren die anderen vier tatsächlich noch zu retten. Die schwachen Körper glühten noch nicht vor Hitze, auch fanden sich sonst keinerlei Anzeichen der Pest, weder Beulen noch Verfärbungen. Er beugte sich tiefer über sie. Der Vater wie auch die drei Kinder schliefen fest. „Ret-tet sie", brachte die Mutter mit letzter Kraft heraus und versuchte, von dem dicht neben ihr liegenden Gemahl weiter abzurücken. Es gelang ihr kaum. Job beschloss, mit der Kleinsten anzufangen. Beim Anblick des blondgelockten Engelsgesichts krampfte sich sein Herz zusammen. So wundervolles Haar hatte seine Resl auch gehabt. Als die Schweden vor zwei Jahren in Ismaning standen, war sie nicht älter als die Kleine gewesen. Von Neuem musste er schwer schlucken, dann nahm er das schlafende Mädchen auf die Arme und trug das federleichte Geschöpf behutsam nach unten in den Karren. Wenn damals doch auch einer gekommen und sein Kind gerettet hätte! Mit Tränen in den Augen trug er auch die anderen beiden Kinder, zwei Jungen im Alter von fünf und acht Jahren, geschwind hinunter. Als er den abgezehrten Vater hochheben und forttragen wollte, riss der plötzlich die Augen auf. „Lass mich los!", schrie er auf und schlug sogleich heftig mit den Händen um sich. Eine unerwartete Kraft steckte in dem kranken Burschen. Job konnte ihm kaum etwas entgegensetzen. Sein Messer aber wollte er nicht zücken, nicht gegen den hier. Das war einer wie er. Das spürte er sofort. „Bring die Kinder fort, aber lass mich hier. Mein Platz ist bei meiner Frau. Einst habe ich geschworen, bei ihr zu bleiben, bis dass der Tod uns scheidet. Ich gehe jetzt nicht weg von ihr."

Job erstarrte. Dieses Versprechen hatte auch er einst seiner Traudl im Angesicht Gottes vor dem Altar geleistet. Als die Schweden seinerzeit Ismaning verwüstet und nicht nur seinen Hof niedergebrannt, sondern auch seine Familie, angefangen bei der schwangeren Frau und der kleinen Tochter über den Vater, die Mutter, Schwester, den Schwager sowie den winzigen Neffen ausgelöscht hatten, war es ihm nicht vergönnt gewesen, den Eid gegenüber seinen Liebsten zu halten. Er hatte in Regensburg gesessen und nicht geahnt, welch grausames Geschehen ihn bei seiner Rückkehr zu Hause erwartete. Nurmehr die sterbende Traudl hatte er in seinen Armen halten, aber nicht bis zu ihrem letzten Atemzug bei ihr bleiben dürfen. Dabei war ihr Leid auch so schon groß genug: Unzählige Male waren die schwedischen Hundsfotte über sie hergefallen, hatten sich einen Dreck um den deutlich gewölbten Leib geschert. Sie hatte noch geatmet und ihn angeschaut, trotzdem hatten die Truppen der Kaiserlichen Liga ihn von ihr weggerissen und in ihren Krieg gezwungen. Mehr als zwei Jahre hatte er mit den Kaiserlichen marschieren und die aussichtslosesten Kämpfe an ihrer Seite ausfechten müssen. Vor zehn Tagen erst hatte er heimkehren dürfen. Dabei hatte es das einstige Heim gar nicht mehr gegeben, genauso wenig wie sein Dorf im Norden Münchens. Nur ein ärmliches Holzkreuz auf einem verwilderten Gottesacker inmitten von verwüstetem Land gemahnte noch an seine Lieben. Niemand hatte ihn trösten und angesichts der schrecklichen Nachricht in den Arm nehmen können. Völlig allein stand Job in der Welt, bis er begriff, was das hieß: Er war noch da, um die anderen zu rächen. Aug um Aug, Zahn um Zahn, Seele um Seele. So lautete nun sein heiliger Schwur vor Gott.

Müde schaute er auf den Mann in dem breiten Bett vor sich. Dessen Arme umschlangen die abgemagerte Frau mit den dicken Beulen am Körper. Tiefe Verzweiflung stand in seinen hellen Augen. Ob er damals auch so geschaut hatte? Job kannte niemanden, der es ihm verraten konnte. „Bleib bei ihr", murmelte er und schlich sich fort aus der Schlafkammer. Die alte Frau unten an der Tür nahm er mit ins Lazarett. „Später werden welche das Haus ausräuchern und die Sachen der Toten verbrennen. Aber das wird noch ein paar Tage dauern."

Als er das weiße Kreuz auf die Tür malte, spürte er den Schmerz in seinem Arm. Die Glieder schienen ihm schwer wie Blei. Acht Seelen hatte er Gott, dem Allmächtigen, als Rache für die acht Seinen versprochen. Rechnete er den Mann dort oben dazu, hatte er sie nun alle beisammen. Dann war es vorbei und er konnte sich selbst zur Ruhe begeben. Nein! Der dort oben gehörte nicht zu den Großkopferten, die angesichts der näher rückenden Schweden mit ihrem Hab und Gut die Stadt verlassen hatten, um sich in Sicherheit zu bringen. Solche wie der dort oben hatten an ihrer Statt den Einzug der Feinde ganz auf sich gestellt ertragen. Das war auch keiner von den Verrätern aus dem Rat, die die Geduld der Heringsfresser mit ihren ewigen Verhandlungen um Heller und Pfennig so lange auf die Probe gestellt hatten, bis sie sich an den Dörfern vor den Toren Münchens schadlos gehalten und deren Bewohner massakriert hatten. Noch einmal schluckte Job die aufsteigenden Tränen hinunter, dann packte er den Karren und brachte die Kinder und die Alte zu den Franziskanern ins Lazarett vor dem Isartor.

Früh wurde es dunkel um diese Jahreszeit. Eisig pfiff der Wind durch die Häuserschluchten. Schon hofften die ersten, mit der Kälte und den Herbststürmen würde die Pest aus der Stadt getrieben. Doch Job und die anderen Helfer mit den Karren voller weißgekalkter Toter und jammernder Kranker ahnten, wie trügerisch die Hoffnung auf ein baldiges Ende der Seuche war.

Mehr als zweihundertfünfzig Haushalte waren allein in der letzten Woche neu auszuräuchern gewesen. Die Seuche griff mit jedem Tag schneller um sich, ein Nachlassen des Elends war noch lange nicht in Sicht.

Vom Fluss stieg der Nebel dicht herauf. Selbst mit einer Laterne in der Hand sah man kaum mehr als zwei Schritte weit. Für Job ein günstiges Omen, noch einmal aufzubrechen. Gerade hatte er die Tür des Lazaretts erreicht, da trat einer der Mönche ihm in den Weg und hieß ihn, eine Pause einzulegen. „Du siehst müde aus, mein Sohn. Du musst besser auf dich achten. Iss von der Suppe und leg dich eine Nacht lang dort hinten zu den anderen Helfern. Es reicht, wenn du morgen früh weiter machst. Der Tod zieht so oder so durch die Stadt." Wie Recht er damit hatte! Hastig bedankte sich Job bei dem Mönch und ging los.

Die Maske vor dem Gesicht, den ledernen Umhang um die Schulter und den kalkbestäubten Karren vor sich her schiebend ließen die Wachen am Isartor ihn willig passieren. Hastig traten sie fünf Schritte zurück, befürchteten sie doch, dass die Helfer der Mönche selbst schon den faulen Keim der Pest in sich trugen. Job war es gewohnt. Er hob nicht einmal den Blick, um die Männer zu grüßen. Mit großen Schritten eilte er das Tal hinauf, am Heilig-Geist-Spital und dem Alten Peter vorbei, unter dem Tor des Rathauses hindurch und einmal längs über den gesamten Markt. Erst als rechter Hand das Augustinerkloster aus den weißen Nebelschwaden auftauchte, schwenkte er nach links, den Färbergraben entlang und erreichte alsbald die Ecke, an der sich das Haus des Ratsherrn Grashaber mitsamt dem angrenzenden Hof erstreckte.

Seine Hand zitterte, als er nach dem Klopfer auf der Eingangstür griff. Ein plötzlicher Schauder erfasste ihn. Heiß und kalt rann es ihm den Rücken hinunter. Einer noch!, ermutigte er sich und pochte gegen das Eichenholz. Als sich die Tür öffnete, nahm er im Dunst des Fieberschleiers nur die Schemen seines Gegenübers wahr.

„Oh Gott!", kreischte eine Frauenstimme. Schon tauchte eine

breite Gestalt auf und schob die andere beiseite. „Was willst du? Bei uns gibt es keine Kranken. Also fort mit dir!" Seine linke Hand wedelte durch die Luft, mit der rechten wollte er die Tür schließen.

Job spürte seine Kräfte schwinden. Er schwankte. „Grashaber Ludwig?", presste er mühsam zwischen den Lippen heraus und zückte den Dolch, stürzte sich nach vorn und stach einfach zu. Zum Warten fehlte ihm die Kraft.

„Der ist für meine Traudl!" Job keuchte vor Anstrengung und stieß das Messer ins Weiche des Körpers vor sich. „Und der für das ungeborene Kind in ihrem Leib!" Damit versetzte er dem anderen einen weiteren Stich zwischen die Rippen. „Hier, für unsere Resl. Und für meine Mutter, für den Vater, die Schwester, den Schwager und den kleinen Josef."

Ohne hinzusehen stach er bei jedem Namen einfach zu. Die letzten Male besaß er kaum mehr Kraft zu treffen, ein- oder zweimal rutschte die Klinge sogar ab. Sein Opfer war längst zu Boden gesackt. Die Überraschung stand ihm noch im Gesicht, er atmete schwer, konnte sich aber nicht mehr rühren. Job setzte sich neben ihn, riss sich die Maske vom Gesicht und betrachtete ihn lange.

„Wie konntet Ihr gierigen Lumpen nur so gewissenlos sein?" Das Reden kostete ihn viel Kraft, doch er spürte, dass es sein musste. „Habt Ihr nicht sehen wollen, was die Schweden draußen vor Eurem Wall angestellt haben? Während Ihr Münchener Ratsherren mit dem Löwen von Mitternacht um die letzten Pfennige geschachert und am Ende doch nicht die ganze Summe Kontribution an ihn gezahlt habt, sind die Bestien draußen über uns Dörfler hergefallen. Die Frauen haben sie geschändet, Alte und Kinder niedergemetzelt, das Vieh abgeschlachtet und die Äcker verwüstet." Er packte den anderen an den Aufschlägen seines Rocks und schüttelte ihn. Willfährig ließ der es geschehen, gab nurmehr einen leichten Seufzer von sich. „Ihr aber habt Euch hinter Eurem Wall verschanzt und einfach zugeschaut, wie sie uns massakriert haben." Jobs letzte Worte erstickten in Tränen.

Erschöpft stieß er den anderen von sich und schluchzte auf. Da sah er, dass dem anderen die Augen bereits brachen. Ihm blieb keine Zeit, sich ausgiebig darüber zu freuen. Hinten im Haus erhob sich Geschrei. Schwere Schritte polterten heran.

So schnell es ging, rappelte Job sich auf, zog die Maske wieder vors Gesicht und taumelte aus dem Haus, hinein in den dichten, feuchten Nebel. Der verschluckte seine Schritte und sein Keuchen. Kaum konnte er sehen, wohin er lief.

Beim Schönen Turm in der Neuhauser Straße schnaufte er auf und sank zu Boden. Den Blick nach Osten, zum Markt hinüber, lehnte er den Rücken gegen die Wand. Seine Finger gehorchten kaum mehr, die lederne Maske vom Gesicht zu nehmen. Einmal noch wischte er sich den Schweiß von der Stirn, löste die Schnur um den Hals und ließ den ledernen Umhang von den Schultern zu Boden gleiten.

Die Zahl Acht war erreicht, die Vollkommenheit seines heiligen Schwurs vollbracht. Die Acht stand für Ende und Anfang gleichermaßen, genau wie bei ihm selbst. Nach dem Ende seiner Tat in der pestverseuchten Stadt stand dem glücklichen Neubeginn im Jenseits nichts mehr im Wege. Job musste weder nachschauen noch fühlen, wie sich sein Leib verändert hatte. Längst spürte er, wie dick die Beulen an Arm- und Leistenbeuge bereits angeschwollen waren und wie heiß sein Leib vor Fieber glühte. Erschöpft schloss er die Augen und hoffte, bald schon nicht nur seine Traudl auf der anderen Seite des Todes in die Armen zu schließen.

Andreas Izquierdo

Die Einladung

Als ich aufwache, sehe ich das Wasser glitzern, das bei starkem Regen in meinen Keller hineinläuft, sehe einen Stuhl mit
gebrochener Lehne, einen alten Schrank, dessen Türen nicht
mehr schließen, und einen Tisch, auf dem eine kleine Visitenkarte aus purem Gold liegt, die im Zwielicht eines grauen Tages warm und wertvoll schimmert. Erstaunt richte ich mich auf
und nehme die Karte in die Hand, die schwer wiegt und ohne
jeden Zweifel echt ist. Es gibt nichts von Wert in meinem Zuhause, so dass es für einen Einbrecher nicht lohnt; einer jedoch,
der etwas Kostbares da lässt, statt es mitzunehmen, ist mehr als
ungewöhnlich, so dass ich mich frage, wer der noble Wohltäter
wohl gewesen ist?
Ich öffne die Wohnungstür, die tatsächlich unverschlossen,
aber nicht beschädigt ist, so dass der, der in der Nacht da war,
sein Handwerk offenbar verstanden haben muss. Draußen ist
niemand. Ich schließe die Tür und drehe mich um: Wenn es regnet, sieht meine Souterrainwohnung noch schäbiger aus, als sie
ohnehin schon ist. Das Einzige, was hier nicht grau und kaputt
ist, ist die goldene Karte, die selbst im fahlen Regenlicht strahlt.
Ich nehme sie auf und drehe sie um. Vier Zahlen stehen darauf:
1400.
Jemand klopft laut gegen die Tür.
Erschrocken wirbele ich herum, sehe unter dem Spalt einen
Schatten: Licht im Flur. Für einen Moment zögere ich, denn ich
habe noch nie Besuch bekommen, dann fällt mein Blick auf eine
alte Uhr, die ich vom Sperrmüll habe: es ist 14:00 Uhr.
Ich öffne.
Vor mir steht ein Mann in einer Chauffeurs-Uniform. Er ist groß,

blass und ernst, dennoch klingt seine Stimme sehr weich und höflich.

„Kommen Sie?"

„Wohin?" frage ich.

„Sie sind zum Essen eingeladen."

Er sagt es mit großer Selbstverständlichkeit, als ob ich von der Einladung wissen müsste, aber ich erinnere mich an keine Einladung. Ich habe Hunger, habe seit Tagen nicht mehr richtig gegessen. So nicke ich kurz und folge dem Chauffeur nach draußen zu einem großen schwarzen Mercedes mit verdunkelten Scheiben.

München ist eine schöne Stadt: Sie ist sauber, reich und satt. Eine Stadt der Starken, eine, die hinter Schnörkeln und Zierde hart und glatt wie Glas ist. Eine Stadt, die Darwin interessiert hätte, auch weil es mich gibt, der von ihr ausgespuckt wurde, einer, der sich mit wenig zufrieden gibt, um seinen Frieden zu haben und nie einen Job lange behält. Wie diese Stadt glänzt! Golden wie die Visitenkarte, die ich in den Händen halte – vor allem bei Nacht. Doch sogar der Stachus verblasst gegen den Ort, den wir ansteuern. Der Chauffeur hilft mir aus dem Wagen, begleitet mich in den Schlosspark und führt mich zur Amalienburg, die äußerlich schlicht, aber nobel von Bäumen umringt Ziel unserer Reise ist. Er führt mich die fünf Stufen zum Eingang hoch, mitten hinein in die explodierende Pracht eines europäischen Rokokos. Dort verbeugt er sich vor mir und verlässt das kleine Lustschlösschen. Da stehe ich nun, halte die goldene Karte in meinen Händen und frage mich, wie viel Essen sie wert sein könnte, wenn ich sie bei einem Pfandleiher tausche.

Eine Tür öffnet sich. Ein sehr elegant gekleideter Mann kommt mir entgegen und begrüßt mich herzlich: „Mein lieber Felix! Wie schön, dass Sie es einrichten konnten!"

Wir schütteln Hände, und ich frage mich, wer der freundliche Mann ist, denn ich hab ihn nie zuvor in meinem Leben gesehen. Seine Augen sind gletscherblau und lächeln nicht, die Stimme klar und hart, das Haar schwarz und kräftig. Er sieht ausgesprochen gut aus, ein schöner Mann in einem Anzug, der mehr wert ist als alles, was ich besitze.

„Folgen Sie mir doch!"

Er geht voraus.

Dann öffnet er eine weitere Tür, und ich stehe im nächsten Moment im schönsten Salon, den ich je gesehen habe: der Spiegelsaal. Ein kreisförmiger Raum, mit einer flachen Kuppel, in dem Silber, gebrochenes Weiß und zartes Blau dominieren. Große Spiegel wechseln sich mit großen Fenstern ab, echtes wie auch reflektiertes Licht heben Raumgrenzen auf, so dass ich glaube, ich schwebe durch das Himmelsgewölbe der Kuppel.

In der Mitte des Raumes eine ebenso reich verzierte Tafel, mit schweren Armleuchtern, weißem Porzellan, Silberbesteck und verspielten Accessoires wie Steinchen, Herbstlaub und Goldsowie Silberstaub auf einer blütenreinen Tischdecke. Am Tisch sitzen zwei weitere Personen, die im Moment, in dem ich eintrete, aufstehen und mich anlächeln.

„Darf ich vorstellen?", ruft der elegante Mann neben mir und führt mich zuerst zu der Dame. „Cecilie von Auersberg!"

Sie ist ausgesprochen schön, wenn auch nicht mehr jung, reicht mir ihre Fingerspitzen zum Gruß, nickt freundlich und doch scheint es, als würde sie durch mich hindurch sehen. Dann führt er mich zu dem anderen Gast, ein unglaublich dicker Mann mit rotem, schwitzigem Gesicht und feuchten Lippen.

„Alois Obermaier."

Selbst seine Hände sind feucht. Geschwind greift er in sein Jackett und zückt eine schwere silberne Münze.

„Kopf oder Zahl?", fragt er mich.

„Kopf", sage ich ein wenig irritiert.

Alois wirft die Münze in die Höhe, schnappt sie geschickt und präsentiert mir das Ergebnis: „Zahl! Sie verlieren!"

„Für Alois ist alles ein Spiel, lieber Felix. Er kann gar nicht anders!" Dann lächelt er mir freundlich zu und stellt sich vor: „Korbinian Heyder. Freunde nennen mich Rex." Er lächelt mich an und sagt: „Sie nennen mich Rex, ja?"

Ich nicke scheu, sehe auf die Tafel, an dem ein Stuhl frei ist, vollständig eingedeckt. Darauf steht frisches Brot, Wasser und Wein warten in Karaffen. Gott, ich habe einen solchen Hunger, dass ich gar nicht mehr klar denken kann.

„Worauf warten Sie, Felix?", fragt er freundlich.

„Und ich muss nichts bezahlen?"

Rex lächelt: „Felix, im Leben muss man auf die eine oder andere Art immer bezahlen. Aber das Essen kostet Sie nichts."

„Das ist sehr großzügig, … Rex."

Er nickt und grinst breit, weil ich schon recht vertraut mit ihm bin, dann sagt er: „Es gibt nur eine Bedingung!"

„Welche?", frage ich.

„Sie können erst gehen, wenn das Essen vorbei ist."

„Das ist alles?", frage ich.

Rex lächelt: „Das ist viel mehr als Sie denken."

Ich nicke und setze mich an meinen Platz.

Alsbald treten vier schwarz-weiß livrierte Kellner ein und servieren einen ersten Gruß der Küche. Die Portion ist winzig, aber ungeheuer aufwändig drapiert, und Rex erklärt uns, was das exquisite Amuse-Gueule ist: eine abgekühlte Kartoffel in einer dichten Tapenade von Wildkräutern mit schwarzen Oliven, an einem Stück Pulpo mit Fois gras. Cecilie von Auersberg wirkt nicht sehr beeindruckt, sondern sieht gelangweilt auf den kleinen Happen. „Nett!", sagt sie, und zwar in einer Weise, wie man auch Schwein oder Abschaum sagen würde. Und möglicherweise meint sie damit nicht einmal das Amuse-Gueule, sondern den dicken Alois, der sich nicht lange bitten lässt und den Happen verschluckt.

Rex nickt mir aufmunternd zu, also koste ich. Es ist, als explodierten die Aromen in meinem Mund. Für einen Moment steigen mir Tränen in die Augen, denn ich spüre die Geschmäcker, die Gewürze, die einzelnen Bestandteile auf meiner Zunge, entdecke jede Prise, die der Koch zugegeben hat, erahne die Komposition und was sie bewirken soll. Niemals zuvor habe ich auch nur etwas ähnlich Vollendetes gegessen wie das hier – und es ist nur ein Versprechen auf das, was ich noch erwarten darf.

Rex scheint zufrieden, dass ich Gefallen an der Einladung gefunden habe und prostet mir zu: „Kosten Sie den Wein, Felix!"

Ich verstehe nichts von Rotwein, aber der, den ich koste, ist eine Offenbarung: Er verrät mir sein Alter, seine Vielschichtigkeit und die Beschaffenheit des Bodens, auf dem er gewachsen· ist. Es ist, als ließe er mich in die Vergangenheit schauen, zurück zu dem Tag, an dem seine Trauben noch am Rebstock hingen, an steilen Hängen über einem lieblichen Tal. Die Luft ist frischer und das Wasser klarer. Es gibt noch kein Automobil und keine Fabriken, keine Verschmutzung und keine Hast. Da ist eine ungeheure Würde, gereift in unzähligen Jahrzehnten, unbezahlbar und kostbar.

Selbst Cecilie genießt diesen Wein, schließt die Augen und spürt dem Geschmack nach. Für einen Moment sieht sie glücklich aus, jünger, als sie tatsächlich ist. Alois hingegen kippt den Wein wie einen Schnaps herunter: Auf seiner Oberlippe bleibt ein roter Saum zurück.

„Nun, Felix?", fragte Rex. „Sind Sie nun bereit für das große Essen?"

Ich nicke schüchtern.

Rex steht auf und klatscht laut in die Hände: „Das Essen möge beginnen!"

Die Speisen werden jetzt zügig gebracht und sind von so exquisiter Qualität, dass mir die Erinnerung an ein geschmackliches Feuerwerk noch auf der Zunge brennt. Ich kann kaum erwarten, in einem neuen Aromenpark zu wandeln. Exotisch anmutende Vorspeisen wie Seeigel mit Passionsfrucht und Petersilienwurzel, in der zunächst die perfekt ausbalancierte Creme mit fruchtigem Hintergrund den Mund parfümiert, bevor sich das markant-jodige Aroma der Seeigelzunge ausbreitet, gefolgt von kleinen Schnecken, die dem Genuss einen vollendeten Nachhall geben.

Kaum abgeräumt, eilen die Kellner mit dem nächsten Gang heran: lackierte Taubenbrust mit Löwenzahn-Blütenhonig und schwarzem Pfeffer an Ingwer-Limonensauce, gefolgt von Kalbsfuß mit Grapefruitgremolata, Haxenpraline und Nierenkrapfen.

Ich sehe Rex dankbar an: „Es ist köstlich. Ich kann gar nicht genug bekommen!"

„Teilen Sie sich Ihre Kräfte gut ein, Felix! Sie werden sie noch brauchen." Dann wendet er sich Cecilie zu: „Und du, meine Liebe? Du sagst ja gar nichts?"

„Ich sage nichts, weil mir bisher nur Mittelmaß serviert wurde, Rex! Ich langweile mich."

Rex lächelt mir zu: „Sehen Sie, Felix? Wir haben den Höhepunkt noch nicht erreicht!"

Hummer wird serviert: mit Citronellenschaum und Trauben, Kayäng und Korianderbaiser, gleich darauf Kamm, Zunge und Bries vom Kalb, auf einem Spiegel von Sojajus, Sojasprossen mit Apfel und eingelegtem Ingwer. Gefolgt von Schulter vom Hereford-Rind mit geeistem Manchego-Schaum, Erdnüssen und Rucola. Es ist so zart und köstlich, dass es mir gleich ist, nicht mehr hungrig zu sein, denn das hier isst man nicht, weil man Hunger hat, sondern weil man es sich leisten kann.

„Ihr Lieben!", ruft Rex entzückt und schiebt sich genüsslich ein Stück Fleisch in den Mund, „hatte ich euch schon erzählt, dass es in vielen Gegenden Argentiniens keine Bolzenschussgeräte gibt? Dort erledigt das ein kräftiger Bauernbursche mit einem Vorschlaghammer!"

„Wie bitte?", frage ich fassungslos.

„Nun, er steht über der Box des Tieres und schlägt dann mit einem schweren Hammer auf dessen Schädel, bis er bricht."

„Das ist barbarisch!", ruft Cecilie.

„Allerdings!", pflichte ich bei.

Rex lächelt und kaut genüsslich auf dem Fleisch: „Wie Recht ihr habt! Hier geht es wesentlich zivilisierter zu, nicht wahr, Alois?"

Der blickt kaum auf, schmatzt, schwitzt und spült mit Wein nach, was er nicht schnell genug kauen kann. Ihm beim Essen zusehen zu müssen, ist eine Bestrafung, und ich bin sicher, wenn der Koch wüsste, wie er seine Kreationen behandelt, würde er ihn noch am Tisch schlachten. Man hätte ihm auch alles in einem Napf servieren können, alle Gänge auf einmal, er hätte sie in seiner viehischen Verfressenheit hineingeschlungen.

Das erste Dessert deutet auf einen würdigen Abschluss: Kirschen in Schokoladenkaramell, gefüllt mit Haselnüssen auf Zimtsablé und Ingwereis, vermitteln fruchtige Frische und federleichten Abgang, doch erst das Crescendo der vier Grand-Cru-Schokoladen Jivara, Manjari, Caraibe und Guanaja auf vier gebogenen Silberlöffeln, mit Cappuccino- und Kakaobohneneis, mal subtil als süßes Locken, mal als Feuerwerk explodierende Komposition aus Schaum mit einer Schokokrokanthülle und des darin versteckten Ingwerbonbons, unterstreichen die komplexe Leistung eines Kochs von Weltrang, dessen Kreationen nicht nur Spiegel seines Könnens, sondern auch seiner Seele sind. Er lässt mich in sein Innerstes sehen, und was ich sehe, ist vollkommen, von überirdischer Schönheit. An seinem Werk teilhaben zu dürfen, erfüllt mich mit Stolz; ich verbeuge mich vor seinem Talent und koste demütig, was zwar von Menschenhand erschaffen wurde, aber süßer ist als der Kuss eines Engels.

Wir nehmen Espresso zu uns, der all die wunderbaren Aromen auf meiner Zunge zudeckt und sie wie die Erinnerung an eine große Liebe verschleiert. Zu meiner großen Überraschung ist bereits die Dunkelheit angebrochen, so dass schon vor dem letzten Gang die Kellner die Kerzen auf dem Tisch entzündet haben, und jetzt ein goldenes Licht in den Spiegeln tanzt und den Saal aufglühen lässt. Ich stehe an einem der Fenster und blicke hinaus in den Park, in dem niemand zu sein scheint.

„Ich wusste nicht, dass man die Amalienburg für ein Festessen anmieten kann?", frage ich Rex, um etwas Konversation zu treiben.

„Das kann man auch nicht", antwortet Rex ruhig. Seine Augen fixieren mich, als würde man von ihnen aufgespießt und zur

Freude des Jägers wie ein Fisch auf einer Lanze herumzappeln.

„In München ist alles möglich, Felix! Nur nicht für jeden."

Ich nicke. Er muss ungeheuer reich und einflussreich sein, denn offenbar hat er das Schlösschen weiträumig absperren lassen; niemand stört unser Zusammentreffen.

„Jedenfalls danke ich Ihnen sehr für das Essen! Es war köstlich!"

Rex sieht mich erstaunt an: „Noch ist es nicht vorbei, Felix."

„Nicht?"

„Nein, wir haben gerade erst begonnen."

„Das heißt, wir bleiben noch länger?"

Rex lächelt wieder: „Wir bleiben so lange, bis es vorbei ist."

Alois haut mir seine fette Pranke auf die Schulter und grinst: „Ich weiß zwar nicht, was Sie hier einbringen, aber eines weiß ich: dass ich noch nie auf so eine sichere Wette gesetzt habe wie heute. Dieses Essen ist für mich erfunden worden, Felix, und eines müssen Sie unbedingt wissen …" Er lässt die silberne Münze zwischen seinen Fingern tanzen. „Die Münze lügt nie!"

Eine Menge Fragen brennen mir unter den Nägeln, aber ich komme nicht dazu, denn Cecilie schwebt heran und ruft freundlich: „Rex, du hast es mir versprochen!"

„Ja, du hast Recht, meine Liebe! Kommen Sie, Felix! Ich habe eine kleine Überraschung für Sie!"

Er führt mich in das Jagdzimmer, einen überbordenden kleinen Gemäldesalon, in dem jedes Bild in die versilberte Wanddekoration einbezogen und in zwei Reihen übereinander angeordnet wurde. Alle Kunstwerke zeigen Darstellungen höfischer Jagden und Feste. Mittig warten auf fahrbaren Kleiderständern Anzüge, Hemden und Krawatten auf mich, dazu eine Auswahl an Lackschuhen.

„Darf ich Ihnen behilflich sein, Felix?"

Rex sucht eine passende Kombination aus, und als ich sie anprobiere, spüre ich, dass sie maßgeschneidert ist. Das Tuch ist so fein, das ich immer wieder heimlich mit den Fingerspitzen darüber fahre; Hemd und Krawatte aus Seide, die Schuhe handgefertigt.

Als ich in den Salon zurückkehre, beobachte ich mich im Spiegel und komme mir fremd vor, denn jetzt sehe ich aus wie die anderen: sauber, reich und satt. Die Verwandlung ist perfekt. Ich frage mich, wie es wäre, jeden Tag einen solchen Anzug tragen zu können, jeden Tag ein solches Mahl zu mir zu nehmen, jeden Tag machen zu können, was ich will, weil ich es mir leisten kann. Es muss phantastisch sein, über diese Möglichkeiten zu verfügen!

Cecilie ist entzückt! Als sähe sie mich zum ersten Mal, aber vielleicht sieht sie auch nur den perfekt sitzenden Anzug, der ihrem ästhetischem Empfinden gerecht wird. Alois hockt bereits am Tisch, stopft frisches Brot mit Kaviar in sich hinein, der sich so hoch türmt, dass die schwarzen Eier auf Tuch und Hände fallen oder in seinem fetten Gesicht kleben bleiben. Dieses Schwein.

Rex klatscht vergnügt in die Hände: „Mehr Essen!"

Es beginnt von Neuem. Gazpacho in einem Kristallbehälter, in dem alle Zutaten wie durch Zauberhand in der Schwebe gehalten werden. Es folgen Extrakte, die mal als Tropfen, mal als schmale Stangen serviert werden, farbenprächtig und geschmacksintensiv: Gänseleber, Anisfumet, Grüner Apfel, Knoblauch-Safran-Aiolischaum, Feigen-, Cassis- und Blutpfirsichpurée, Rote-Beete-Folie, Sojasaucen-Kaviar, bei dem jeder winzige Tropfen Sojasauce platzt, wenn man ihn mit der Zunge zerdrückt. Lammnacken mit Rhabarber und Teerauch, Langostino, Ingwergelee und Kürbisgnocchi. Gewürzpralinen aus Brombeer, Pistazien und weißer Konfitüre, schwebendes Schoko-Martini, Espuma-Ganache mit Peta Zeta und schließlich eine in flüssigem Stickstoff geeiste Abfolge von Fruchtaromen.

Es ist spät in der Nacht, als wir eine weitere Pause machen; ich bin nicht müde, obwohl ich so satt bin wie noch nie in meinem Leben. Der köstliche Wein und ein Essen, das mir einen Blick in das Universum der Genüsse erlaubt hat, hat die Stimmung bei Tisch gelockert, so dass ich längst vergessen habe, dass ich eigentlich nicht dazugehöre, dass ich nicht reich bin, dass der Anzug nicht mir gehört und ich nicht einmal weiß, warum ich eingeladen wurde. Jetzt in diesem Moment fühle ich mich als Teil einer Gesellschaft, die sich alles leisten kann.

Ich stehe vor einem der Spiegel, betrachte mich, und das, was ich sehe, gefällt mir, denn es erinnert nichts mehr an den, der ich einmal war. Es ist, als läge alles, was mir je Schwierigkeiten gemacht hat, weit, weit weg. Alles verliert sich im Spiegelsaal der Amalienburg, verbrennt in den flackernden Kerzen der Lüster, steigt schlängelnd als Rauch empor und löst sich schließlich auf.

Rex steht plötzlich hinter mir – ich sehe ihn im Spiegel. Seine Augen wirken grausam, während er ganz nah an mein Ohr kommt und flüstert: „So könnte es immer sein, Felix!"

Ich beobachte ihn im Spiegel und antworte: „Warum bin ich hier?"

„Weil Sie perfekt sind. Der perfekte Mensch!"

„Ich verstehe nicht?", frage ich zurück, aber Rex schüttelt nur lächelnd den Kopf: „Wie ich sehe, begehren Sie Cecilie?"

Ich blicke über den Spiegel an Rex vorbei an die Tafel, an der Alois und Cecilie sitzen. Sie lächelt mich an, als sie meinen Blick auffängt.

„Ich weiß nicht", antworte ich ausweichend.

Rex nickt mir ermutigend zu: „Kosten Sie sie, Felix. Es ist ein unvergleichliches Erlebnis, ich verspreche es!"

„Ich kann ihr nichts bieten, Rex."

Wieder schüttelt er den Kopf: „Wenn Sie als letztes von diesem Tisch aufstehen, Felix, werden Sie reich sein. Unermesslich reich."

„Dazu muss ich nichts tun als essen?"

„Ja, so ist es."

„Warum ich?", fragte ich leise.

Rex lächelt viel sagend und wieder lächeln seine Augen nicht mit: „Weil Ihnen nie jemand eine Chance gegeben hat. Aber jetzt sind Sie am Zug, Felix. Wachsen Sie über sich hinaus – ich weiß, dass Sie das können. Ich kann es in Ihren Augen sehen."

Dann zieht er sich zurück, während ich noch einen Moment im

Spiegel den Mann sehe, der ich sein könnte.

Den Mann, der ich sein will.

Rex klatscht in die Hände und ruft: „Noch mehr Essen!"

Es beginnt von vorne.

Die Kellner servieren zügig die wunderbarsten Köstlichkeiten, die eine Küche herzurichten imstande ist: Garnelen im gebundenem Safran-Paella-Sud, Salicornbeignets und Hummergrissini, Eigelbpraliné im gestockten Jabugo-Bellota-Schinkensaft mit Albatrüffeln und Nussbutterschaum, Rauchlachs mit violettem Weinhefesenf und langem Pfeffer gebraten, auf lauwarmen Kalbskopf und Dattelvinaigrette.

Obwohl jedes Gericht, jede einzelne Beilage, eine fein ausgewogene, nuancierte Komposition ist, die Gaumen und Seele schmeichelt, ist die Sensation dahin, denn das Essen hat jede Leichtigkeit verloren. Jeder Bissen ist mit einer Anstrengung verbunden, jedes Schlucken kostet Überwindung, da sich mein Magen bereits spürbar aufgebläht hat und schlicht und ergreifend übervoll ist. Trotzdem esse ich, wie Rex es mir geraten hat, und sehe dann und wann rüber zu Cecilie, die meine Blicke erwidert. Sie kommt mir schön und begehrswert vor, alles an ihr scheint in perfekter Harmonie zu sein. Wäre ich reich, dann würde sie mich lieben, da bin ich sicher.

Unentwegt bringen die Kellner neue Gänge hinein: Geröstetes Uckermarker Landschwein, Barbarie-Ente pochiert in Darjeeling und Gewürzen, mit Panch Phoron lackiert auf Sprossengemüse, Bete und Taube in Meersalz gegart, mit Blutwurst-Kartoffelgnocchi, kandiertem Ingwer und Sauerampfer.

Plötzlich beginnt Alois, sich zu verändern: das Maul, das niemals aufhört, Essen zu vernichten, es kaum gekaut hinunterschluckt, gibt röchelnde Geräusche von sich. Ausgerechnet er, der barbarische Gourmand, dessen Kapazitäten endlos zu sein schienen, ist kaum noch in der Lage, weiteres Essen aufzunehmen. Sein Kopf ist puterrot, der Schweiß läuft ihm in Strömen herab, während er krampfhaft versucht, die Gabel zum Mund zu führen. Es ist widerwärtig, und für einen Moment denke ich, es wäre schön, wenn ihn ein Infarkt ereilen würde und er mit seinem fetten Gesicht einfach auf den Teller klatschen würde.

Rex und Cecilie sehen ihn aufmerksam an, beobachten ihn mit kalter Neugier, so wie man einem Insekt beim Sterben zusehen würde. Obwohl ich Alois ekelhaft finde, stehe ich auf und mache Anstalten, ihm auf den Rücken zu klopfen und ihm seine Krawatte zu lösen, doch Rex hebt nur kurz die Hand und schüttelt den Kopf. Ich setze mich und sehe, wie Alois in sich zusammensackt und das Besteck auf den Teller legt.

„Genug?", fragt Rex ruhig

Alois nickt langsam, greift in sein Jackett und legt eine wertvolle Brieftasche aus Krokodilleder auf den Tisch, die mit Kreditkarten und Bargeld prall gefüllt ist. Und seine Silbermünze.

„Dann unterbrechen wir hier für einen Moment", sagt er, steht auf und sieht mich an: „Wollen Sie uns begleiten, Felix? Ich denke, Sie sind begierig, die Küche kennen zu lernen, richtig?"

Das war ich von der Sekunde an, als sie uns mit dem Amuse-Gueule gelockt hatte, denn ich wollte wissen, wer der Meister ist, dessen Hände solche Köstlichkeiten formen konnten. Rex legt Alois die Hand auf die Schulter, so wie ein Vater seinem Sohn die Hand auflegen würde, kurz bevor er ihn für eine Dummheit bestraft und führt ihn aus dem Spiegelsaal.

Wir betreten die Küche, die eine außergewöhnliche Schöpfung fremdländischen Charakters ist. Die Wände und Decken sind mit holländischen Fliesen gekachelt, deren überwiegend blauweiße Fliesenbilder chinesische Szenen und Blumenvasen bilden. Neben der ebenfalls eingekachelten Herdinsel wurden noch einige moderne Küchengeräte wie Kühlschränke oder Öfen dazu gestellt, um der gewaltigen Aufgabe gewachsen zu sein.

Davor die beiden Köche: der Meister und sein Geselle. Schweigsame Typen, mit dunklen Augen und trotz der gewaltigen Küchenarbeit blütensauberen Kochmonturen. Beide schütteln mir die Hände, ohne ein Wort zu verlieren, und sehen dann zu Rex herüber. Der klopft Alois aufmunternd auf die Schulter und sagt

dem Koch: „Nun, Maestro, wir haben einen ersten Verlierer."
Er geht ein paar Schritte und hebt etwas auf, das wie eine über-
große Grillzange aussieht, deren Enden lang und flach sind und
dessen Griff an einem Elektrokabel hängt. Als Alois ihn sieht,
wird er plötzlich munter, sucht verzweifelt nach einem Ausweg,
den es aber nicht gibt, weil Rex ihn versperrt.
„Was soll das, Rex!", ruft er entsetzt.
„Kein Spiel ohne Einsatz, Alois! Das müsstest du doch wissen."
„Das war aber nicht ausgemacht!"
Rex zuckt gelangweilt mit den Schultern, grinst böse und klappert mit der Zange: „Na, wo ist denn unser Schweinchen?"
Alois weicht vor ihm zurück, sein Gesicht ist ganz blass geworden und seine Augen vor Panik weit aufgerissen. Trotz seines
gewaltigen Leibs bewegt er sich ungewöhnlich rasch. Rex macht
alle seine Bewegungen mit: Alois kann ihm nicht entkommen.
Alois versucht zu schreien, aber es entweichen ihm nur einzelne
grelle Laute.
Rex lacht amüsiert und klappert wieder mit der Zange: „Oink,
oink, oink! Wo ist das kleine Schweinchen? Oink, oink, oink!"
Ich kann mich vor Schreck nicht rühren, weigere mich zu begreifen, was sich vor meinen Augen abspielt, als wäre ich in einem Traum. Cecilie steht neben mir: Ihr Blick ist kalt und gleich-
sam wirkt sie erregt. Rex hat Alois in eine Ecke gedrängt – Alois
will Rex etwas zurufen, als der mit der Zange dessen Schläfen
greift: Sofort wird Alois ganz starr, sein Gesicht verzieht sich
zur Fratze, die Augen treten aus den Höhlen, Speichel blubbert
vor seinem Mund. Es müssen viele tausend Volt sein, die da
gerade durch seinen Körper fließen. Dann lässt ihn Rex los, er
bricht zusammen.
Rex legt in aller Ruhe die Elektrogabel wieder zurück und
klopft mir aufmunternd auf die Schulter: „Kommen Sie, Felix.
Wir wollen uns amüsieren!"
Wir kehren in den Spiegelsaal zurück, während ich Rex' Hand
in meinem Rücken spüre, die mich freundlich aber bestimmt
an meinem Platz zurückführt. Dort erst erwache ich aus meiner

Trance und springe sofort wieder auf.

„Was haben Sie getan?!", schreie ich wütend.

Rex gibt mir mit einer Geste zu verstehen, dass ich mich mäßigen soll und antwortet ganz ruhig: „Das ist Teil der Abmachung, Felix. Haben Sie das schon vergessen?"

„Was für eine Abmachung? Ich habe keiner Abmachung zugestimmt!"

„Felix", sagt Rex nachsichtig, „natürlich haben Sie! Erinnern Sie sich denn nicht an die Bedingung ganz am Anfang, dass Sie erst gehen können, wenn das Essen vorbei ist? Das können Sie nicht vergessen haben!"

Ich bin sprachlos, spüre wie ich langsam auf meinen Platz zurücksinke.

Rex lächelt mich freundlich an: „Sehen Sie, jetzt erinnern Sie sich wieder."

„Aber ich wusste doch nicht … ich wusste einfach nicht …"

Rex sieht mich fragend an: „Nun, Sie hätten fragen können, Felix. Aber Sie wollten nicht. Und ich sage Ihnen auch warum: Weil Sie Hunger hatten, Felix. In jeder nur denkbaren Form. Ich konnte es in Ihren Augen sehen: Sie wollten bei diesem Essen dabei sein. Ein anständiger junger Mann, der nie eine Chance hatte."

Eine Weile starre ich auf meinen Teller, dann sehe ich Rex an und sage: „Ich will das nicht, Rex. Ich möchte gehen."

Er sieht mich kalt an und fragt: „Genug?"

So wie er es bei Alois getan hat, und ich spüre, wie mich meine alte Angst einholt, vor den Starken, denen, die diese Stadt beherrschen und denen ich stets aus dem Weg gegangen bin, obwohl ich sie heimlich bewunderte. Mir wird klar, dass es kein Entkommen gibt: Dieses Essen geht weiter. Bis nur noch einer übrig ist.

Ich sehe zu Rex und antworte: „Nein."

Er klatscht zufrieden in die Hände: „Sehr gut, Felix! Ich wusste, dass ich mich nicht in Ihnen täusche! Sie werden es weit bringen, mein Lieber, da bin ich sicher. Nicht so wie Alois, der wettete, niemand könne mehr essen als er. Der in seiner Gier glaubte, er könnte auf einfachste Art noch viel reicher werden. Sein Besitz, sein Geld, seine Häuser, Aktien und Länderein gehören jetzt uns allen. Es liegt quasi auf diesem Tisch, Felix. Und es gehört dem, der zuletzt von ihm aufsteht."

Ich nicke abwesend.

„MEHR ESSEN!", ruft Rex. „NOCH VIEL MEHR ESSEN!"

Die nächste Stunde servieren die Kellner Vorspeisen, vorbereitete Leckereien wie Kaisergranat mit Orangenblütensenfsaat-Marinade und Papayasalat oder Vitello Tonnato vom roten Thunfisch oder Seeigelflan mit Sherryessig und Kopfsalatschaum, die köstlich sind, aber bei Cecilie nur für Langeweile sorgen.

Das ändert sich mit den Hauptgängen: Fleisch mit Grapefruitgremolata, Haxenpraline und Nierenkrapfen. Kamm, Zunge und Bries auf einem Spiegel von Sojajus, Sojasprossen mit Apfel und eingelegtem Ingwer. In ihren Augen brennt plötzlich die Begierde, obwohl es eine Wiederholung dessen ist, was wir schon einmal zu uns genommen haben, nur dass es jetzt einen ganz eigenen, neuen Geschmack hat. Cecilie nimmt dasselbe Essen lüstern zu sich, in dem sie Stunden zuvor noch gelangweilt herumgepickt hat. Sie sieht völlig verändert aus in diesem Moment, und das, was ich sehe, gefällt mir nicht. Es folgen Brust mit Löwenzahn-Blütenhonig und schwarzem Pfeffer sowie Schulter mit geeistem Manchego-Schaum – beides trotz der starken Gewürze nicht wieder zu erkennen verglichen mit dem, was vor Stunden noch serviert wurde. Es fehlen Raffinesse und Geschmack, als ob der Koch all seine Fähigkeiten verloren hätte, was verständlich wäre, nachdem, was sich in der Küche abgespielt hat. Kaum zu glauben, dass Cecilie so verrückt danach ist.

Rex lächelt Cecilie zu: „Mein Liebe, wie du schlingst! Denk an deine Figur!"

Cecilie antwortet: „Es ist köstlich. Aufregend und neu! Es gibt keine Steigerung mehr zu dem hier. Und darum werde ich auch nicht auf mich achten, Rex, denn ich bin am Ziel meiner Wünsche!"

„Das freut mich für dich!"

Als der Nacken mit Rhabarber und Teerauch serviert wird, sehe ich ihr bereits an, dass sie am Ende ihrer Kräfte ist, und so kostet sie nur noch ein wenig vom Fleisch, dann legt sie das Besteck ab und sagt: „Genug!" Sie sieht uns lächelnd an, nimmt ihr ungeheuer wertvolles Collier ab und legt es mitten auf den Tisch.

„Dann unterbrechen wir hier für einen Moment", sagt Rex, steht auf und sieht mich an: „Wollen Sie uns begleiten, Felix?"

Ich folge ihnen wie aus einem Reflex heraus, fühle mich betäubt und in meinem Wesen erschüttert. Zu meiner Überraschung bemerke ich, dass Cecilie auf dem Weg in die Küche ihr Kleid abstreift, das achtlos zu Boden fällt und dort liegen bleibt. Bis auf den Slip ist sie jetzt nackt, als sie die Küche betritt. Das Erste, was ich bemerke, ist ein strenger Geruch nach Blut. Dann wende ich mich zur Seite und sehe Alois, bis auf den Kopf gehäutet und halbiert von der Decke hängend. Seine Innereien sind vollständig ausgeräumt, der Schnitt verläuft so genau durch sein Gesicht, dass Augen, Nase, Mund und Zähne perfekt erhalten sind. Erst jetzt bemerke ich, dass wir in seinem Blut stehen und dass eine Hälfte von Alois fehlt: die, die wir gegessen haben.

Ich starre auf die von der Decke hängende Hälfte, bemerke nicht, dass Cecilie ihren Slip auszieht und nun nackt vor Rex steht, der eine Art Rohr mit einem Abzugsmechanismus in den Händen hält. Alles an ihr ist perfekt definiert, schlank und wohlgeformt, makellos weiß, feinporig und zart.

Rex setzt Cecilie das Rohr auf die Stirn.

Sie atmet schwer.

„Es wird nicht wehtun, nicht wahr?", fragt sie. Ihre Stimme zittert.

Rex schüttelt den Kopf: „Nein, meine Liebe, nur ein dumpfer Schlag, dann ist es vorbei."

Sie nickt, bläht ihr Nasenlöcher, keucht, presst ihre Stirn gegen das Gerät.

Dann durchschlägt der Bolzen mit einem Knall ihren Schädel

und dringt tief in ihr Gehirn ein. Augenblicklich fällt sie in sich zusammen. Auf dem Boden liegend zucken ihre Glieder – sie ist noch nicht tot. Rex nickt dem Koch und seinem Gehilfen zu, die ein Seil um ihren Fuß binden und sie mit einer Winde in die Höhe ziehen. Rex nimmt ein Schlachtermesser und durchtrennt ihren Hals und die Schlagader: Blut spritzt heraus und läuft in einem dicken, warmen Strahl in einen Eimer.

„Das werden phantastische Blutwurst-Kartoffelgnocchi", lächelt Rex versonnen.

Ein paar Sekunden später ist Cecilies Blick leer.

Rex klopft mir aufmunternd gegen die Schulter: „Sie hat nicht gelitten."

Er nickt dem Koch zu, dann verlassen wir die Küche und kehren zurück in den Spiegelsaal. Das Bolzenschussgerät hält Rex immer noch in den Händen und legt es auf den Tisch. Jetzt sind wir nur noch zu zweit und die leeren Plätze am Tisch muten seltsam an.

„Sie haben es fast geschafft, Felix. Alles das, was Cecilie je besaß, liegt nun in der Mitte des Tisches. Sie stehen nur noch einen Schritt vor der Erfüllung ihrer Träume und Wünsche!"

„Tue ich das?" Ich höre meine Stimme von weit weg, gerade so, als gehöre sie jemand anderes.

„Etwa nicht?"

„Nein", sage ich deutlich, „das habe ich nicht gewollt!"

Rex sieht mich aufmerksam an, seine Augen mustern mich kalt: „So, das haben Sie also nicht gewollt ... Sie sind ein solcher Heuchler, Felix!"

Ich sehe ihn trotzig an und schreie: „DAS BIN NICHT ICH!"

Er bleibt ganz ruhig, steht auf, kommt zu mir, beugt sich zu mir herab und flüstert: „Und ob Sie das sind!" Dann wirbelt er mich herum, dreht mich zu einem der großen Spiegel und zeigt auf das Bild: „Erinnern Sie sich, als Sie sich selbst im Spiegel bewunderten! Sie wollten dieser Mann sein, Felix. Aber es gehört mehr dazu, als nur davon zu träumen. Und genau das ist Ihr Problem: Sie haben nie etwas getan, um zu diesem Mann zu werden. Ich habe Ihnen die Chance gegeben, Ihre Träume zu verwirklichen. Und jetzt sitzen Sie hier und heucheln moralische Bedenken? Wo waren Ihre Bedenken, als Sie zu diesem Essen eingeladen wurden? Als Sie diesen Anzug annahmen? Als Sie glaubten, Sie könnten Cecilie für sich gewinnen, wenn Sie nur so wären wie der Mann in diesem Anzug? Als Sie heimlich dachten, Alois gehöre nicht an diesen Tisch und wäre am besten tot?"

Ich sehe ihn überrascht an – es scheint, als würde er meine intimsten Geheimnisse kennen.

"Wissen Sie, wie Sie mir vorkommen, Felix? Wie all die anderen, die gutes Essen lieben. Die von einem guten Steak schwärmen, von Brust, Brie oder Keule. Von Rippchen, Lende oder Niere. Von Zunge, Leber oder Kutteln. Das hat alles einmal gelebt, Felix, verstehen Sie das?! Es wird geschlachtet, enthäutet, entbeint, ausgenommen, gepökelt, gekocht, gegrillt oder gebraten. Und manchmal essen wir es sogar roh. Wo bleiben da Ihre moralischen Bedenken?"

"Das ist etwas anderes", antworte ich lahm.

Rex lacht laut und sehr amüsiert: "Etwas anderes? Warum sitzen Sie dann hier, Felix! "

"Sie haben mich ja dazu gezwungen!"

"Tatsächlich? Warum sind Sie nicht gegangen?"

Ich will rasch antworten, aber bringe kein Wort heraus, denn mir wird klar, worauf er hinaus will.

Er grinst und zwingt mich ihn anzusehen: "Sie haben es gar nicht versucht, Felix. Das ist doch richtig, oder?"

Ich ertrage seine Augen nicht mehr, senke den Blick.

"Sie hätten doch gehen können, oder?"

Ich schwieg.

"Nehmen Sie es nicht so schwer, Felix. Und jetzt wollen wir zusammen essen, ja?"

Er geht zurück an seinen Platz und klatscht in die Hände: "ES-SEN! WIR WOLLEN NOCH VIEL MEHR ESSEN!"

Wieder eilen die Kellner herbei und servieren angebratenes Tatar mit Melange noir, darauf Loup de mer und gesalzenes Eigelb.

Rex bricht sich ein Stück aus dem Tatar und steckt es genießerisch in den Mund.

„Kosten Sie sie, Felix. Es ist ein unvergleichliches Erlebnis."

Ich starre auf das Tatar und rühre mich nicht.

„Ich versichere Ihnen, Felix, Cecilie wäre stolz auf dieses Essen. Unsere kleine Nachtigall war besessen von Perfektion. Sie hat sich Zeit ihres Lebens nur von den besten Zutaten ernährt. Und ich kann sagen: Es hat sich gelohnt!"

Unschlüssig greife ich nach dem Besteck, zögere.

„Kommen Sie, Felix. Sie sind weit gekommen. Sehen Sie nur das Collier! Es ist Millionen wert und doch nur ein Bruchteil dessen, was Cecilie besessen hat. Und sind wir doch ehrlich: Sind Cecilie und Alois es wert jetzt aufzugeben? Sind die beiden wirklich so ein großer Verlust für die Menschheit? Können Sie, Felix, nicht unendlich viel Gutes erreichen, wenn Sie das hier gewinnen?"

Ich bemerke gar nicht, wie ich das Tatar mit der Gabel teile und zum Mund führe – ich bin schon viel zu weit gegangen, um jetzt noch aufzugeben. Wir beginnen, erneut zu essen: Geräuchertes Mark auf Kartoffelblini und Limonenblättersauce, Carpaccio von der Brust mit Orangensaftemulsion und Erbsenschaum á la Francaise, Rücken mit Trüffel gratiniert, Sauce Rouenaise und Leber-Palatschinken, und Brust in Gewürztraminer mit Honigcreme, Bulgur und Baharatcrepes.

Das Essen ist eine einzige Qual, nicht aus moralischen Bedenken, sondern der Völlerei wegen. Mein Magen schmerzt, das Schlucken ist eine einzige Überwindung. Rex ist der Teufel, aber er hat mit allem Recht gehabt: Ich war arm und unschuldig, weil ich nie in die Verlegenheit gekommen war, mich überhaupt schuldig machen zu können. Und als ich es schließlich tat, ging ich weiter als all die, die mich zuvor missachtet hatten. Die Aussicht auf die Erfüllung meiner Träume hat mich nicht nur über Leichen gehen lassen – ich esse sie sogar auf. Ich fresse mir meinen Weg ins Schlaraffenland, beiße alles weg, verschlucke es, obwohl ich keinen Hunger mehr habe.

Ich bin der perfekte Mensch.

Bis zum Morgengrauen essen wir und als ich zu Rex hinüberblinzele, sehe ich, dass er immer noch mit großem Appetit isst, als ob unser Mahl gerade erst angefangen hätte. Ich kann ihn nicht besiegen, niemand kann das. Eine Weile hoffe ich darauf, dass ein Wunder mich rettet, dass Rex das Essen vorzeitig beendet, dann jedoch gebe ich auf. Ich bin im Begriff, meine Waffen zu strecken, das Besteck abzulegen und *Genug* zu sagen, als Rex plötzlich zu würgen beginnt. Erst nach Sekunden begreife ich, dass im Hüftfleisch mit Lorbeer-Schalottenkruste und Morcheln ein Knochenstückchen gesteckt haben muss. Ich sehe, wie Rex um Luft ringt und kann nicht glauben, dass der Küche ein solcher Fehler unterlaufen konnte. Wie konnte der Maestro das nur übersehen? Oder hatte er es absichtlich übersehen?

Rex steht in seiner Verzweiflung auf, winkt mir zu, dass ich ihm helfe. Ich rühre mich nicht, obwohl ein einfacher Griff den Knochensplitter sicher heraus katapultieren könnte. Er sieht mich an, lächelt. Ja, er lächelt, weil er sieht, dass ich ihm nicht helfe. Dann kippt er vornüber, auf den Tisch. Er liegt auf der wertvollen Brieftasche und dem Collier und rührt sich nicht mehr.

Ich habe gewonnen!

Ich bin am Ziel meiner Träume angekommen, stehe als letzter vom Tisch auf, während draußen ein neuer Morgen anbricht und das erste Morgenrot den Saal in ein flammendes Spektakel verwandelt.

Willkommen in der Hölle!

Jetzt bin ich endlich der, der ich immer sein wollte. Habe mich überwunden, habe den Widerständen getrotzt und andere hinter mir gelassen. Ich kann jetzt alles sein, was ich will, doch als ich zufällig in den Spiegel sehe, erkenne ich, wer ich wirklich bin: ein Monster. Schlimmer als jeder einzelne, der mit mir gegessen hat. Und reicher.

Ich nehme das Bolzenschussgerät, setze es an die Stirn und denke noch, dass es in Argentinien keine Bolzenschussgeräte gibt. „Diese Barbaren!", lächele ich.

Dann drücke ich ab.

Henrike Heiland

Konkurrenzausschluss

Dramatis Personae:
Quirin – Feuilleton lesender Barkeeper
Xaver – fehlbesetzter Society-Journalist
Basti – Fotograf, nicht sehr trinkfest
Elvira – Klofrau und Seele des Clubs
Anastasia – Ex-Fußballerfreundin

Morgens um vier im Einser. Ein paar wenige, stark alkoholisierte Gestalten hampeln über die Tanzfläche. Die Musik ist aus. Quirin poliert Gläser, Xaver saugt seine siebte Cola durch einen Strohhalm.

Quirin (geduldig): Doch, der Vinzenz und d'Vroni. Erst warns mitnand aufm Klo, und dann sinds furtganga.
Xaver: Schmarrn. Die is doch gar ned sei Typ.

Quirin: Aber hallo! Die is sowas von seim Typ. Dünn, deppert und unter dreiundzwanzig.

Xaver (nickt nachdenklich): Der Basti hat Fotos von der Vroni gemacht. Da kriagn ma wieda Klicks ohne Ende, wemma die online stelln.

Quirin: Moanst wirklich?

Xaver: Ich sag's amoi so: Hätt die d´Haxn ned übereinandergeschlagn, müssten mir an Balken drüberlegn oder extra a Pornoseitn aufmacha. Die will wohl in den Playboy.

Quirin: Schaffts ned. Die is beim „Topmodel" in der dritten Runde ausgeschieden. Die Heidi hat gesagt: (Fistelstimme, Hochdeutsch) „Mit deinem Gang schaffst du's vielleicht im Kuhstall, aber nicht auf dem Laufsteg." Dann wollts der Heidi oane schmiern.

Xaver: Ich denk, du liest bloß as Feuilleton!

Quirin: Da steht sowas aa.

Xaver: Jedenfalls. D'Vroni is dem Basti hint nach gstiegn, dass der gynäkologische Aufnahmen von ihr macht. Ich hab gar ned wegschaun kenna. Also hinschaun. Ich hab gar ned hinschaun kenna.

Quirin: Und nacha hat sie sich den Vinzenz krallt.

Xaver: Aber d´Vroni is doch gar ned am Vinzenz sei Typ, sag ich doch!

Quirin: Wiaso nacha ned?

Xaver: Weil's ned blond is!

Quirin: An Haufen Fußballer ham Freundinnen, die ned blond san.

Xaver: Aber doch ned der Vinzenz! Der hat no nia koa Freundin ned ghabt, die ned blond wär.

Quirin: Dann hat a jetzt oane.

Xaver: Nia im Leben bleibt der mit der Vroni beinand. Die is ned sei Typ. Des is a Ausrutscher.

Quirin: Der Olli is aa mit seiner, mei, wiehießdienoch, ewig beinand gwesn. Da hast du aa gsagt, dass des bloß a Ausrutscher wär.

Xaver: Aber die war blond. Hatn des die Anastasia gsehn, dass d´Vroni und der Vinzenz was mitnand ghabt ham?

Quirin: Die hat's gsehn.

Xaver: Mei Jessas, die Arme. Wo iss denn jetzt?

Quirin: Probiert's beim Basti.

Xaver: Was?! Und wo is der Basti?

Quirin: Liegt da auf der Tanzfläche. Gleich vor der Box.

Xaver: Seit wann denn des?

Quirin: Zwoa Stund, Minimum. Musst eam amoi sagn, dass a ned immer mit die Mädels mittrinken soll, sonst is a nach a Stund scho dicht.

Xaver (starrt in Richtung Basti): Und d'Anastasia probiert grad, ihn wieder z'belebn, oder was macht die da?

Quirin: Na logisch. Die will, dass a Fotos von ihr macht.

Xaver (kratzt sich am Kinn): Aber wenn die nimmer mit dem Vinzenz geht, nacha will doch aa koana die Fotos von ihr sehen. Die krieg ich doch nia verkauft!

Quirin: Das wird die aa wissen. Schau, gleich probierts Mund-zu-Mund-Beatmung beim Basti.

Xaver: Aber sag amoi so: Wenn der scho seit Stunden im Koma liegt, dann hat a ja nix mehr abgeschossen!

Quirin: Hätt ich dir was sagen solln?

Xaver: Du bist ein Arsch. Wer dich zum Freund hat …

Quirin: Mei, Xaver, wenn du aa die ganze Nacht da an der Bar pappst und mir's Cola kübelweis zammsaufst!

Xaver: Ich hab doch ned überall Augen! Und grad sowas wie des mitm Vinzenz und der Vroni, und d'Anastasia, des musst du ma doch …

Quirin: Halt's Maul, da kommt's grad!

Anastasia (bemüht gut drauf): Heeey, Jungs, gebt ihr mir einen aus?

Quirin: Letzte Runde is schon lang vorbei, sorry.

Anastasia: Oooch, für mich! (schiebt ihre Brüste in Position)

Quirin: Mädel, des zieht bei mir ned.

Anastasia (wirft sich Xaver an den Hals): Und du, Spatzl?

Xaver: Ähm … Hör mal … Des is grad ganz schlecht … Und der Quirin hat doch aa gesagt …

Anastasia (krault Xaver im Nacken): Du bist doch der geile Typ von der Zeitung?

Xaver: Ähm … ja. Ja, wir hatten mal, ich mein, ich hab dich mal, also, interviewt, das war mit dem, wie du noch mit dem Vinzenz …

Anastasia (will auf Xavers Schoß): Ach, der Vinzenz, der ist schon lang Abseits! Ich bin jetzt wieder solo! Das interessiert die Leute doch bestimmt! *(schlingt ihre Arme um Xavers Hals)*

Xaver (klammert sich an seine Cola): Ehrlich gsagt …

Quirin (greift beherzt ein): Mädl, lass ihn. Das bringt gar nix.

Anastasia (versteinert): Was?

Quirin: Ned der Vinzenz is Abseits. Du bist Abseits – Rote Karte – host mi?

Anastasia (schwankt auf ihren Stilettos): Aber … ich war doch sogar in der Gala! Und in der Bunten!

Quirin (erklärt): Und ab heut is d'Vroni in der Gala und in der Bunten. Und du erst wieder, wennst di vom nächsten Promi vögeln lasst. Aber bis dahin …

Anastasia (hält sich am Tresen fest): Bis dahin …

Quirin: … interessiert si koa oide Sau mehr für di.
Es sei denn …

Anastasia (benommen): Es sei denn …?

Quirin: Es sei denn, der Xaver hat amoi a richtige Flaute und nix zum drüber Schreiben.

Xaver (schüttelt hilflos den Kopf): Ich hab immer was zum drüber Schreiben!

Anastasia (Tränen in den Augen): Das könnt ihr doch nicht mit mir machen! Letztes Wochenende hat der Basti bestimmt zweihundert Fotos von mir gemacht …

Xaver: Von dir und dem Vinzenz, und des war bei der Meisterschaftsfeier.

Anastasia (schluckt): Heißt das …

Quirin (tröstend): Komm schon, Mädl, geh hoam. Es gibt noch mehr Fußballer.

Xaver (hilfreich): Oder probierst es amoi mit am Schauspieler!

Anastasia: Heimgehen … *(geht benommen ab)*

Xaver (erleichtert): Danke. Alloa waar ich die nia loswordn.

Quirin: Des musst halt aa amoi lerna, verstehst?

Xaver: Hat denn der Basti noch Fotos gemacht, wie der Vinzenz mit der Vroni aufs Klo is?

Quirin: Fragstn halt, wenn a wieder lebt. Hast wenigstens d'Gruber Valentina mitgekriegt?

Xaver: D'Gruber Valentina war da? Und mir sagt koana was???

Quirin (verdreht die Augen): Mei.

Xaver: Was hat denn die wollt?

Quirin: Spioniern. Ob der Laden hier noch läuft.

Xaver: Ihrer läuft doch ganz gut.

Quirin: Guad is der hoit ned guad gnua. Die wollt sehn, wie lang mir's noch mit ihrm neuen Edelclub aufnehma könna. Die hat immer no ned so vui Promis in ihrem Schuppen. Bloß die Neureichen, die gern was wärn, aba nix san.

Xaver: Und da stolpert die einfach so rei?

Quirin: Inkognito. Hab sie selber kaum kennt.

Xaver: Gerissenes Biest. Gib mir no a Cola. Sonst kann ich ned schlafa. Hat denn der Basti d'Gruber Valentina no mitgekriegt?

Quirin (ungeduldig): Mei, fragn doch selba!

Xaver: Wenn der jetzt nur endlich amoi aufwacha tät. Des hättst ma sagn müssen!

Quirin: Ich hab schon an Job! Ich muss ned aa no den dein macha!

Elvira (kommt angehetzt): Quirin, du, wir müssen die Bullen rufen!

Xaver (sitzt ganz aufrecht): Jemand unter achtzehn hier drin?

Elvira (winkt ab): Schmarrn. Für des ruf ich koa Bullerei. Aber auf dem Klo, da hat sich oane eingsperrt!

Quirin: Wart halt, bis's fertig is. Für sowas ruf ich koane Bullen.

Elvira: Naa! Ich hab schon klopft und gschrien, aber sie sagt nix!

Quirin: Is's scho lang drin?

Elvira: Was weiß denn ich? Wenn d'Rosi ned da is und ich alle zwoa Klos macha muss …

Quirin: Dann sperr auf und schau nach, dazu brauchst doch koa Polizei ned!

Elvira: Ich hab doch längst aufgesperrt! Da hockt oane!

Xaver (interessiert): Wer?

Elvira: D'Anastasia, die vom Vinzenz, der wo der Torwart …

Quirin: Wir kennen den Vinzenz. Und was sagt's, d'Anastasia?

Elvira: Nix sagst, de bläde Henna, de zammzupfte!

Quirin: Dann geh und red mit ihr. Die is schlecht drauf, weil sich da Vinzenz mit der Vroni vergnügt.

Elvira (reißt die Augen auf): Von die „Topmodels"?

Quirin: Genau. Aufm Klo warn die zwoa. Aber scho vor Stunden.

Elvira: Auf meim Klo? Und ich woaß nix davo?

Quirin: Da warst halt grad bei de Männer drüben.

Elvira (schlägt die Hand vor den Mund): Die hat si umbracht!

Xaver: D'Vroni hat si umbracht?

Elvira: D'Anastasia! Die is doch hin! Hört mir denn da koana zua? Ja Herrschaftszeiten noch amoi!

Quirin (lässt ein Glas fallen): Hin? Aufm Klo?

Elvira: Auf meim Scheißhaus!

Xaver (begeistert): Drogen!

Elvira (empört): Bitte!

Quirin: Des is aber jetzt echt so richtig Retro. Drogentote auf dem Klo. Nee.

Elvira: Wollts ned die Bullerei anruafa?

Xaver: Ich weck an Basti auf.

Quirin: Nix da. Du bleibst da, und die Bullen holn ma ned. Elvira, du sperrst das Klo zua, und nacha gehst zum Hannes an die Tür, der soll schauen, dass er den traurigen Rest aussi kehrt. Die sollen draußn ausmachen, wer mit wem hoamgeht.

Elvira: Auf meim Klo bringt sich doch sonst koane um! *(eilt nach draußen)*

Xaver: Was hastn vor?

Quirin: Denk nach. Wenn jetzt rauskommt, dass sich im Oanser d'Anastasia mit Drogen abschießt …

Xaver (begeistert): … dann ist der Laden ab jetzt wieda knallvoll!

Quirin: Spinnst du! Gähnend leer! Weils KVR bloß auf an Grund zur Schließung wart.

Xaver (reibt sich das Kinn): Da könnt was dran sein … Aber was machma dann mit der Anastasia?

Quirin (überlegt): Wegschaffa.

Xaver: Sagst du ned deim Chef Bescheid?

Quirin: Der kriagt an Herzkasperl. Des bleibt unter uns!

Xaver (plötzlich ganz schlau): Und was kriag ich dafür?

Quirin (nachdenklich): Die geilste Exklusivstory des Jahres.

Xaver (zufrieden): Ich weck an Basti auf.

Quirin: Nix. Wir schaun erst nach der Anastasia.

Elvira, Quirin und Xaver stehen vor der Klokabine. Anastasia sitzt mit runtergelassenem Höschen auf der Klobrille, gegen den Spülkasten gelehnt. Die Arme hängen seitlich runter, die Augen sind geschlossen, der Mund steht leicht offen. Die blonden Haare kleben ihr im verschwitzten Gesicht. Neben ihr auf dem Boden liegt ihre Handtasche, daneben steht ein leeres Glas.

Elvira: Des warn aber hoffentlich jetzt koane Drogen!

Xaver (schaudert): Hat sich die totgsoffn? So dicht wars doch gar ned.

Quirin (ignoriert ihn): Wo hastn parkt?

Xaver: Du hast jetzt ned vor …?!

Quirin: Willst a fette Story oda ned?

Xaver: Jaja. Also dann hol ich amoi an Basti.

Quirin: Erst, wenn ich's dir sag. Elvira, denk dran. Wenn du ratschst, landn wir zwoa im Knast und san unsern Job los.

Elvira: Moanst denn du, ich spinn? So gut wie doherin werd ich im Leben nimma verdienen!

Xaver (staunt): Ach! Is euer Chef so spendabel?

Elvira: Schmarrn. Die Damischn da herin gebn Trinkgelder fürs Piesln, da wird dir ganz schwindlig.

Xaver: Brauchts ihr a Aushilfe?

Quirin: Jetzt lang amoi hi. Jeda oan Arm. Auf drei. Oans … zwoa …

Xaver (stößt mit dem Fuß die Handtasche und das Glas um): Kreuz Kruzifix no amoi!

Quirin: Was hast denn?

Xaver: Jetzt hab ich der ihren ganzen Kram umgschmissn!

Quirin (sieht es sich an): Ach was. Is doch bloß a Tablettn-schachtl.

Elvira (hebt sie auf): Schlaftablettn. Des Zeugl kenn ich! Da schläferst an Oxn mit ein. Aber im Nullkommanix, sog ich dir.

Quirin: Die Schachtel is leer.

Elvira: Des reicht ja für an ganzn Kuastall! Aber, sag amoi, Dro-gen san des fei ned?

Quirin (hebt das Glas auf und schnüffelt): Wo hatsn den Rum her, die Bar war doch zua?

Elvira: Der Hannes hat vorn an der Tür … ach, des hätt ich jetzt ned sagn deafa.

Quirin: Der Hannes hat vorn an der Tür a Flaschn Rum?

Elvira: Von mir woaßt du des fei ned!

Quirin: Alkohol und Schlaftabletten …

Elvira: Aber koane Drogn!

Xaver: Des muss doch nix hoassn, oder? Bloß weils da jetzt zu-fällig so a leere Schachtel rumliegn hat …

Quirin: Grad wars noch kreuzfidel, und jetzt hockts tot auf der Schüssel. Also wenn des nix hoasst!

Elvira: Da hab ich fei nix damit z'doa!

Quirin (verdreht die Augen): Sagt ja aa koana.

Elvira: Ich hab überall Zettel aufgehängt: Keine Drogen!

Xaver: Aber wer bringt sich denn um und geht nacha noch schnell a Runde pieseln?

Quirin: Vielleicht habn die Dinger schneller gwirkt, wias gmeint hat?

Elvira: Vielleicht wollt sie's ja gar ned so wirklich?

Xaver: Dann hätt sie's bleibn lassn solln!

Elvira: Des wissn doch alle, dass' bei mir koane Drogen ned gibt!

Xaver: Und was mach ma jetzt?

Quirin: Wo stehtn dei Auto?

Xaver: Nix! Die kommt mir ned in mein Karrn!

Schwabing, morgens um sechs. Xaver, Quirin, Basti, Elvira und Anastasia fahren in Xavers Wagen vor. Anastasia sitzt mit dem schlafenden Basti und Elvira auf der Rückbank.

Xaver (überrascht): Schau, da is ja der Ladn von der Gruber Valentina!

Quirin: Wirklich!

Xaver: Der is ja immer noch proppenvoll!

Quirin: Sag bloß. Und jetzt bleib steh. Genau da.

Xaver: Vor der Gruber Valentina ihrem Club?

Quirin: Machs einfach! Schlaft der Basti eigentlich immer no?

Elvira: D'Anastasia wird wohl kaum so schnarcha.

Quirin: Dann musst uns du helfa.

Xaver: Für was muss d'Elvira uns helfa?

Quirin: Mit der Anastasia. Du langst aa hi, und ich schau an der Tür, dass ma schnell nei kumma *(steigt aus).*

Xaver (rennt ums Auto): Mei, wenn uns oana sieht!

Elvira (klettert raus und zerrt die tote Anastasia hinter sich her): Jetzt hilf mir halt! Und bloß dass du's woaßt: Uns habn scho alle gsehn.

Xaver (panisch): Die holn doch glei d'Polizei!

Elvira (ruft sehr laut): Mei, Madl, wie besuffa bistn du? *(sie schiebt die tote Anastasia in Xavers Arme)*

Xaver (panisch): Wart amoi, ich kann doch ned … Elvira!

Elvira (knallt die Autotür zu; sehr laut): Kaum laufen kann's, des arme Hascherl, aber unbedingt da nei wolln, hat's gesagt.

Stimmt doch, Xaver? Grad da nei hat's wolln, jemand findn, der wos hoambringt.

Xaver (kapiert endlich): Was? Oh! *(sehr laut, überartikuliert)* Klar, mei, so a Schnapsdrossl, d'Anastasia, unglaublich!

Elvira (verstellt ihre Stimme): Mir is so schlecht! Ich glaub ich muss speien!

Xaver (sehr laut, überartikuliert): Gell, Anastasia, dann bring ma di no schnell aufn Abort!

Elvira (verstellt ihre Stimme): Und so unglücklich bin ich!

Xaver (sehr laut, überartikuliert): Madl, des werd scho wieda. *(flüstert zu Elvira)* Des merkt doch a jeder Depp, dass die hin is!

Elvira (flüstert): Wenn's dich wenigstens a amoi im Leben ned so saublöd anstellen tätst wie sonst immer! Und jetzt halt dei Goschn!

Quirin: So, zahlt is schon. Dann mal rein in die gute Stube.

Eine Woche später im Einser, morgens um sechs. Es ist knallvoll, die Musik dröhnt. Auf den Boxen tanzen junge, dünne Mädchen, die sich von einem sehr wachen Basti fotografieren lassen. Xaver sitzt, Cola mit dem Strohhalm saugend, bei Quirin an der Bar und blättert in einer Zeitung.

Xaver (brüllt gegen die Musik an): Mei, dir hab ich die Story des Jahres zu verdanken! „Selbstmord im Edelclub! Valentina Gruber kann zumachen!" *(hält stolz den Teil der Zeitung mit seiner Story hoch)* „Illegale Schlaftabletten bei der Toten gefunden!"

Quirin (amüsiert): Tja, was sagt man dazu.

Xaver: Eigentlich ganz gut für euch.

Quirin: Mei, wirklich!

Elvira (gesellt sich erschöpft zu ihnen): Ihr glaubt's ja gar ned, wia froh das ich bin, dass d'Rosi wieder da is. Alloa hätt ich des im Leben ned geschafft. Wann wars denn s'letzte Mal so voll?

Quirin (stellt ihr eine Maß Bier hin): Lass mi überlegn … Des war … neunzehnhundertund … *(zuckt die Schultern)* Ewig muass des her sein!

Xaver: Und ois habt's ihr mir zum verdanken, gell!

Quirin: Eh klar.

Xaver (blättert weiter): Ohne meine Story wär daherin tote Hose, sag ich euch. To-te Ho-se!

Elvira (schaut ihm über die Schulter): Wart amoi. Die kenn ich doch. Woher kenn ich die bloß …?

Xaver: Des is aber koa Promi, gell. *(unsicher)* Oder, Quirin?

Quirin (schaut auf das Bild in der Zeitung): Na. Des daad ich wissn.

Elvira (stochert mit dem Zeigefinger auf dem Bild herum): Doch, doch! Die kenn i! Des is doch die Mama von der Anastasia! Die hab ich aba a schon lang nimmer gsehn.

Xaver und Quirin sehen sich das Foto genauer an.

Xaver: Wo siehstn du da bittschön d'Mama von der Anastasia?!

Quirin: Also bitte, Elvira, da vertust dich aba jetzt. Des is a Artikel übers Sozialkaufhaus von der Inneren Mission!

Xaver: Für die Hartz IV-Empfänger. Und d'Rentner. Und die wo kein Geld ned ham.

Elvira: Ja, genau, von daher kenn ich die, da kauf ich aa immer ein!

Xaver: Geh! Du kaufst im Sozialkaufhaus? Letztens hast noch rumprotzt, was du für riesige Trinkgelder kriegst!

Elvira: Tu ich aa! Aber man kann doch sparen, trotzdem! Und du glaubst ned, was grad die Münchner alles zum Spenden hergebn. Des reinste Schnäppchenparadies!

Quirin: Geh, Elvira, und du stellst dich mit die ganzn Sozialschmarotzer in oane Reih?

Elvira: Was wissn denn die, was ich verdien? Des geht doch die an Dreck o! Letztens, da hab ich so a Handtaschn von dem, na, sag schnell, jedenfalls, für drei Euro, wo die doch in echt an Tausender kost hätt.

Xaver: Und Mittagessen tust an der Tafel oder was?

Elvira: Schmarrn. Des doch ned.

Basti (kommt angerannt): Elvira! Elvira! D'Vroni is mit dem Vinzenz scho wieder aufs Klo! Ich muss in d'Nachbarkabine!

Elvira: Ja wart schnell, ich komm schon *(eilt seufzend mit Basti zum Klo).*

Xaver (feuert ihn an): Super, Basti! Weiter so!

Quirin: Sag eam, er soll bloß ned den Leo von „Big Brother" verpassen. Da, der macht grad rum mit dem Typen da, der bei „DSDS" im Viertelfinale ausgschiedn is.

Xaver (staunt): San die schwul?

Quirin: Xaver, tust du mir an Gefallen?

Xaver: Jedn.

Quirin: Werd bloß nia a Klatschreporter, wenn'st groß bist.

Xaver: Ich bin aber doch … *(lacht)* Ha, fast hättst mich drangekriegt! Des war a Spaß, gell?

Quirin (verdreht die Augen): Geh weiter. Trink dei Cola. Sonst kannst nacha wieder ned schlafa.

Beatrix Mannel

Fensterln

Der alte Mann saß nackt auf seinem Sofa und starrte in den Fernseher. Jeden Abend saß er so, jedenfalls jeden Abend, seit ich Hals über Kopf ins Westend gezogen war, weil meine Frau mich wegen meines angeblich unnatürlichen Verhaltens aus der Wohnung geworfen hatte.

Und ich konnte nicht anders als zu ihm hinstarren und mich zu fragen, warum zur Hölle der Mann das tat. Abend für Abend für Abend.

Seine Wohnung erinnerte mich an die meiner Großeltern in Olching, sowohl das dunkelgrüne klobige Cord-Sofa mit den passenden Sesseln, als auch die Deckenlampe, ein Gebilde mit fünf beigen flachen Glasschalen, in denen sich tote Mücken tummelten. Das konnte ich aber erst erkennen, nachdem ich begonnen hatte, mit dem Fernglas hinüber zu schauen.

Er wählte jeden Abend ein Programm aus, das er dann bis genau 22.30 Uhr getreulich ansah, ohne jemals aufzustehen oder den Sender zu wechseln. Er trank und knabberte nichts, telefonierte nie, und legte auch nicht Hand an sich. Er ging niemals zum Fenster, als ob es gar nicht existent wäre, sondern bewegte sich auf genau abgezirkelten Wegen, immer nur vom Sofa zum Fernseher. Nach 22.30 Uhr verschwand der Mann aus seinem Wohnzimmer. Wohin, konnte ich nicht sehen, denn alle anderen Fenster seiner Wohnung gingen nach vorne hinaus und nicht auf unseren Hinterhof.

Ich begann mir Notizen zu machen, legte eine Sender-Statistik an und war verblüfft, wie sehr sich die Abende voneinander unterschieden. Erst als ich mir das Programm dazu vornahm, kam ich weiter. Er entschied sich für das Programm, in dem es an diesem Abend die meisten Krimis gab.

Warum sah der Mann sich die Krimis nackt an? Als ich ihn das erste Mal gesehen hatte, war es Februar und alle Seen im Umland inklusive des Starnberger Sees waren zugefroren; mittlerweile war April und die Außentemperaturen immer noch weit von frühlingshaft entfernt.

Am Anfang fand ich den Mann einfach nur kurios, sah es als Zeichen dafür, endlich in ein lebendiges Viertel von München gezogen zu sein, ins Westend, wo man noch echte Originale finden konnte, Alte, Ausländer, Künstler, Familien, Studenten und Irre. Ja, und auch Methadonjunkies, die sich bei mir um die Ecke am Gollierplatz mit ihren riesigen Kötern rumtrieben und Bier tranken.

Dann kaufte ich mir das Fernglas, um den Mann besser sehen zu können, bereute es zunächst, denn der Mann hatte hängende Brüste und einen gewaltigen Trommelbauch, der über seinem Geschlecht thronte, so dass man im Sitzen gar nicht beurteilen konnte, ob der Mann wirklich nackt war. Doch sobald er aufstand war eindeutig erkennbar, was da baumelte. Er hatte jede Menge silbern schimmernde Haare, seine Nase trat lang und scharfkantig hervor, wie die von Miraculix und seine Lippen waren schmal. Irgendwie kam er mir bekannt vor, aber das war natürlich Einbildung.

Mittlerweile beobachtete ich den Mann jeden Abend. Ich hatte meinen Fernseher in die Küche gestellt und sah die gleichen Sendungen an wie er. Weil ich noch nicht viel Kontakt mit den neuen Kollegen in der Beraterfirma hatte und meine Frau unseren gesamten Freundeskreis okkupiert hatte, war ich abends sowieso zu Hause.

Ich hatte auch schon ausprobiert, nackt durch die Wohnung zu laufen, was mir zuerst zu kalt war, aber nachdem ich die Heizung aufgedreht hatte, fand ich es unerwartet großartig und befreiend. Anfangs fühlte sich das Geflecht der Korbstühle unangenehm hart an und hinterließ Muster an den Oberschenkeln und am Hintern. Doch nach einer Weile begann mir auch das zu gefallen.

Natürlich beschäftigte mich vor Allem die Frage, warum der Mann nackt in seiner Wohnung saß, und ich hatte schon diverse Theorien darüber entwickelt: Er war aus dem Orient und liebte es heiß, er züchtete in den anderen Zimmern einen Pflanzendschungel und brauchte deshalb entsprechende Temperaturen. Oder er hatte Haustiere, die es warm mochten. Ich konnte nicht ganz bis zum Boden sehen, vielleicht lebten dort ja Schlangen. Oder aber er war einfach nur verrückt, hatte psychische Störungen oder eine Krankheit, die das Anlegen von Kleidern zu einer unerträglichen Qual machten. So etwas Ähnliches wie eine Kontaktallergie.

Immer öfter ging ich früher nach Hause, um zu sehen, ob der Mann schon vor dem Fernseher saß, aber er saß niemals vor 19.00 Uhr auf dem Sofa.

Lange hatte ich über einen Namen für den Mann nachgedacht, wie konnte so ein Mensch heißen? Erwin? Wolfram? Der Starre?

Ich beschloss, ihm einen römischen Namen zu geben, denn seine Nase hatte etwas eindeutig Caesarianisches, und weil sein fülliges lockiges Haar und seine Statur mich an Peter Ustinov in „Nero" erinnerten, nannte ich ihn Nero.

Der Mann fing an, meine Gedanken zu beherrschen, und nicht nur meine Gedanken, nein, er bevölkerte meine Träume. Das war für mich umso beeindruckender, weil ich davor der festen Meinung gewesen war, ich würde zu der Sorte Mensch gehören, die niemals träumt. Für meine Frau war auch dies ein Zeichen meiner psychischen Defizite gewesen.

Mal lag ich im Traum auf dieser grünen Couch, und Nero war eine Art Sigmund Freud, der mich zu meinen sexuellen Vorlieben befragte, mal war er ein Übervater, der mich prügelte, wenn ich im Traum nicht wusste, wie die Hauptstadt von Liberia hieß.

Mittlerweile hatte ich herausgefunden, in welchem Haus seine Wohnung war. Manchmal stand ich davor und wartete, ob er herauskäme, wollte einfach nur wissen, wie er wohl angezogen aussah. Welche Kleider er tragen würde.

Aber er kam nie.

Ende April, nachdem ich mir ein noch schärferes Fernrohr gekauft hatte, wurde mir klar, dass ich mit diesem krankhaften Beobachten aufhören musste. Und dazu gab es nur einen Weg: Ich schaffte mir Vorhänge an und ließ auf meine Kosten einen Rolladenkasten in den Altbau einbauen.

Aber es half nichts: Ich war wie ein Junkie, der nach drüben sehen musste, um sich wieder gut zu fühlen, um überhaupt atmen zu können. Trotzdem glaube ich, dass ich niemals auf die Idee gekommen wäre, diesen Mann aufzusuchen, wenn nicht eines Tages etwas Unglaubliches passiert wäre.

Als ich abends nach Hause kam und mein Fernrohr einstellte, da sah ich sie.

In dem Wohnzimmer war eine Frau.

Nicht irgendeine Frau, nein, die Frau trug ein schwarzes, enges, glänzendes Catsuit (dass ich mich mit Frauenkleidern auskenne, fand meine Frau übrigens auch ‚merkwürdig').

Ihre Brustspitzen ragten aus kleinen Löchern merkwürdig rot hervor, wie mit Lippenstift bemalt. Sie trug eine schwarze Maske, die nur ihre ebenfalls blutrot bemalten Lippen freigab, um ihren Kopf wallte bernsteinfarbiges Haar, das golden schimmerte, als sie begann, sich zu bewegen.

Es wirkte nicht besonders gekonnt, ihr Becken kreiste etwas unbeholfen, und ihre hängenden Schultern verdeckten den Blick auf ihre ansehnlichen Brüste.

Doch dann hatte sie auf einmal diese Peitsche in der Hand, und schlug damit durch die Luft.

Mehrschwänzig.

Sie drehte sich schlagend langsam um sich selbst, wohl damit Nero sie sehen konnte.

Verdammt, hatte der Alte sich die Frau als Highlight des Jahres bestellt, oder feierte er vielleicht Geburtstag?

Geschmack hatte er, die Frau war gut zehn Kilo schwerer als

meine spillerige Exfrau, und das war wunderbar. Dieser Hintern war unfassbar perfekt prall und rund.

Spätestens jetzt hätte ich den Rolladen runterlassen, mir einen runterholen und dann das Ganze vergessen sollen.

Stattdessen glotzte ich weiter wie ein pubertierendes Bürschchen nach drüben und griff nach dem Ständer in meiner Hose.

Ich atmete schneller, war dermaßen gespannt, was sie jetzt tun würde. Oder würde der Mann in Aktion treten?

Und dann geschah das Unfassbare. Die Frau winkte mir.

Mir? Blödsinn, unmöglich.

Ich war dermaßen geil, dass ich nicht mal auf die Idee kam, mich zu verstecken, mich zurückzuziehen. Nein, das Einzige, was mich beschäftigte, war die Frage, ob sie auch wirklich mich gemeint haben könnte.

Der Alte hatte das Fenster immer ignoriert. Ich öffnete mein Fenster, um mich zu vergewissern. Ich deutete auf mich, sah dabei durchs Fernglas. Sie nickte und leckte sich die Lippen.

Verdammt, ich musste nach drüben.

Ich zog den Reißverschluss meiner Hose hoch, und rannte, so wie ich war, um den Block, wusste ja, wo er wohnte und klingelte Sturm.

Mein Herz begann gefährlich zu rasen, als ich den Finger auf die Klingel drückte.

Sofort hörte ich Schritte, klackernde Schritte, wie von hohen Absätzen, sie öffnete. Aus der Nähe nicht mehr ganz so perfekt, aber immer noch scharf genug. Leider war sie größer als ich, weshalb ich zu ihr hoch sehen musste, mein Blick blieb aber den roten Brustwarzen hängen.

„Gut, dass du endlich da bist. Ich brauche dich so sehr …" Nach dieser Eröffnung setzte mein Verstand gänzlich aus. Ich folgte ihr ins Wohnzimmer, wo der nackte alte Mann saß. Den hatte ich kurzfristig vergessen, konnte mir aber durchaus vorstellen, dass man sich da arrangieren könnte.

„Paps, da ist Besuch für dich!"

Der alte Mann sah mich überrascht an.

Hey, ich war doch kein Besuch für den alten Paps.

Ich entdeckte sofort die lange, schwere eisernen Fußkette mit der Paps angekettet war.

„Sie sehen ja, was hier los ist", donnerte er mit einer warmen und dunklen Stimme. „Hauen Sie ab und holen Sie die Polizei!"

Das war jetzt aber ein völlig anderes Drehbuch, als ich gedacht hatte. Mein Nero sah wirklich ängstlich aus, oder gehörte das zu dem Spiel, was die Beiden mit mir spielen wollten? Solche Spiele hatte meine Frau auch immer pervers gefunden.

Ich sah zu der Frau hin, offensichtlich hatte sie hier die Regie.

Die Frau lächelte mir wieder zu, rieb sich mit einer Hand zwischen ihren Schenkeln und zog dann wie durch Zauberei eine Pistole aus ihrem Schritt.

„Was für ein Trottel sind Sie eigentlich? Diese Irre ist vollkommen wahnsinnig, sie hält mich hier seit Monaten gefangen. Beeilen Sie sich, befreien Sie mich und dann nichts wie raus hier!"

Das klang echt.

Und jetzt?

„Paps hat völlig Recht. Er ist mein Gefangener! So wie ich viele, viele Jahre ...", sagte die Frau, „aber für eine Flucht ist es jetzt zu spät, Türen und Fenster sind alle elektronisch gesichert und kameraüberwacht."

„Aber, was soll denn das alles?"

„Ganz einfach, Sie werden mir helfen, Paps ins jenseits zu befördern, ich schaffs nicht allein."

Das war doch alles Schwachsinn, ich war stärker als die Frau, der Mann konnte mir helfen, zu zweit würden wir die da mir nichts, dir nichts aufs Kreuz legen und ordentlich dafür bestrafen, dass sie sich als Chefin aufgespielt hatte. Ich sah grinsend zu Nero hinüber.

Ich ging auf die Frau zu, aber da schlug sie mir schon den Lauf der Waffe auf den Kopf, so dass ich verblüfft stehen blieb.

Die Frau lächelte mir zu, zeigte auf einen der behäbigen grünen Cordsessel. „Setzen wir uns doch. Ihr Handy wird hier übrigens nicht funktionieren, ich habe einen Störsender im Flur angebracht, nur für alle Fälle."

„Sehen Sie denn nicht, dass die völlig verrückt ist? Sie müssen mir helfen." Die Augen des alten Mannes waren voller Qual.

„Sei still, Paps, sonst fahre ich die Elektroschocks wieder hoch." Sie wandte sich zu mir. „Damit behandle ich ihn von Zeit zu Zeit. Wollen Sie etwas zu trinken?", fragte sie und öffnete ihren Catsuit bis zu den Brüsten, auf denen eine dicke Goldkette lag, an der verschiedene Anhänger aufblitzten. Dann zog sie den Verschluss wieder zu.

Ich setzte mich, war froh, das Gewicht meiner zitternden Beine auf den muffigen Sessel verlagern zu können, durch den Schlag auf den Kopf drehte sich alles um mich. „Ja, etwas trinken ... einen Whisky, bitte", hörte ich mich stammeln. Guter Plan, sie würde dorthin gehen, wo sie was zu trinken hatte, ich könnte fliehen und die Polizei rufen. Denn selbst wenn das alles nur ein perverses Spiel mit schleierhaften Regeln war, musste ich in jedem Fall hier raus.

„Paps, du hast gehört, was der Mann gesagt hat, steh auf und gib ihm einen ordentlichen Schluck. Und kein Wort, keinen Mucks, ja, denk dran, ich hab die Elektro-Fernbedienung hier."

Der alte Mann erhob sich, und schlurfte nackt wie immer zu der dunklen Schrankwand, öffnete eine Klappe, hinter der ein Spiegel aufleuchtete und eine Flasche Whisky stand, meine Lieblingsmarke.

Die karamellbraune Flüssigkeit gluckerte satt in ein Cocktailglas, das er dann vor mich hin stellte. Er warf mir einen merkwürdigen Blick zu, setzte an etwas zu sagen, tippte sich dann aber nur schweigend an die Stirn und zeigte auf die Frau.

Ich kippte sofort alles in einem Zug runter, aber nicht mal das scharfe Brennen im Hals beruhigte mich.

Die Frau nahm ihre Maske ab und wischte die Farbe von der Brust. Ich konnte nicht anders, statt weiter über meine Flucht nachzudenken, starrte ich auf diese erbsgroßen, jetzt hellbraunen Nippel.

Sie seufzte. „Das ist alles nicht leicht für Sie, ich weiß, aber ich bin so froh, dass Sie jetzt endlich rübergekommen sind. Schließlich möchte ich meinen Vater nicht selbst töten, ich wäre sofort verdächtig. Denn erstens erbe ich alles, was er hat, und das ist eine Menge, übrigens auch das Haus, in dem Sie wohnen, und zweitens hat er meine Mutter und meinen Bruder umgebracht, um sie zu beerben. Das weiß die Polizei, das weiß ich, nur der Richter fand, es gäbe nicht genug Beweise dafür. Ich hätte also ein Motiv. Und, das weiß ich aus all den Hitchcockfilmen, die ich gesehen habe, es wäre fatal, ein Motiv zu haben. Sie haben keins. Deshalb also Sie."

Meine Augen zuckten von ihr zu ihm, von dem alten, dicken Mann in Ketten zu dieser schwarzen Katze mit der Pistole. Nicht mal der schlimmste Alptraum mit dem alten, nackten Mann war so übel gewesen wie das hier.

„Ich stelle mir so etwas vor wie, dass Sie meinen Vater draußen am Gollierplatz erschießen und berauben. Während ich in der Oper sitze, mit dem Richter, versteht sich, der meinen Vater frei gesprochen hat. Zum Glück ist er einfach strukturiert. Wenn ich in der Oper kein Höschen anhabe, wird er sich also gut an mich erinnern." Sie grinste mir zu, als wären wir in der Falks Bar vom Bayerischen Hof und würden nett beim Champagnercocktail über die Leistungen von Kent Nagano plaudern.

Der alte Mann saß wieder zusammengesunken auf seinem Platz in der Sofaecke.

„Aber warum sollte ich diesen harmlosen alten Mann töten? Wenn ich von hier auf den Gollierplatz komme, laufe ich sofort weg und benachrichtige die Polizei."

„Dann werde ich diesen Plan ändern. Sie werden nirgendwohin laufen, eher würde ich sie erschießen!" Sie hob ihre Hände zu einer bedauernden Geste, die auch ‚leider ist kein Champagner mehr da' hätte bedeuten können.

Jetzt musste ich lachen, eher kichern. Das war doch alles nur ein Test. Eine Art Spiel, sie wollten nur sehen, ob ich hart genug zum Mitspielen war.

„Aber das ist ja völlig absurd. Sie sind verrückt! Sie würden mich also erschießen, und wie wollen Sie denn meine Leiche entsorgen?"

„Ich werde Sie in Stücke schneiden, braten, die fetteren Teile auch grillen, und meinem geliebten Vater auf einem Silbertablett servieren." Sie presste die Lippen zusammen, wie um zu verhindern, dass ihr noch mehr entschlüpfen würde.

Ich sah zu dem alten Mann, der mit den Augen rollte. Das war kein Spaß mehr. Musste dringend mein Hirn einschalten. Tatsache war, der Mann saß seit Monaten nackt auf dem Sofa, jetzt war mir auch klar, warum er nur diese abgezirkelten Wege ging, und nie ans Fenster kam, er war wirklich der Gefangene dieser Irren. Er brauchte Hilfe. Ich musste nur an die Waffe kommen, ich war ihr körperlich eindeutig überlegen, saß hier rum, und laberte. Unfassbar!

Also wie, wie, wie? Wenn ich nur wüsste, wie diese Frau tickte, was ihr wichtig war… Meine Oberschenkel klebten zwar feucht vor Angst am Sessel, doch meine Muskeln zitterten angriffslustig.

„Ich gebe Ihnen eine Nacht zusammen mit meinem Vater Bedenkzeit, das wird ganz sicher reichen, um Sie zu überzeugen." Da kam mir ein Gedanke. „Das einzige, was mich überzeugen könnte, wäre ein Kuss von Ihnen."

Sie sah mich perplex an. „Sind Sie sicher, einen Kuss, nicht lieber einen Hieb mit der Peitsche?

„Wie kommen Sie denn darauf?" Mir wurde ein bisschen übel, wahrscheinlich von dem Schlag auf den Schädel.

„Na, hat ihre Frau Sie nicht wegen ihrer merkwürdigen Vorlieben verlassen?"

Wer hatte hier eigentlich wen ausspioniert? „Ich habe eben noch nie die Richtige kennen gelernt." Ich versuchte sie so verlangend anzuschauen, wie ich konnte, nicht leicht, wenn einem schlecht ist. Los komm, Hexe, mach schon, losloslos, her mit der Kanone.

„Na, wenn es deine Entscheidung mir zu helfen leichter macht, dann sollst du ihn haben, den Kuss …" Sie kam näher, versuchte wieder ihren missglückten Hüftschwung, beugte sich zu mir herab, holte dann aber mit der Pistole zu einem neuen Schlag aus, ich riss sie an mich, packte sie mit meinem Arm fest, hörte wie der alte Mann laut „Ja, ja, ja" brüllte, umklammerte ihr Handgelenk und entwand ihr die Pistole.

„Die Fernbedienung!", kommandierte der alte Mann vom Sofa. Die schnappte ich mir auch noch, aber die Frau kämpfte wie eine Rasende, sprang mich von hinten an, dabei fiel die Pistole auf den Boden, der Mann beugte sich vor und grabschte nach ihr. Als er sie hatte, schoss er ohne Zögern der Frau in den Rücken, dann wischte er die Pistole ab, öffnete den Catsuit und riss die Halskette herunter, nahm den Schlüsselanhänger, der daran baumelte und schloss sich die Fußfesseln auf.

„Danke!", sagt er "danke, Kumpel. Du hast mir das Leben gerettet. Wir werden sagen, du hast es aus Notwehr getan."

„Wie, ich?", mir war mittlerweile speiübel.

Der alte Mann grinste mich an. „Ich bin dein Zeuge!" Er drückte mir die Pistole in die Hand und schoss damit in eins der hässlichen Sofakissen.

Jetzt flimmerte es auch noch vor meinen Augen, wie bei einer üblen Kopfschmerzattacke.

Ich hörte weit entfernt, so als ob der Akku von meinem iPhone seinen Geist aufgäbe, die leiser und leiser werdende Stimme von Nero. „Schlaf noch schön, das Spiel ist noch längst nicht vorbei." Dann wurde alles wunderbar still.

Als ich wieder zu mir komme, sitze ich in Einzelhaft. Mein Pflichtverteidiger sagt, es sieht sehr schlecht für mich aus. Man hat mich mit der Pistole in der Hand gefunden, die Frau war an der Eisenkette gefesselt, der Schlüssel dazu in meiner Hosentasche, ebenso die Fernbedienung.

Ich war ganz sicher, dass man das aufklären und beweisen könnte, schließlich gab es doch DNA-Tests und Forensik-Untersuchungen, da würden die Wissenschaftler sofort sehen, dass die Ketten erst nach dem Tod der Frau angelegt worden sind.

Aber die Frau hatte alte Wunden an den Beinen und man hatte Schmauchspuren an meinen Händen gefunden. Eine zweite Kugelhülse wurde nie gefunden, natürlich auch nicht das Sofakissen. Dafür fanden sie Ferngläser in meiner Wohnung, den Fernseher und meine Notizen, ich hatte leider nie geschrieben ‚der nackte alte Mann tut dies oder das' sondern immer nur N tut dies oder das, N für Nero, leider aber hieß die tote Frau Nicole Lackner.

Außerdem gab es Zeugen, die mich beim Beobachten der Wohnung gesehen haben wollten. Vor allem den Methadonjunkies war ich aufgefallen.

Aber ganz entscheidend war die Aussage von Ralf Lackner, dem Vaters des Opfers. Der beschrieb dem Gericht mit Tränen in den Augen, wie sehr seine Tochter Nicole unter meinen Belästigungen gelitten hatte. Hätte ständig des Nachts geklingelt und unerwünschte Geschenke auf der Matte abgelegt. Natürlich wurde in meiner Wohnung die Quittung für die goldene Halskette gefunden, die ich niemals gekauft hatte.

Ich muss sicher nicht darauf hinweisen, dass es sich bei Ralf Lackner um den nackten alten Mann handelte. Warum tat er mir das an? Ich hatte ihn schließlich befreit!

Ich flehte meinen Verteidiger an nachzuprüfen, was es mit der Geschichte von Nicole auf sich hatte. Sie hatte mir schließlich erzählt, ihr Vater hätte ihren Bruder und ihre Mutter getötet. Doch 'das sei ja nicht Gegenstand des Verfahrens', wurde mir lapidar mitgeteilt, und der Lackner sei eher ein bedauernswerter Mann, weil ihm das Schicksal jetzt auch noch die Tochter genommen hatte. Und die Blicke, die mich dazu musterten, machten mir klar, was außer meiner Exfrau niemand direkt zu mir sagen wollte. Man hielt mich für plemplem.

Zeitweise hatte ich wirklich das Gefühl den Verstand zu verlieren; warum war das alles passiert, warum ausgerechnet mir? Bis mir klar wurde, dass das eine genauso dämliche Frage war wie: Warum kriege ausgerechnet ich Lepra oder Tripper? Und selbst wenn das „Schicksal" in meinem Horoskop stünde, würde doch keiner wissen, wieso ausgerechnet meins so beschissen war, statt das von beispielsweise dem Stoiber.

Ich wurde als gefährlich für die Allgemeinheit eingestuft und kam deshalb in den geschlossenen Strafvollzug für psychisch Kranke. Ich war sehr überrascht, als mir, kurz bevor ich in den offenen Vollzug verlegt werden sollte, Besuch angekündigt wurde.

Ich hatte gehofft, es wäre meine Exfrau, stattdessen saß da Lackner, der letzte Mensch, den ich sehen wollte. Ich wollte mich schon wieder in meine Zelle zurückbringen lassen, als mir klar wurde, dass die Psychologen das mit Sicherheit falsch verstehen würden. Obwohl ich voller Hass und leider auch voller Angst war, stimmte ich zu. Und fand es dann sehr beruhigend, dass wir dabei bewacht wurden.

Er setzte sich mir gegenüber und begann laut davon zu reden, dass er mir verziehen hätte. Er sei am Grab seiner Tochter mit sich ins Reine gekommen, erklärte er und fügte dann kaum hörbar hinzu, während er mit seinem Samen ihr Grab gedüngt hätte. Dazu lächelte er mich freundlich an.

Mit normaler Stimme und Blick auf den Wachbeamten behauptete er, es würde ihn sehr freuen, wenn ich ihm die Hand gäbe, dann wieder leiser, weil er gern meinen Angstschweiß spüren würde. Ich verweigerte ihm meine Hand, denn ich schwitzte tatsächlich.

Er schüttelte mit leisem Tsts den Kopf, vergewisserte sich, dass der Wachbeamte das mitbekommen hatte und erklärte salbungsvoll laut, wie froh er sei, meine reizende Exfrau kennen gelernt zu haben und fügte wispernd hinzu, deren verhaltenes Stöhnen sei fast so gut gewesen wie das von seiner Tochter.

Ich sprang auf, warf den Tisch um und stürzte mich auf ihn.

Lackner tat entrüstet, doch als der Beamte mich aus dem Zimmer führte, zwinkerte Lackner mir zu.

Kurz darauf kam ich wegen meines unangemessenen Verhaltens wieder zurück in den geschlossenen Vollzug.

Deshalb hat es lange gedauert, bis ich im Internet all das recherchieren konnte, was Nicole mir erzählt hat.

Das Einzige, was ich gefunden habe, war ein kleiner Zeitungsartikel aus dem Münchenteil der Süddeutschen, in dem stand, dass ein Bauer verhaftet worden war, der unter dem Verdacht stand, seine reiche Frau und deren Sohn erschlagen und ihre Leichen an seine Schäferhunde verfüttert zu haben.

Der Verdacht war aufgekommen, weil die kleine Nicole im Kindergarten so merkwürdig verstörende Bilder gemalt hatte. Man hatte an Missbrauch gedacht und war zu den Eltern gefahren.

Dabei hatte sich herausgestellt, dass Nicole ganz alleine mit ihrem Vater auf dem Hof lebte, denn ihre Mutter und der Bruder waren verschwunden. Ihr Vater hatte aber keine Vermisstenanzeige aufgegeben, weil seine Frau mit einem anderen durchgebrannt sei. Der andere wurde nie gefunden, seine Frau und der Sohn auch nicht. Man bemitleidete den armen Bauern und überließ Nicole ihrem Schicksal.

Ich erinnere mich jetzt leider immer an meine Träume, aber Lackner kommt nicht mehr drin vor. Nur Nicole, die ein kleines Mädchen mit lächelnden Augen und geflochtenen Zöpfen ist. Wir schwimmen in einem See, der sich dann als Gülletank herausstellt, in dem Nicole ertrinkt, ohne dass ich etwas dagegen tun kann.

Von meiner Warte aus, ist ganz klar, was damals passiert ist.

Ich habe noch zehn Jahre, mache jede dieser schwachsinnigen Therapien, damit ich noch rauskomme, solange er am Leben ist und dann werde ich Nero nicht mehr nur beobachten, sondern töten.

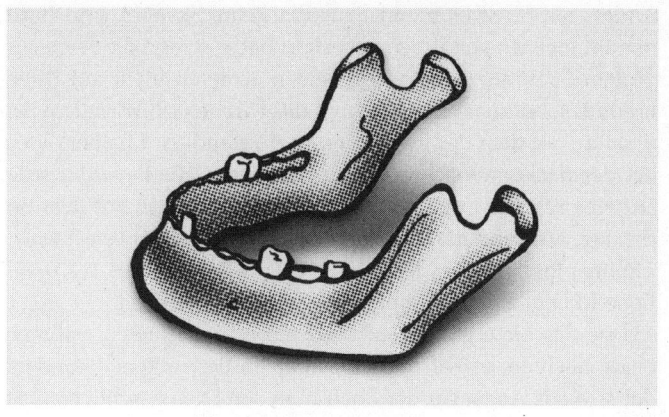

Iny Lorentz

Eine Wurst für Hasso

In der nächtlichen Stille klang das Atmen der Freunde so laut, dass Ernst fürchtete, jeder, der zufällig am Dom vorbeiging, müsse es hören. Schlagartig wich der Bierdunst aus seinem Kopf.

„Seid doch leise!", wisperte er Benedikt und Bartl zu.

Am liebsten hätte er die beiden gepackt und zu der kleinen Pforte hinausgezogen, durch die sie das Gotteshaus betreten hatten. Die Vernunft riet ihm sogar, sich alleine davonzuschleichen. Aber er brachte es nicht fertig, seine Freunde im Stich zu lassen. Innerlich schwankend blieb er an der Seitenpforte stehen und fragte sich, was für ein Dämon in Benedikt gefahren war. Eine heilige Reliquie zu stehlen, stellte keine Mutprobe dar, wie dieser ihnen weisgemacht hatte, sondern galt als Kirchenschändung. Dafür konnte man auf dem Richtplatz enden.

Anders als Ernst empfand Benedikt keine Skrupel, und Bartl, der am meisten von ihnen gebechert hatte, schien die Sache als großen Spaß anzusehen. Die beiden achteten nicht auf ihren Freund, sondern schlichen durch das Kirchenschiff zu dem Seitenaltar, auf dem der Reliquienschrein stand. Auf halbem Weg fiel der flackernde Schein der Blendlaterne, die Benedikt trug, auf eine regungslose Gestalt, die mit dem Rücken auf dem Boden lag, während die Beine noch im Kirchengestühl steckten.

„Heiliger Josef, was ist denn das?", platzte Bartl heraus, während Benedikt vor Schreck beinahe die Laterne fallen ließ.

Als sie das Licht erneut auf den Liegenden richteten, nahmen beide noch an, es würde sich um einen Betrunkenen handeln, der sich aus Angst vor der Ehefrau in den Dom geschlichen hatte, um hier seinen Rausch auszuschlafen. Allerdings pflegten solche Männer nicht in ihrem Blut zu liegen und sie hatten auch keine durchgeschnittene Kehle.

„Das ist doch Bruder Barnabas!", flüsterte Bartl so laut, dass Ernst es von seinem Platz aus vernahm.

Dieser gesellte sich nun doch zu seinen Freunden und erkannte ebenfalls den älteren, etwas einfältigen Mönch, der oft halbe Tage und Nächte in der vordersten Bankreihe kniete, um zu beten. Das hatte Bruder Barnabas wohl auch diesmal getan und war, wie es aussah, von hinten gepackt und ermordet worden.

„Wir müssen sofort von hier verschwinden!", sagte er erregt und lief zu der kleinen Pforte zurück.

„Feigling!", spottete Benedikt. „Ich gehe nicht ohne die Reliquien."

Die wundertätigen Knochen sollten zusammen mit einigen von hohen Kardinälen und ehrwürdigen Äbten gesiegelten Schreiben, die ihre Echtheit bezeugten, in einem mit Gold und Halbedelsteinen verzierten Schrein liegen, doch dort standen nur noch die verzierten Kerzenständer, die den vorne verglasten Kasten flankiert hatten.

Benedikt fluchte unflätig, dämpfte aber geistesgegenwärtig seine Stimme. Im Gegensatz zu ihm schaute Bartl sich um und entdeckte neben dem Altar den aufgebrochenen Schrein, den jemand seiner schönsten Steine beraubt hatte. Verblüfft zupfte er seinen Freund am Ärmel. „Schau, da hat schon einer die Reliquien an sich gebracht!"

„O nein! Ich hätte sie so dringend gebraucht. Bei Gott, der Teufel soll den Dieb holen!"

Benedikts Worte erinnerten seinen Begleiter daran, weshalb sie zu so später Nacht den Dom betreten hatten. Der Kinnlade des seligen Winthir wurden wahre Wunderkräfte zugeschrieben und sie war selbst dann, wenn man sie heimlich verkaufen musste, etliche hundert Gulden wert.

Die unzertrennlichen Freunde Bartl und Ernst waren nicht wegen des Geldes mitgekommen, sondern weil Benedikt behauptet hatte, ihnen würde der Mut zu so einem Streich fehlen.

„Verschwinden wir lieber!", flehte Ernst, der in der Stille der Nacht alles mitbekommen hatte, seine Freunde an.

Bartl, der nun ebenfalls langsam nüchtern wurde, wandte sich schon zum Gehen, doch Benedikt zischte einen weiteren Fluch.

„Ich haue nicht ab, ehe ich etwas gefunden habe, das ich verkaufen kann!"

Seine Begleiter wunderten sich über seine Hartnäckigkeit, denn sie hatten das Ganze für einen Scherz gehalten und ahnten nicht, dass ihr älterer Freund hohe Schulden beim Wirt seines Stammlokals, seinem Schneider und ein paar anderen Leuten angehäuft hatte. Diese drohten bereits, sich an seinen Vater zu wenden, wenn er nicht zahlen oder ihnen Pfänder bringen würde. Daher kümmerte er sich nicht um seine Begleiter, sondern suchte nach Gegenständen, die ihm die dringend benötigten Gulden einbringen würden.

Unruhig geworden trat Ernst ins Freie und lauschte in die Dunkelheit hinein. Das nächtliche München schien ihm nun ungewöhnlich still, so als würde es den Atem anhalten. Nur auf das Sendlinger Tor zu bellte ein Hund, und vom schönen Turm erklang der Ruf des Türmers, der verkündete, es sei alles in Ordnung. Doch gerade das war es nicht. Ein Mann war ermordet worden und Benedikt tat so, als ginge sie das nichts an.

Auf einmal vernahm Ernst Stimmen und polternde Schritte, die sich dem Dom näherten. „Kommt sofort raus!", rief er so laut, wie er es gerade verantworten konnte.

„Hosenpisser!", gab Benedikt zurück.

Sein Spott veranlasste Bartl, der sich schon zu Ernst umgedreht hatte, bei dem Älteren zu bleiben. Ernst wollte Bartl holen und mit sich ziehen, sah dann aber, dass das Hauptportal des Domes geöffnet wurde und drei Stadtknechte eintraten. Einer von ihnen hielt eine Laterne in der Hand und richtete deren Schein in das Innere des Kirchenschiffs.

„Ich habe doch gesagt, da ist jemand!", rief er, als er Benedikt und Bartl entdeckte. Seine beiden Kameraden senkten grinsend die Speere und richteten sie auf die beiden Burschen.

„Was habt ihr hier mitten in der Nacht zu suchen?", fragte der Anführer streng.

Dann entdeckte er den toten Mönch und stieß einen Fluch aus. „Blutiger Heiland, die haben einen umgebracht!"

„Das waren wir nicht!", stieß Bartl hervor.

„Die Hände in die Höhe!", befahl der Stadtknecht, ohne Bartls Worte zu beachten.

Während er und einer seiner Kameraden die beiden Freunde in Schach hielten, stellte der Dritte die Laterne ab, drehte Benedikt die Arme auf den Rücken und schnürte dessen Handgelenke zusammen. Dann trieb er den erstarrt dastehenden Bartl auf seine Kameraden zu und fesselte ihn ebenfalls.

Der Anführer der Stadtknechte trat neben dem Toten und ballte die Faust. „Ihr verdammten Hunde! Den armen Bruder Barnabas abzustechen wie ein Schwein. Das wird euch den Kopf kosten!"

„Wir haben ihn nicht umgebracht. Der Mönch war schon tot, als wir hereingekommen sind!", versuchte Bartl zu erklären.

Die Stadtknechte lachten jedoch nur und ihr Anführer winkte ab. „Der Richter wird euch schon die Würmer aus der Nase ziehen!"

Die Stadtknechte packten ihre beiden Gefangenen und stießen sie zum Hauptportal hinaus. Ernst, der sich hinter der Seitenpforte versteckt hatte, hörte schaudernd, wie die Stadtknechte die Folterwerkzeuge aufzählten, mit denen sie die Wahrheit aus ihnen herausholen würden. Dabei haderte er mit sich, weil er nicht alles getan hatte, um Benedikt von seinem Vorhaben abzubringen.

Nun saßen seine Freunde bis zum Hals im Dreck.

Dann wurde ihm klar, dass auch er in höchster Gefahr schwebte. Wenn die Knechte zurückkamen, um den Leichnam des Mönchs zu holen, würde der Raub der Reliquien entdeckt werden und alle annehmen, dass noch ein Dritter im Bunde gewesen war. Jedermann wusste, dass er mit Bartl und Benedikt eng befreundet war. Daher würde der Richter ihn als Ersten verdächtigen und so lange hochnotpeinlich verhören, bis er gestand, was man von ihm hören wollte. Daraufhin würde man sie zusammen für ein Verbrechen aufs Rad flechten, welches sie gar nicht begangen hatten.

Ernst hörte schon seine Knochen brechen und erschauderte. Ihm blieb nur noch ein Ausweg: Er musste sich den Rest der Nacht verstecken und gleich am nächsten Morgen aus der Stadt fliehen. Sogleich wurde ihm klar, dass er als angeblicher Reliquiendieb weder im Fürstbistum Freising noch in der Reichsgrafschaft Haag auf Asyl hoffen durfte. Auch würden die Wachen an den Stadttoren bis zum Morgen bereits wissen, dass er gesucht wurde, und ihn sofort festnehmen.

Wenn er fliehen wollte, musste er noch in dieser Nacht die Stadt verlassen und irgendwo hingehen, wo ihn niemand kannte. Sein Freund Bartl aber würde grausam gefoltert und mit Sicherheit hingerichtet werden. Auch Benedikt Haselegner hatte den Tod nicht verdient, obwohl er ein leichtsinniger Bursche war, der unter seinem strengen Vater zu leiden hatte und mit einem lächerlich geringen Taschengeld abgespeist wurde, obwohl er wie ein vollwertiger Kommis im väterlichen Handelshaus mitarbeitete.

Ernst fragte sich, ob er etwas für seine Freunde tun konnte. Aber es gab keine Möglichkeit, ihnen zu helfen. Also musste er versuchen, seinen eigenen Hals zu retten.

Da fiel auf einmal der Schein einer Laterne auf ihn. Jetzt haben sie mich, schoss es ihm durch den Kopf. Doch als er sich vorsichtig umdrehte, stand kein Stadtknecht mit einem Spieß in der Hand vor ihm, sondern ein junges Mädchen in einem schlichten Kleid und einem wollenen Tuch über der Schulter. Es war Veva, Bartls Zwillingsschwester, und die letzte Person, mit der Ernst in dieser Situation zusammentreffen wollte. Ihr Gesicht wirkte bleich wie frisch gefallener Schnee und ihre Augen waren weit aufgerissen.

„Was machst du denn hier?" fragte er unfreundlich.

„Ich habe mitbekommen, wie Bartl sich nach Anbruch der Nacht heimlich aus dem Haus geschlichen hat, und bin ihm gefolgt, weil ich Angst um ihn hatte", antwortete das Mädchen. „Was ist passiert? Ich habe Hias und zwei andere Stadtknechte gesehen, die meinen Bruder und den jungen Haselegner gefesselt aus dem Dom geschafft haben. Dabei haben ich sie von Mord reden hören!"

„Bruder Barnabas ist umgebracht worden, und jetzt glauben die Stadtknechte, Bartl und Benedikt hätten es getan!" Ernst senkte beschämt den Kopf, um Veva nicht ins Gesicht sehen zu müssen.

„Aber wie konnte das geschehen?", fragte das Mädchen fassungslos.

Ernst zuckte mit den Achseln. „Die Stadtknechte sind in die Kirche gekommen, kurz nachdem wir den Toten entdeckt haben. Bartl und Benedikt werden jetzt als Mörder verurteilt, und mir bleibt nichts anderes übrig, als aus der Stadt zu verschwinden. Sonst bin auch ich dran."

„Du willst Bartl im Stich lassen? Dabei dachte ich, du wärest sein bester Freund!"

„Das bin ich auch! Aber ich kann doch nichts für ihn tun!" Ernst geriet in Panik und wollte einfach nur noch weg.

Doch Veva hielt ihn fest. „Wir müssen den wahren Mörder ausfindig machen!"

„Bist du wahnsinnig? Der Kerl hat Bruder Barnabas kaltblütig ermordet und Reliquien aus dem Dom geraubt. Außerdem ist er längst über alle Berge!"

Veva ließ sich nicht beirren und zog Ernst hinter sich her. „Er hat den Mönch bestimmt nicht tagsüber ermordet, also muss er noch in der Stadt sein. Lass uns in den Dom gehen. Vielleicht finden wir etwas, das uns einen Hinweis geben kann!"

Der Bursche fluchte leise, aber er folgte ihr. Obwohl Veva vor Angst um ihren Bruder am ganzen Körper zitterte, vergaß sie nicht, das Knie zu beugen und ihre Stirn mit Weihwasser zu benetzen, und Ernst machte es ihr unwillkürlich nach.

Veva wies auf die Fenster. „Ihr habt nicht auf euer Licht geachtet, und so haben die Stadtknechte den Schein eurer Laterne bemerkt." Als sie weiterging, schirmte sie die Lampe so mit dem Schultertuch ab, dass kein verräterischer Lichtreflex die hohen, schmalen Fenster des Domes streifte. Neben dem toten Mönch blieb sie stehen.

„Wir haben nicht viel Zeit! Die Stadtknechte werden bald wieder kommen, um Bruder Barnabas' Leichnam zu holen", drängte Ernst mit panikerfüllter Stimme.

Zwar nickte Veva, untersuchte aber jeden Quadratzoll der Stelle, an der der tote Mönch lag. Mit einer Hand raffte sie dabei ihr Kleid, damit der Saum nicht in die blutige Pfütze geriet. Schließlich richtete sie sich enttäuscht auf. „Da ist nichts zu finden. Wahrscheinlich ist der arme Kerl von hinten überrascht worden und konnte sich nicht wehren. Hast du nicht etwas von einem Reliquienraub gesagt?"

„Ja!", stöhnte Ernst und zeigte zu dem Seitenaltar. „Dort drüben wurde der Schrein aufgebrochen. Das hat wahrscheinlich auch der Mörder getan."

Sofort lief Veva hinüber, schützte dabei aber die Lampe so, dass der Schein nur die Steinplatten vor ihr erhellte.

Kaum hatte sie den Altar erreicht, griff sie nach einem der beiden geschmiedeten, wie Rosen geformten Kerzenständer, die den Reliquienschrein flankiert hatten, und stieß leise einen triumphierenden Laut aus.

„Ernst, schau her!"

Er trat zu ihr und sah, wie sie einen Stofffetzen von den silbernen Blütenblättern löste. „Das ist nur ein Stück von einem Leinenhemd, mit dem jemand hängen geblieben ist. Was willst du mit dem Ding?"

„Vielleicht stammt es von dem Mörder! Der hat doch den Schrein vom Altar heruntergehoben und ist dabei an diesem Leuchter hängen geblieben." Veva hörte sich so aufgeregt an, als besäße dieses Stück Leinen die Macht, ihren Bruder zu retten.

„Das meinst du doch nicht ernst!"

„Ich meine es todernst! Wenn es eine Möglichkeit ist, meinen Bruder zu retten, werde ich sie nutzen. Und du solltest mir helfen! Oder bist du etwa nicht Bartls Freund?"

Es klang so vorwurfsvoll, dass Ernst betroffen zu Boden blickte. „Doch, das bin ich. Der, dem der Fetzen gehört, wird wohl kaum ‚hier' schreien, wenn du nach ihm fragst."

„Das weiß ich selbst", zischte Veva. „Aber euer Hund kann es! Du hast doch Hasso beigebracht, Spuren zu verfolgen!"

„Ja, auf Hasen oder Rehe. Aber ich bin schon beim dritten Versuch in den Isarauen von einem der Jagdgehilfen des Herzogs erwischt worden. Hätte Bartl dem Mann nicht einen Lehmbatzen an den Kopf geworfen, wäre der arme Hasso mit der Armbrust über den Haufen geschossen worden."

„Damals hat Bartl dir geholfen. Jetzt musst du ihn retten", flüsterte Veva unter Tränen. „Denk daran: Wenn man den beiden Daumenschrauben anlegt, wird zumindest der Benedikt deinen Namen nennen."

„Der Fetzen kann auch einem Kirchgänger gehören, der den Schrein gestreichelt oder geküsst hat!", sagte Ernst abwehrend, begriff aber, dass Veva keinen Einwand hören wollte. Daher nickte er seufzend und streckte die Hand aus. "Gib mir das Ding. Ich laufe nach Hause und halte es Hasso vor die Nase."

„So wird der Hund freilich keine Spur finden. Du musst hier mit der Suche beginnen!"

„Es ist streng verboten, Hunde in den Dom zu bringen. Was ist, wenn uns jemand sieht?", fragte Ernst entgeistert.

Vevas zornerfüllte Miene brachte ihn dazu, besänftigend die Hände zu heben. „Schon gut! Kommst du mit oder wartest du hier auf mich?"

„Ich warte", klang es zurück.

„Ich werde die Laterne brauchen! Draußen ist es stockdunkel und ich habe keine Lust, wegen eines Loches im Straßenpflaster zu stolpern und mir ein Bein zu brechen."

Kaum hatte Ernst das gesagt, drückte Veva ihm den Griff in die Hand. „Beeil dich! Und pass auf die Stadtbüttel auf! Die dürfen dich jetzt nicht erwischen", mahnte sie. Dann zog sie sich selbst in einen der Beichtstühle zurück, zog die Tür hinter sich zu und faltete die Hände zum Gebet.

Ernst schlüpfte zur Seitenpforte hinaus, sah sich kurz um und atmete auf, als alles ruhig blieb. So rasch er konnte, durchquerte er die Stadt und hatte Glück, dass ihm weder ein später Passant noch einer der Nachtwächter begegnete. Zuhause angekommen, benützte er seinen üblichen Schleichweg durch den Garten, wandte sich aber nicht dem Hintereingang, sondern der Hundehütte zu.

Hasso, ein großer Hund mit geflecktem Fell, einem breiten Schädel und langer, kräftiger Schnauze hatte ihn bereits bemerkt und wartete winselnd vor der Hütte. In letzter Zeit hatte Ernst ihn nur noch selten mitgenommen, doch das brave Tier war schon zufrieden, von ihm gestreichelt zu werden. Diesmal aber löste Ernst die Kette und zerrte den Hund zum Stall. Dort hingen stets ein paar Stricke an der Wand, um Pferde auf dem Hof anbinden zu können.

Ernst nestelte einen durch Hassos Halsband und versetzte dem Tier einen leichten Klaps. „Auf gehts! Wir müssen eine Spur finden, sonst sitzen der Bartl und ich morgen in des Teufels Bratpfanne."

Der Hund wuffte übermütig und reizte damit mehrere Nachbarhunde zu bellen. „Sei doch still!", flüsterte Ernst und beeilte sich, mit Hasso den Hof zu verlassen.

Da er dem Nachtwächter ausweichen musste, schien eine schier endlose Zeit zu vergehen, bis er den Dom erreichte. Trotz allen Lauschens und Umherspähens konnte er keine Menschenseele in der Nähe entdecken. Offensichtlich waren die Stadtbüttel erst einmal zum Richter gelaufen, um den Mord anzuzeigen, bevor sie den Toten holen kamen. Daher schlüpfte er samt Hund in den Dom. Ein leiser Aufschrei erklang, gefolgt von einem „Unserem Herrn Jesus Christus sei Dank! Du bist endlich zurück."

Veva war im ersten Augenblick erschrocken aus ihrem Gebet hochgefahren, als sie die tappenden Schritte vernommen hatte. Nun kam sie aus dem Beichtstuhl, eilte Ernst entgegen und wedelte dabei mit dem gefundenen Stück Stoff.

„Hoffentlich wird Hasso die Spur aufnehmen", flüsterte sie, als zweifle sie nun an ihrer eigenen Idee.

„Sicher wird er das." Doch Ernst befürchtete eher, dass der Hund sie zu irgendeinem Bürgerhaus führen würde, dessen Besitzer an dem Kerzenleuchter hängen geblieben war, nicht aber zum Mörder des Mönchs. Er behielt seine Befürchtungen jedoch für sich, führte Hasso zu dem ausgeraubten Reliquienschrein und hielt ihm das Tuch hin.

„Such, Hasso, such!"

Der Hund schnupperte ein paar Mal an dem Tuch und drängte dann zu der Stelle, an der der tote Mönch lag. Ernst glaubte schon, Hasso wolle dessen Blut auflecken und hielt ihn zurück. Doch da drehte sich das Tier und zog ihn zu der gleichen Nebenpforte, die auch er und seine Freunde benutzt hatten. Ohne innezuhalten, zerrte der Hund ihn durch die lichtlosen Gassen und bog kurz darauf auf den Schrannenplatz ein. Als es unter dem Rathausturm hindurchging, wurde Ernst schaudernd klar, dass seine Freunde in dem Keller unter dem Turm eingeschlossen waren und wahrscheinlich schon mit ihrem Leben abgeschlossen hatten.

Mittlerweile zerrte Hasso so stark am Strick, dass Ernst sich dessen Ende mehrmals um den Unterarm schlang, damit das kräftige Tier sich nicht losreißen konnte. Nun ging es durch das Tal. Vevas Laterne vermochte den Weg kaum auszuleuchten und so wäre Ernst beinahe in einen Haufen großer Flusskiesel hineingelaufen, die für die Reparatur des Pflasters aufgeschichtet worden waren. Im letzten Augenblick wich er aus und hielt Hasso stärker zurück, um nicht doch noch über einen Gegenstand zu stolpern, den er nicht früh genug gesehen hatte.

Kurz vor dem Isartor bog Hasso nach links in das Manggässchen ein und blieb vor dem Hintereingang der Herberge zum Torbräu stehen. Ernst wechselte mit Veva, die ihnen stumm gefolgt war, einen kurzen Blick und sah sie im Schein der Laterne nicken. Daher pochte er gegen die Tür.

Es dauerte eine Weile, bis eine mürrische Stimme erklang. „Was ist denn jetzt schon wieder los?"

Lukas, einer der Knechte des Torbräus, öffnete die Tür.

„Was wollt ihr denn hier mitten in der Nacht?"

„Wir verfolgen einen Mörder und Reliquienräuber", platzte das Mädchen heraus. „Seine Spur führt hierher!"

Ernst sah, wie der Knecht eine Bewegung machte, als hielte er Veva für verrückt, und stellte rasch einen Fuß in die Tür, bevor Lukas diese wieder zuschlagen konnte.

„Was Veva sagt, stimmt! Unser Hasso ist der Spur vom Dom bis hierher gefolgt. Der Verbrecher muss sich bei euch im Torbräu aufhalten."

Der Knecht schwankte, ob er die beiden jungen Leute mit harschen Worten abweisen oder sie doch einlassen sollte. Immerhin war Veva die Tochter des geachteten Kaufherrn Bartholomäus Leibert und Ernst der Sohn des kaum weniger bedeutenden Fernkaufmanns Eustachius Rickinger. Auch wenn der Bursche als Leichtfuß galt, besaß seine Anschuldigung Gewicht.

„Also gut, kommt herein. Aber macht keinen Lärm. Wehe, ihr weckt mir die Gäste auf!" Mit diesen Worten trat der Mann beiseite.

Sofort schlüpfte Hasso an ihm vorbei. Ernst ließ sich mitziehen und wurde von dem Hund in den ersten Stock geführt. Vor einer Tür blieb der Hund stehen und winselte leise.

„Da drin muss er sein", raunte Ernst Veva zu, die ihm auf dem Fuß gefolgt war.

„Was machen wir jetzt?", fragte sie.

„Hasso und ich passen auf, dass uns der Kerl nicht auskommt, und du holst den Torwächter vom Isartor."

Während Veva eilig davonlief, wandte Ernst sich an den Knecht.

„Wer ist da eigentlich da drinnen, Lukas?"

„Er sagt, er wäre ein Kaufmann aus Köln. Reden tut er jedenfalls so wie die Leute dort! Ich …" Der Knecht brach ab und lauschte.

„Vorsicht, da drinnen tut sich was", raunte er Ernst zu.

Dieser kämpfte mit dem Gedanken, es könnte sich bei dem Mann in der Kammer um einen harmlosen Gast handeln, der unter Tags im Dom gewesen war und den Fetzen Stoff bei der Verehrung der Reliquien aus seinem Ärmel gerissen hatte.

„Herrgott gib, dass es der Mörder ist", flüsterte er leise. Andernfalls würde er nicht nur zu seinen Freunden in den Keller des Rathausturmes wandern, sondern hatte auch noch Veva mit in die Sache hineingezogen. Niemand würde ihnen glauben, dass sie nicht ebenfalls an dem Mord und dem Reliquienraub beteiligt gewesen war.

Gerade, als Ernst schon zu sehen glaubte, wie der Richter den Stab über ihm brach, wurde die Haustür geöffnet. Im Schein der Laterne kamen zwei Stadtknechte herein. Veva, die ihnen folgte, wollte sich an ihnen vorbeizwängen, um als Erste die Tür zu erreichen. Doch einer der Männer hielt sie auf.

„Du bleibst brav hinter uns, Dirndl. Nicht, dass du uns noch zu Schaden kommst. Also, was ist da los? Die Veva hat da etwas von Mord und Raub gesagt!" Dies galt dem Wirtsknecht, doch an dessen Stelle gab Ernst die Antwort.

„Im Dom ist ein Mord geschehen, und ich bin überzeugt, dass hinter dieser Tür der Mörder steckt."

„Unsinn! Die Burschen, die dem armen Bruder Barnabas den Hals durchgeschnitten haben, sind schon erwischt worden", wehrte der Stadtbüttel ab.

Ernst zeigte auf Hasso. „Bruder Barnabas ist doch nur umgebracht worden, damit der Mörder den Reliquienschrein ausrauben konnte! Die Spur des Mannes haben wir vom Dom bis hierher verfolgt. Wenn der Gast in diesem Raum die Reliquien bei sich hat, muss er der Täter sein!"

Die beiden Büttel sahen sich kurz an, dann trat einer an die Tür und klopfte. „Im Namen der Stadt München und unseres allergnädigsten Herzogs Wilhelm, aufmachen!"

Für einen Augenblick blieb es in der Kammer still. Dann wurde die Tür aufgerissen und ein Mann schaute missmutig heraus.

„Was ist denn los? Kann man hier nicht einmal in Ruhe schlafen?"

Bevor einer der Stadtknechte etwas sagen konnte, zupfte Veva Ernst am Kittel. „Schau! Der Mann ist vollständig angezogen. Also war er nicht im Bett!"

Dies bemerkten nun auch die Stadtknechte. Doch als einer in die Kammer treten wollte, zog der Fremde, ohne ein Wort zu sagen, das Messer und stach zu. Noch während der Büttel ächzend zusammensank, griff der Mann den zweiten Stadtknecht an. Dieser wich schnell genug zurück, um der Klinge zu entgehen. Dafür sah Ernst sich dem Fremden gegenüber, der erneut weit ausholte.

Im gleichen Augenblick schoss Hasso an seinem Herrn vorbei und verbiss sich in dem Arm mit dem Messer. Blut quoll zwischen seinen Fängen heraus und nässte den Boden.

Der Mann brüllte vor Schmerz, versuchte aber gleichzeitig, das Messer mit der anderen Hand zu greifen. Mit einem raschen Schritt trat Ernst die Waffe aus seiner Reichweite und sah sich dann zu dem verletzten Stadtknecht um.

„Ist es schlimm?"

Obwohl der Mann stark blutete, schüttelte er den Kopf. „Es ist bloß eine Fleischwunde. Lukas, hol mir irgendeinen Fetzen, den ich darumwickeln kann."

„Und einen Strick, damit wir diesen Kerl binden können", setzte sein Kamerad hinzu. „Ernst, ruf den Hund zurück und halt den Mann fest! Hinterher schauen wir nach, ob wir die Reliquien finden."

Sogleich versuchte Veva, sich an dem Stadtknecht vorbei in die Kammer zu drängen, um nach dem Diebesgut zu suchen.

„Bleib draußen!", rief Ernst. „Sonst könnte jemand behaupten, du hättest die heiligen Gegenstände dort versteckt, um deinen Bruder zu retten."

Veva prallte zurück, als wäre sie gegen eine Mauer gelaufen, und der verletzte Stadtknecht lachte. „Du hast einen klugen Kopf auf den Schultern, Ernst. Es muss wirklich alles seine Ordnung haben. Veva soll mich lieber verbinden. Sie hat sanftere Finger als Lukas!"

Der Wirtsknecht lachte und reichte das Tuch, das er besorgt hatte, an das Mädchen weiter. Während Veva den Verletzten versorgte und dessen Kamerad mit Ernsts Hilfe den Fremden fesselte, trat der Wirtsknecht in die Kammer. Schon nach kurzer Zeit kehrte er mit einem großen Stoffbeutel zurück.

„Schaut euch das an! Der Kerl hat mehr Reliquien im Sack, als im Dom ausgestellt waren – samt der gesiegelten Urkunden! Nun wird er dem Richter erklären müssen, wie er an die gekommen ist."

Der verletzte Stadtknecht horchte auf. „Das dürften die heiligen Knochen sein, die letztens im Kloster Fürstenfeld verschwunden sind. Das waren besonders wirkungsvolle Reliquien und ich glaube, die frommen Brüder werden sich freuen, sie wiederzubekommen."

Lukas nickte heftig. „Das ist aber noch nicht alles! In der Kammer liegt ein Hemd mit einem blutigen und einem zerrissenen Ärmel!"

„Damit haben wir den Beweis, dass der Kerl den armen Bruder Barnabas umgebracht hat, und nicht mein Bruder und der Haselegner Benedikt", rief Veva aufgeregt.

„Das wird schon so sein", stimmte ihr der Stadtknecht zu. „Aber vor morgen Früh lassen wir die zwei trotzdem nicht heraus. Was haben die eigentlich mitten in der Nacht im Dom gesucht?" „Das war wegen einer ganz dummen Wette. Der Benedikt hat gemeint, dass der Bartl und ich uns nicht trauen würden, Punkt Mitternacht vor dem Altar zu stehen. Dass es so gruselig werden und wir einen Toten finden würden, haben wir natürlich nicht gedacht!" Eine bessere Ausrede fiel Ernst nicht ein, da er nicht sagen konnte, dass auch der Benedikt die Reliquien aus dem Schrein hatte stehlen wollen.

Die Stadtknechte glaubten ihm seine Geschichte unbenommen. „Da seid ihr wohl ganz schön erschrocken, was?", meinte der Verletzte lachend. „Ihr könnt von Glück sagen, dass wir den richtigen Mörder erwischt haben. Sonst wäre euch der Hals arg lang gezogen worden. Jetzt kommt! Erst bringen wir unseren Gefangenen ins Loch und dann muss der Bader oder die Hebamme nach meiner Verletzung schauen. Langsam tut sie nämlich sauweh!"

„Wir holen die Kreszenz. Die versteht mehr davon als ein Bader", versprach Veva und blickte Ernst an. „Kommst du mit? Allein hätte ich jetzt direkt Angst, durch diese mondlose Nacht zu laufen."

Ernst atmete wie befreit auf. „Freilich komme ich mit – und der Hasso auch. Dann bist du doppelt beschützt!"

„Ohne den Hasso hätten wir es nicht geschafft!" Veva schenkte dem Hund einen dankbaren Blick.

Ernst begann, wenn auch etwas kläglich, zu grinsen. „Dafür hat der Hasso eine ganz große Wurst verdient und ich weiß auch schon, wer sie bezahlen wird!"

„Ja, der Benedikt, der euch zu diesem dummen Streich verlockt hat!", sagte Veva und sah Ernst nicken.

„Ganz genau der!"

Roger Fiedler

In Ewigkeit Amen

Das ist jetzt schon lange her, aber den Tag werde ich nie vergessen. Wir hatten einen Prozess Widmer gegen Kranz, Schadenersatz mit strafrechtlicher Komponente. Eine seltsame Sache. Dieser Widmer war Kellner in einem Lokal draußen an der Bundesautobahn in der Nähe von Freising. Er betrog Gäste, wie das Kellner schon mal tun. Er rechnete den einen oder anderen Wein doppelt ab und verdiente sich damit ein paar Mark dazu. Kranz war das aufgefallen, er hatte sich beschwert, genauer gesagt seine Freundin. Diese Freundin ließ den Geschäftsführer kommen, und der war eine Frau. Nachts um zwölf, Geschäftsführung nicht da, Vertreterin unfähig. So war das. Die konnte oder wollte nicht, oder wer weiß, was da eine Rolle spielte, vielleicht hatte sie ein Verhältnis mit dem Kellner, oder wünschte sich eins oder – ach, irgend so was. Jedenfalls führte das Gespräch zu nichts, und die Freundin von diesem Kranz wurde mehr beschimpft als bestätigt, und dann gab sich wohl ein Wort das andere, und dann irgendwann muss dieser Kellner – man weiß ja, wie sie sind, wenn sie ertappt werden, die kriegen dann erst recht eine große Klappe – der muss also die Freundin dieses Kranz beleidigt haben, und da schlug der dann zu. Naja, wir haben eine blutige Nase und zwei unzufriedene Gäste. Die geben dem Kellner ein Taschentuch und gehen. Für sie ist der Fall erledigt. Ehrlich, bei allem Berufsethos, und ich habe ja wirklich lange über die Sache nachgedacht, wirklich, nächtelang habe ich über diese Verhandlung nachgedacht, immer wieder, und bei allem Rechtsempfinden denke ich doch, damit hätte die Sache am besten beendet sein müssen. Es muss aus dem Munde eines Menschen wie mir, der sein Leben mit dem

Gesetz zugebracht hatte wie andere mit einer Ehefrau, zuerst als Anwalt, dann als Referent, als Staatsanwalt und schließlich im Richteramt, es muss aus meinem Munde völlig absurd klingen. Wenn die Legislative einen Teil der Gewalt, die ihr gegeben ist, aus den Händen gibt, und es den Leuten selbst überlässt, für ihr Recht zu sorgen – und sei es mit Fäusten – dann geben wir das Recht an sich auf, dann geben wir das Gut der gesetzlichen Ordnung auf.

Der Sprecher schaut nach unten, dorthin, wo er zuvor etwas geformt hat wie einen frischen Teig, er hebt einen Gegenstand und legt ihn dahin. Für einen Moment ist man versucht, in diesem Gegenstand einen schweren Stein zu erkennen, dann taucht die Silhouette des Sprechers in das schwarze Nichts, aus dem seine Stimme zurückkehrt wie das Echo eines Wanderers aus einer tiefen, nassen Schlucht. Das ganze wirkt recht bizarr auf dem kleinen Display des Mobilfunkteils. Obendrein ist die Stimme des Sprechers verzerrt, was der Geschichte, die er erzählt, eine etwas drollige Note verleiht. Man fragt sich, zu wem er da spricht. Wer diese Aufnahme angefertigt hat.

Naja, man kann es wenden, wie man mag, damals hätte es vorbei sein müssen. Aber dieser Kellner, ich will ihn nicht verurteilen, das steht niemandem zu, Menschen sind so, Menschen in der Öffentlichkeit im besonderen, dieser Kellner zeigt diesen Kranz an. Auch das war immer so gang und gäbe, und er übertreibt, wie das auch immer geschieht. Michael Kohlhaas, erinnerst du dich? Es scheint immer Menschen zu geben, die andere partout verletzen wollen, koste es, was es wolle, diese Charaktere müssen immer das Gefühl davontragen, andere übertrumpft zu haben. Sie wollen schneller sein als die anderen, besser, gewitzter. Auf den Straßen kann man das hautnah erleben. Es ist ein Krieg der Spermien. Es ist pränatal. Vielleicht, gut, vielleicht war es einer dieser banalen Fälle, die wir zuhauf erleben, und nur der Ausgang der Sache lässt uns diesem besonderen Fall eine Bedeutung andichten, aber ich habe die beiden gesehen, ich habe sie erlebt, ich glaube, es war die reine Missgunst, die die Ereignisse auslöste. Ich meine schon den Betrug selbst. Vielleicht ist auch das – wie alle anderen Vor-Urteile – ich konnte ja nie zu einem rechtsgültigen Urteil kommen – vielleicht ist auch das nur eine Vorstellung, aber sie existiert, sie ist mit Erfahrungen verknüpft und mit Beobachtungen. Ich glaube fast, dieser Kellner hat schon damals in diesem Restaurant diesen Gast betrogen, um ihn herauszufordern. Es ging nur um ein paar Cent, aber er wollte cleverer, besser, klüger sein oder zumindest so scheinen, er wollte sich selbst beweisen, dass er jeden in die Tasche steckt. Und das vor den Frauen. Er zeigte Kranz an und behauptete, der hätte ihm schweren gesundheitlichen Schaden zugefügt. Du weißt schon: Atteste, von Herz- über Kreislauf-, Hirn-, Muskel-, Wirbelsäulenschäden, eben die ganze Palette war darin zu finden. Hätte man ihm Glauben geschenkt, dieser Kranz hätte ihn damals halb tot geschlagen haben müssen. Nein, man musste sogar. Das ist das Eigenartige an der Sache. Wir mussten ihm das glauben, nach Recht und Gesetz. Wir mussten anerkennen, was objektiv und unbezweifelbar durch Sachverständige …

Wieder hält der Sprecher inne, begutachtet seine Arbeit, legt dann ein Werkzeug zur Seite, dessen Konturen mit dem Dunkel um ihn her verschmelzen, hebt einen Stein und fügt ihn vor sich in eine kaum schemenhaft erkennbare niedrige Mauerkrone ein. Er streicht mit seiner rauen Hand darüber in einer fast schon zärtlichen Geste. Mit dem Zeigefinger der linken Hand streicht er eine Fuge glatt. Man erkennt den weiten schwarzen Ärmel aus grobem Stoff, als er einen bleichen Unterarm entblößt. Ein Mönch!

Wahrheit wird vor Gericht verkauft, meistbietend, und wir schlagen den Auktionshammer nieder und setzen ein ‚Im Namen des Volkes' darunter. Die Wahrheit ist wie kalter Regen im Winter. Du kannst denken, sie sei abwesend, unauffindbar, nicht existent. Aber dann siehst du sie und du weißt: Das ist sie. Sie ist in den Dingen. Sie ist hier. Genau hier. Egal, ob sich die Zeugen dafür aussprechen, egal, ob Sachverständige sie bestätigen oder das Recht auf ihrer Seite ist – die Wahrheit ist einfach da, und sie zeigt sich in ihrer Klarheit. Mag sein, dass du im nächsten Augenblick schon wieder zweifelst, ob das, was du gesehen hast, wirklich so war, wie du es erinnerst. Mag sein, dass alle anderen das Gleiche tun. Aber im Augenblick der Wahrheit weißt du, sie ist es. Sie und nur sie. Und hinterher weißt du es, wenn du in die Blicke der anderen guckst. Du weißt, dass sie es wissen, und sie wissen, was du weißt. Es war die Wahrheit, die ihr gesehen habt. Die Wahrheit ist in Allem und überall. Wir müssen nur die Augen öffnen. Es war alles erlogen, die ganze Krankheitsgeschichte. Bruder, es ist schrecklich! Schließe mich in deine Gebete ein!

Wieder ergreift er sein Werkzeug und beginnt den Teig in die Ritzen zu streichen. Für eine halbe Sekunde wird die Maurerkelle in seiner Hand sichtbar und die seltsame Art, sie zu halten. Er handhabt das Werkzeug, als schriebe er ein Buch. Das ganze ist schwer zu erkennen auf dem kleinen Display von dem Handy, mit dem der mauernde Mensch aufgenommen worden ist. Zuweilen flackert das Bild, und überhaupt ist ziemlich unklar, wie diese Aufnahme überhaupt zu Stande kommen konnte. Und immer noch, wer sie angefertigt hat. Ein Bruder? Ein Mitbruder?

Der Gesundheitszustand dieses Kellners war normal. Er hatte weder bleibende Verletzungen davongetragen noch ein anderes körperliches Leid. Nur Rache.

Es war ein sonniger Herbsttag – ich weiß es noch. Noch heute sehe ich dieses stählerne, klobige Ding in der Hand des Angeklagten erscheinen, ich weiß noch, dass ich anfangs nicht schockiert war. Und das trotz aller Sicherheitsvorkehrungen. Eine Waffe im Gerichtssaal! Er zog sie einfach aus seiner Jacke. Und ich beobachtete ihn dabei, während ich die Anklage verlas, und dachte noch – es kommt mir so seltsam vor, was ich dachte: Ich muss ihn vorsorglich verwarnen, dachte ich. Ich muss ihn verwarnen, diese Verhandlung ernster zu nehmen. Dabei hatte sie längst ihren fatalen Lauf genommen, ihre ganze Lächerlichkeit offenbart.

Der Sprecher blickt zum ersten Mal auf. Aus der faltigen Maske eines von der Mühsal des Lebens beredt Zeugnis gebenden Gesichtes stechen kurz zwei eng liegende graue Augen hervor wie zwei matte Gestirne in einer wolkenverhangenen Neumondnacht. Die ganze durch die quiekende Handystimme überdeckte Tragik spiegelt sich für den Bruchteil einer Sekunde im Gesicht des Mönchs.

Ich habe mein ganzes Leben in München zugebracht. Ich bin hier geboren. Ich werde hier sterben. Ich werde nicht weggehen. Ich bin hier zu Hause, in diesen Mauern. Bitte nimm meinen tiefen Dank an dafür, dass du meinen Wunsch respektierst! Ich vertraue dir dies alles als Bruder an - als Bruder und als Freund.

Dann beugt er sich wieder über seine Arbeit und fügt einen neuen Stein ein. Es sind schwere, behauene Natursteine, möglicherweise Granit. Auch kleine Brocken sind darunter, und diese scheinen im fahlen Licht rötlich wie gebrannter Ziegelton. Der graue Mörtel wirkt klumpig und zäh. Immer wieder reicht dem Sprecher das Werkzeug nicht aus, und er fasst mit der Hand hinein, um die Masse zu glätten, während der Ballen der anderen, kaum unterstützt durch den Werkzeugknauf, die Steine mit kraftlosen Schlägen in ihre halbwegs regelmäßige Stellung bringt. Die drei mal drei Quadratzentimeter, auf denen die Bilder zu sehen sind, reizen das Auge. Zuweilen verschwimmen die Konturen, wenn die Technik im Halbdunkel den Dienst versagt. Die Stimme redet weiter.

Noch bevor ich sah, was das war in seinen Händen, dachte ich über eine Verwarnungssumme nach, um die Dinge wieder ins Lot zu bringen, und über die gegebenenfalls einzuschätzende Höhe. Eine Waffe! Ich weiß noch, dass ich mehrmals von der Klageschrift zu ihm aufgeblickt habe, um ihn zu mahnen, er solle doch nicht mit diesem Ding herumfuchteln, auch noch, als mir längst klar geworden war, was er da in Händen hielt. Selbst da las ich noch schlaue Formulierungen zu juristischen Sachverhalten.

„Dies ist eine zweireihige .45er Automatikwaffe von Colt", sagte er, „1911 für den Krieg entwickelt, und wir haben Krieg. Der Krieg hört nie auf."

Ein Arm legt sich über die frische Mauer, verdeckt vom dunklen Ärmel der Mönchskutte. Graue Flecken verunreinigen den Ärmel, manche davon frisch eingetrocknet. Die Sorgfalt, mit der die Mauer gesetzt wird, scheint sich nicht auf die Kleidung des Mönches zu übertragen, der aus seinem hallenden Verlies heraus zu seinem Mitbruder spricht.

Verrückt, dachte ich, der dreht durch. So ist das also, wenn jemand die Nerven verliert, weil er sich an die Wand gedrückt fühlt. So ist das, wenn Leute sich bewaffnen und in Schulen schlimme Dinge tun. So – wie soll ich sagen? – natürlich. Ein scheußliches Wort. Für eine scheußliche Sache, allerdings. Kranz legte diese Waffe auf den Tisch, wie jemand ein Pausenbrot auspackt. Sein Gesicht war völlig normal und unverzerrt, seine Gestik ruhig, seine Bewegungen ohne Zittern. Ich möchte meinen, selbst seine Atmung blieb normal. Erst Momente, nachdem ich selbst die eigene Stille zu bemerken begann, kamen meine Gedanken in Bewegung, Gedanken von … Angst? War es wirklich Angst, was ich spürte? Eine Lähmung war es sicher. Aber war es wirklich Angst? Ich empfand es als ein langes, nicht zu Ende gedachtes Wort. Ein Wort wie wa-rum?

Wieder hebt der Mönch einen schweren Stein, um ihn in die Mauer zu fügen, hinter der seine Gestalt ins Dunkel taucht, als nähme er in der Dunkelheit dort ein Bad. Es ist der erste Moment, in dem sich einer der Betrachter der seltsamen Aufzeichnung an den anderen wendet. Eine schreckliche Frage eröffnet sich angesichts des Gesehenen und Gehörten. Was tut der Mönch? Mauert er sich ein? Und wer hält das Handy, um seine grauenvolle Tat auf diese Weise abzulichten? Wann geschah das, und wieso?

Er nahm die Waffe wieder auf. Manchmal denke ich, wenn ich nicht geredet hätte, wäre nichts geschehen. Er hätte diese Waffe wieder eingepackt, und wir hätten an eine verrückte Fatamorgana denken können, Vorspiegelung falscher Tatsachen durch die Wirklichkeit selber. Aber ich sprach. „Junger Mann, machen Sie sich doch nicht unglücklich!"

Kranz blickte mich an, als hätte er gewusst, was geschehen würde. Aber er wusste es nicht. Er konnte es nicht wissen. Er blickte mich an, als sei er das Recht selber, inkarniert hier und jetzt, um uns Frevler zu strafen, die es beugten und beugten. Wohlgemerkt, ich spreche vom Recht. Nicht vom Gesetz. Und ich verurteile mich nicht, und nicht das Gesetz. Das Rechtssystem ist ein Versuch, das Recht steht über allem. Trotzdem erfordert es das Recht, also das wirkliche, das übergesetzliche Recht, es erfordert, dass wir es brechen. Dieser ist schuldig, müssen wir sagen, jener nicht. Auch wenn wir das genaue Gegenteil wissen. Wir müssen es tun. Täten wir es nicht, dann … ja, was dann?

Lange blickt der Mönch ins Nichts der Vergangenheit. Das Licht scheint fader zu werden, wenn er nicht spricht, als hielte allein seine Stimme eine schwache Flamme am Leben, die in der feuchten Stille allmählich von selber erlöscht. Unzweifelhaft geschieht in der Aufnahme etwas Schreckliches. Die Betrachter sind Zeugen und gleichzeitig machtlos. Die Aufnahme trägt ein Datum. Zwei Jahre ist das her. Vor zwei Jahren hat ein Mönch getan, was jetzt erst auf dem kleinen Display zu sehen ist. Sein letzter Gruß aus der Vergangenheit klingt verklärt und gelassen, als schriebe jemand sein Testament. Es klingt, als beichte er dem Tod selber die Gründe für ein Verbrechen gegen sich selbst.

Kranz ging auf den Vermummten los, Widmer, der sich von seinen Ärzten und Sachverständigen oder eigenhändig einen Packen Mullbinden, Halskrause und Verbände hatte umlegen lassen, und zwang ihn, sie alle abzunehmen. Kaum jemand atmete im Saal. Wir waren schockiert und erleichtert zugleich, denn wir glaubten in einem plötzlichen Aufflackern von Hoffnung, wenn der Bewaffnete in der ersten Minute niemanden zur Strecke bringt, dann wird er es auch später lassen. Viele Richter sind in ihrer Freizeit Jäger. Wir wussten, dass der Instinkt zu töten mit der Zeit verfliegt. In der Kälte auf einem Ansitz im

Nieselregen von Straubing stimmt das sicherlich auch, dorthin bildete ich mir ein, könne man die Erfahrung übertragen. Es war sogar genug Zeit, einen Gedanken zu fassen. Der Gedanke lautete: Warum kommt uns niemand zu Hilfe? Niemand konnte, niemand wusste, was in diesem Gerichtssaal passierte, war der zweite. Der dritte war, dass es Kranz gleichgültig gewesen war, was nachher geschehen würde.

Allmählich kommen die Umrisse der Mauer zur Geltung, die der ehemalige Richter setzt. Seine Kutte deutet auf den Orden der Kapuziner hin. Armselig und verschlissen, wie es der Bettelorden erwarten ließe, stört doch die mangelnde Sorgfalt in ihrer Pflege. Der Maurer achtet nicht auf Sauberkeit. Nicht mehr. Aus dem Schacht dringt seine Stimme wie das Schnarren aus dem Bauch einer steinernen Geige.

‚Nachher' ist so ein Wort, das einen Abgrund von einem Loch in die Seele reißt. In einem solchen Augenblick türmt es das, was vor dem Nachher liegt, zu einem schrecklichen Monstrum auf. Man will nicht hingucken, aber das Präsenz beginnt, langsam zu laufen, tausend Sekunden, wo vorher nur eine war, tausend Blicke, Worte so klar, dass man sie nicht überhören kann, keine Ablenkung, keine störenden Geräusche. Man sieht sich auf diesen Moment unmittelbar vor dem ‚Nachher' zu lavieren und schaut sich hilflos nach dem fehlenden Steuermann um, der Abgrund kommt näher und näher.

„Sagen Sie es!", schrillte Kranz den Anwalt an, „Sagen Sie es!", und alle wussten Bescheid. Es brauchte keinerlei Erklärungen, um zu verstehen, was der Anwalt sagen sollte. Ich dachte an den juristischen Eid und anwaltliche Verpflichtungen gegenüber Widmer, dem angeblichen Invaliden, ich dachte, er würde es für sich behalten, aber eine geladene Waffe in einer solchen Situation hebt einem den dünnen Grad zwischen Leben und Sterben so deutlich vor Augen, dass einem die Lust aufs Schachern vergeht. Der Anwalt sagte es, die Zeugin sagte es, der Kläger sagte es, ein reiner, klarer Wasserfall von Wahrheit: Einer nach dem anderen retteten sie ihre – fast mag man sagen – jämmerlichen

Leben. Wir haben alle gelogen, sagten sie.

Einer der Betrachter wendet sich an den anderen. Beide beugen sich über das kleine Display, um die grauenvolle Aufzeichnung zu verfolgen.

„Sehen Sie diese Bewegung?"

„Welche Bewegung?"

„Jetzt. Am Ende."

„Ich sehe sie. Was bedeutet das?"

„Es ist die Kamera."

„Von diesem Mobiltelefon?"

„Wahrscheinlich."

„Und derjenige, der die Aufzeichnung anfertigte ...?"

„War draußen! Er war auf dieser Seite. Bedenken Sie, was das heißt!"

„Ich bedenke."

„Verzeihen Sie, aber diese Bewegung mit dem Handy am Schluss."

„Sprechen Sie!"

„Sie sieht so aus, als hätte diese Person etwas anderes getan, als sich nur zu bewegen."

„Was meinen Sie?"

„Sie schlägt ein Kreuz."

„Was wollen Sie damit sagen?"

„Diese Person war ebenfalls ein Mönch. Er segnet seinen Mitbruder."

„Sie meinen, es hat jemand dabei zugesehen?"

„Es muss jemand zugesehen haben. Wir wissen nur nicht wer."

„Und Sie glauben, es hängt mit der Schließung des Antoniusstifts zusammen?"

„Es gab nur zwei letzte Bewohner. Sie waren Kapuziner, Eminenz."

„Wo sind diese beiden Brüder heute?"

„Nun, einer starb vor wenigen Tagen bei uns draußen in Schäftlarn im Kloster."

„Der andere, was ist mit dem anderen?"

„Wir sehen es, Eminenz! Er hat sich eingemauert. Vermutlich im geschlossenen Antoniusstift."

„Jesus Christus!"

Denk an die befreiende Wirkung, einen solchen Satz zu hören, ein einziges Mal, nur ein Mal diesen Satz zu hören! Wie oft wünschen wir uns, jemand möge vor ein Mikrofon treten und ehrlich aus erleichterter Brust bekennen: Ja, wir haben euch betrogen? Die Wahrheit! In einem Gerichtssaal! Wir haben hinterzogen, wir haben uns bestechen lassen, wir haben gelogen, betrogen, genommen, was uns nicht gehört, wir haben in die Kasse gegriffen, wir sind damals viel zu schnell durch diese Ortschaft gefahren und haben nicht rechtzeitig gebremst, wir haben unseren Müll in dieses Waldstück geworfen, wir haben die Handwerker aus Kalkül nicht bezahlt, wir haben die Insolvenz herbeigeführt, wir haben die Sachwerte auf aushäusige Kinder überschrieben, wir haben unsere Schulden auf den Ehepartner abgewälzt, wir sind über Leichen gegangen, weil wir uns bereichern wollten, wir haben Kriege begonnen, weil wir Profit machen wollten, wir werfen Bomben, weil wir keine anständigen Berufe erlernen konnten, wir prügeln uns durch die U-Bahn, und wir blasen unseren Dreck in die Luft, weil wir sorglos sind, wir schlagen Kinder, unterdrücken, foltern und quälen, es sind keine bedauerlichen Einzelfälle, und unser nächster Satz lautet nicht: Das machen schließlich alle so, denn wenn dieser Mann mit der geladenen Waffe nicht zufrieden ist, dann wird er uns töten und wir nehmen den Dreck, den wir im Ranzen haben, mit nach oben. Und dieser Dreck, den wir im Ranzen haben, ist unser Leben. Deshalb ‚jämmerlich'. Aus keinem anderen Grund. Die Wahrheit zu hören! Wir haben uns das so oft gewünscht, dass wir im Moment, wo wir es hören, auf eine besondere Art befriedigt sind, fast glücklich, jedenfalls befreit. In diesem Moment fühlten wir uns schon wie Sünder und wie Priester, die uns die Sakramente erteilen. So wie du es jetzt für mich tust. Ich bitte dich, mir diese letzte Beichte abzunehmen. Mein Versagen damals.

Das Mauerloch, durch das die Stimme des Mönchs heraus dringt, wird kleiner mit jedem Stein, den er setzt, seine Stimme dünner. Die Frequenzen im Bauch der ‚steinernen Geige' verschmelzen mit ihrem Echo zu einer Art von dumpfem gregorianischem Bußgesang. Es ist nicht mehr zu leugnen, was das Handy aufgezeichnet hat. Ein Mönch muss sich eingemauert haben, während sein Ordensbruder ihn dabei filmte. Dieser zweite Mönch mag ihm sehr verbunden gewesen sein, möglicherweise waren auch beide verrückt.

Mir war klar, dass ich meine Robe für immer ausziehen musste. Schon bevor das Schreckliche geschah. Ich hatte mich selbst überführt. Es war wie die frohe Botschaft und ein Urteil über mein Tun im selben Atemzug. Es war das Ende der Illusionen.

Kranz ließ die Waffe sinken, ging zu seiner Bank, sank auf seinen Stuhl. Dann machte es ‚Plink' – ‚Plink' wie dieses leise Knacken im Kopf, wenn man zu lange unter der kalten Dusche steht, in einem Gebirgssee unter die Inversionsschicht taucht, ‚Plink' wie das Geräusch eines tief gefrorenen Eiswürfels, den jemand mit starkem Alkohol übergießt. Wir verstanden nichts. Begriffen nichts. Blickten alle in die Richtung, in der sich Kranz' Kopf langsam auf die Tischplatte senkte. Erst als eine Art ausgegossener schwarzer Heiligenschein auf dem Tisch erschien, bemerkten wir das Fensterglas hinter seinem Kopf, das Muster der Sprünge darin, die winzigen Einschusslöcher. Das Wiederherstellen der verlorenen Ordnung durch ein ummanteltes Bleigeschoss aus Richtung einer dort eilig zusammen gezogenen Grenzschutzeinheit. Grenzschutz findet auch im Inneren statt seit den Schengen-Abkommen. Aber welche Grenzen verteidigen wir? Welche überschreiten wir? Welche machen uns Menschen aus?

Die Mauer schließt sich, als ein letzter schwerer Stein aus dem Dunkel in die Passung geschoben wird.

Wissen die dort draußen mit ihren Schließungsplänen, dass München seinen Namen von den Mönchen ableitet? Seit wie vielen Jahren lebe ich jetzt hier? Damals nach diesem Vorfall habe ich die Welt dort draußen verlassen. Für immer. Ich werde nicht mehr zurückgehen. Ich bleibe. Drei Prozesse hatte ich noch. Einer ging schief, weil ich kein Wort heraus brachte, der zweite endete in einem halben Jahr Suspendierung, der dritte scheiterte in der Aktenphase. Hier drin, in diesen Mauern, ist die Wahrheit, die ich suche. Weil die Mauern meine Seele, in der sie eingeschlossen ist, gegen das Draußen schützen. Hier drin ist ewiger Frieden. Hier bleibe ich für immer.

Die Aufnahme wird dunkel. Der Bischof blickt den Schäftlarner Abt an, als erwarte er eine Bestätigung oder Widerlegung seiner Gefühle. Kann das ein billiger Streich gewesen sein?

„Er hat sich da selbst eingemauert?"

„Ja, das scheint so. Er wollte das Kloster nicht verlassen. Ich glaube, der Mitbruder erklärt uns auf diese Weise, warum er so gehandelt hat."

„Aber können wir nicht helfen?"

„Nicht mehr. Die Aufnahmen sind alt. Weit über zwei Jahre. Das Handy gehörte zum Nachlass jenes Mönches, der kürzlich heimberufen wurde. Es lag in seiner Zelle eingeschlagen in ein kleines Brevier. Sein eingemauerter Ordensbruder muss lange gestorben sein. Das Kloster, in dem sie bis zuletzt gewesen waren, dient heute als Tagungsstätte. Ironischerweise für Juristen."

„Es ist eine Tragödie. Warum hat uns der andere Mitbruder nicht informiert?"

„Ich nehme an, er wurde darum gebeten. Es war der letzte Wille des Eingemauerten."

„Wie konnte dieser Mönch schweigen?"

„Er muss seinem Mitbruder sehr verbunden gewesen sein. Hören Sie die Stelle, an der er darüber spricht, dass er München nicht verlassen möge?"

„Ich habe sie nicht übersehen."

„Es war sein Wunsch."

„Und wir?"

„Eminenz?"

„Haben wir nicht die Pflicht, diese Dinge aufzuklären? Müssen wir die Ruhe des Mitbruders nicht stören?"

„Diese Wand aufstemmen lassen?"

„Ja, diese Dinge den Behörden übergeben."

„Nun, das Gesetz verlangt sicher, dass wir es tun. Es sei denn, wir hegten Zweifel, ob diese Aufnahme tatsächlich authentisch ist."

„Ist sie das denn?"

„Eminenz, fragen Sie mich als Abt, als Mönch, als Mensch oder als Berater?"

„Ich bitte Sie, aufrichtig zu sein."

„Dann mag ich lieber schweigen. Nennen Sie es einen inneren Zweifel!"

„Früge ich Sie als Berater?"

„Dann möchte ich erwägen, die Technik habe uns hier einen Streich gespielt. Es wäre zu bedenken, ob die Ruhe dieses Ortes, den wir hier sahen, gestört werden muss, um eine Tat zu erklären, die unerklärbar bliebe. Es wäre auch zu bedenken, welche Folgen für den Orden entstünden und den Glauben der Kirche Christi."

„Wenn man seine Gebeine nun fände …"

„Wem wäre gedient?"

„Wenn man sie nicht fände?"

„Wem wäre dann gedient?"

„Möglicherweise würde ich ruhiger schlafen."

„Es ist nicht unser Privileg, ruhig zu schlafen, Eminenz."

„Wie wahr! Der Hirte wacht des Nachts, wenn die Wölfe heulen. Dennoch bleibt dieses Unbehagen tief in der Seele."

„Es ist das Unbehagen, die Gründe nicht zu kennen."

„Aber wir haben sie gehört."

„Haben wir das?"

„Ich sah diese Aufzeichnung sehr oft, Eminenz, bis ich mich entschloss, sie auch Ihnen zu unterbreiten. Ich glaube, wir haben die Gründe gehört. Ich glaube, wir fühlen sie. Es hätte dieser Aufzeichnung nicht bedurft. Dieser Mensch war rein. Dem er seine Beichte anvertraute, war ebenfalls rein. Was geschehen ist, ist geschehen. Es war Gottes Wille."

„Wer hat diese Aufzeichnung gesehen?"

„Sie und ich, Eminenz."

„Belassen wir es dabei! Wissen Sie, wie diese Technik funktioniert?"

„Ich glaube ja."

„Dann möchte es dienlich sein, wenn diese Aufzeichnung nun gelöscht würde."

Der Abt bewegt eine schwere Hand über die filigrane Tastatur, kleine, piepende Geräusche begleiten seine Tätigkeit, es erscheint ein Symbol. Ein kleiner Eimer, der sich öffnet und schließt. Er wendet sich von dem kleinen Display ab.

„Gott sei seiner Seele gnädig!"

„In Ewigkeit, Amen!"

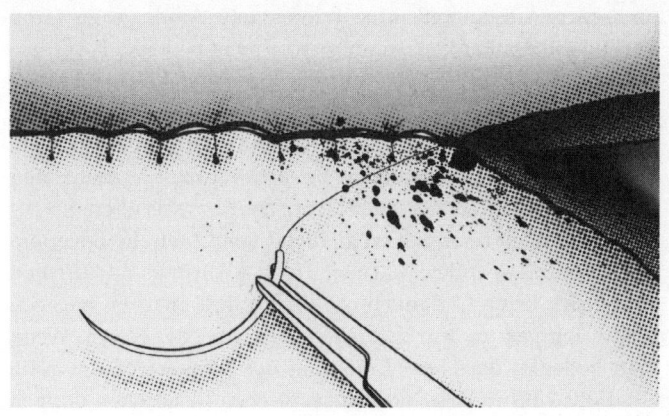

U. A. O. Heinlein

Milde Gabe

Ein schöner Tag.

Als ich die U-Bahn-Station am Hauptbahnhof verließ, tauchte einige Kilometer entfernt ein Kopf aus der Isar auf. Der Kopf eines Bettlers. Andere Teile des Körpers trieben tiefer im Strom, an Ismaning und Erching vorbei, der Fäulnis und dem biologischen Abbau entgegen. Ich machte mir darüber keine großen Gedanken. Für einen Chirurgen gehören Tote zum Alltagsgeschäft. Das mag man bedauern und beklagen, lässt sich aber nun mal nicht ändern. Dazu ist der menschliche Körper ein allzu fragiles Gebilde. Ein Wunder, dass er überhaupt funktioniert. Hundert Billionen Zellen, nur 10 Prozent davon menschlich; der große Rest besteht aus Bakterien. Wenn man es genau nimmt, ist der Menschenkörper eigentlich nichts anderes als ein extrem komplexer Aufenthaltsraum für Bakterien, Viren und anderes parasitäres Geschmeiß. Eine interessante Analogie zu Groß- und Investmentbanken, wenn man es recht bedenkt. Nur, dass sich dort die Einzeller und Parasiten vorwiegend nicht im Darm aufhalten, sondern im Gehirn, fatalerweise.

Aus der Bayerstraße bog laut kreischend eine Straßenbahn um die Ecke. Tram. Eine gute Idee. Besser als Taxi. Viel mehr Menschen. Schwer zu überwachen. Trotz der Kameras überall.

Die Vormittagssonne schien gleißend von Osten die Bayerstraße herab und spendete warmen Trost. Allerdings nur für Leute, die sich keine Gedanken um ihr Kühlgut machen mussten. Ja, die Temperatur war zweifellos ein kritischer Faktor. Wenn man bedenkt, dass eine Erhöhung der Temperatur um zehn Grad dazu führt, dass alle biochemischen Reaktionen doppelt so schnell ablaufen, dann ist so eine Mittagssonne ein ziemlich dramatischer Reaktionsbeschleuniger. Wie gut, dass unser Körper im unversehrten Zustand ausgetüftelt genug ist, um sich dagegen zu wehren. Das Blut wird als Kühlflüssigkeit ständig hindurch gepumpt, Schweißdrüsen sondern Flüssigkeit ab, die verdunstet. Prinzipiell so lange, bis der umgebende Raum mit Dampf gesättigt ist, was im Freien nur zum Problem wird, wenn die Luftfeuchtigkeit ausfernd hoch ist. Um sich in flüchtigen Dampf zu verwandeln, braucht das Wasser des Schweißes Energie, 2502 Kilojoule pro Kilogramm. Da es einer externen Energiequelle ermangelt, muss dass Wasser die benötigte Energie der umliegenden Luft entziehen, die sich dadurch abkühlt – und damit auch den Schweiß und die darunterliegende Haut. Adiabatische Kühlung. Alles in Allem eine geniale Idee. Wenn sie denn jemand gehabt hätte.

Gott wars sicher nicht. Ich habs nicht so mit dem Glauben. Wenn ich mir die verschiedenen religiösen Verirrungen der Menschheitsgeschichte ansehe und wie viele verschiedene Gottheiten im Laufe der letzten zehntausend Jahre da so angebetet wurden, bleibt nur ein logischer Schluss: Glauben ist ein menschgemachter Wert und nicht per se in der Natur vorhanden. Das ist einfache wissenschaftliche Logik. Punkt.

Also: Ich habs nicht so mit dem Glauben. Wieso auch? Sollte ich jetzt etwa beten und im festen Glauben darauf vertrauen, dass sich die richtigen Teile meines Gepäcks um zwanzig Grad abkühlen? Wohl kaum. Selbst ist der Mann. Eine alte Lebensweisheit. Wenns darauf ankommt, muss man es selbst tun. Alles andere ist eine eklatante Fehleinschätzung. Zumal über transzendente Grenzen hinweg.

Manchmal laufen die Dinge eben aus dem Ruder. Man steckt nicht drin. Da mäandern die Zeitlinien einzelner Menschen, Dinge, Moleküle nebeneinander her, keine berührt die andere, und dann kommt plötzlich ein Punkt, an dem sie sich doch berühren. Und auf einmal ist alles anders. Der Flügelschlag eines Schmetterlings am richtigen Ort und zur rechten Zeit, und schon beginnt eine Kausalitätskette, die irgendwo auf dem Planeten in einem Orkan endet. Und wo wir schon beim Schmetterling sind: Nehmen Sie mal drei an sich so harmlose Dinge wie einen Schmetterling, eine Katze und eine Gardine. Einzeln betrachtet sind sie der Inbegriff der Harmonie: der Schmetterling als Ergebnis einer Ehrfurcht gebietenden Metamorphose von der Raupe über die Puppe zum Sinnbild der Leichtigkeit und Schönheit; die Katze als beliebtestes Haustier, schnurrend vor Behaglichkeit; die Gardine als Sinnbild der Bildungsbürgerbehausung, Schutz bietend vor neugierigen Blicken, die Privatsphäre bewachend. Alle drei zusammen jedoch in einem Zimmer, und nach einigen Minuten versinkt der Raum im Chaos.

Ich will gar nicht klagen. Arzt zu werden ist ein Privileg. Eine gewisse Begabung braucht man, die Schulnoten müssen stimmen, einen Studienplatz muss man erlangen. Viele der Kommilitonen kamen aus Medizinerfamilien. Auch ich. Bei uns war sogar schon der Großvater Chirurg. Und selbst auf die Gefahr hin, unbescheiden zu wirken: Ich habe sie alle in den Schatten gestellt. Gut, das hat natürlich auch mit der fortschreitenden Technik zu tun. Während der Urgroßvater mit einer selbstgebogenen Eisenzange auf dem Marktplatz tätig war und schmerzgepeinigten Mitmenschen ohne Betäubung Zahnruinen aus dem Kieferknochen brach, habe ich mit Hochleistungslupen, Mikroskopen, Computern und Laserskalpellen operiert. Aber auch das muss man können. Wie viele Operationen ich insgesamt durchgeführt habe? Gute Frage. Ich kann mich nicht mehr genau erinnern. Und die Akten sind mir nicht mehr zugänglich.

Es stört mich, dass ich mich nicht mehr an alle OPs erinnere. Ein gutes Zeichen. Schlimm wird es erst, wenn es einen nicht mehr stört. Das Gehirn ist ein mysteriöses, magisches, unvorstellbar komplexes Etwas. Man muss sich wundern, dass es normalerweise so reibungslos funktioniert. All diese Nerven mit ihren langen Axonen. Neurologie hat mich schon seit Beginn meines Studiums fasziniert. In meiner großen Zeit habe ich Nervenverbindungen wieder hergestellt, an die sich sonst niemand herantraute. Ein Faszinosum. Wenn man bedenkt, dass so viele Lebewesen ihre Nerven nach Verletzungen komplett regenerieren können. Und ausgerechnet bei uns Menschen klappt das im Zentralnervensystem nicht. Ein Unding! Querschnittslähmung braucht ja nun wirklich niemand. Doch um ehrlich zu sein: Ich bin nicht sehr zuversichtlich. Auch wenn einige Kollegen in Israel zwei Moleküle entdeckt haben, die nach einer Verletzung an die entsprechende Stelle im Nerv reisen und vielleicht – vielleicht! – etwas mit der Reparatur zu tun haben könnten: Da ist noch so vieles unverstanden. Das wird noch Jahre, wenn nicht Jahrzehnte dauern. Ich werde es ganz sicher nicht erleben. Und eigentlich interessiert es mich auch nicht mehr.

Was mich interessiert, ist das Temperaturproblem. Es ist einfach zu warm. Schön zwar, dass mal wieder die Sonne über München lacht. Die Menschen blühen auf. Ein bisschen elektromagnetische Strahlung im Infrarot und Ultraviolett, und schon ist die Seele leichter und der Vitamin-D-Spiegel steigt. Aber hier und jetzt ist es zu warm.

Der Supermarkt. Das könnte klappen, wenn sie entsprechend sortiert sind. Einen Versuch ist es wert. Nicht viel los um diese Zeit. Mehr Menschen wären mir lieber, aber nun gut. Alle Wünsche können nicht in Erfüllung gehen.

Obst, Knabbereien, Fertiggerichte, Milchprodukte. Die Preise sind skandalös. Und zwar skandalös niedrig. Wenn ich das für Milch und Rindfleisch überschlage und dann für andere Einzelteile hochrechne, kann man für recht wenig Geld eine komplette Kuh operativ rekonstituieren. Das ist eines solch imposanten Tieres keinesfalls würdig.

Pastaregal, Käsetheke, Tiefkühlware. Fisch ist schlecht, das riecht nach einiger Zeit. Aber die Rahmspinatpackungen machen einen guten Eindruck. Und die Zuckererbsen. Genau die richtige Größe. Etwa 4×10×15 Zentimeter. Gut zu stapeln. Je zehn sollten reichen. Neben der Kühltruhe hängen auch gleich die passenden Thermotaschen. Eine akzeptable Zwischenlösung. Vielleicht sogar mehr. Wenig Betrieb an der Kasse. Dafür scheint die Kassiererin einen ironischen Tag erwischt zu haben. „Na, damit kommen Sie ja erst mal eine Zeit lang aus, oder?"

Ich weiß nicht, wie andere das empfinden. Ironie gegenüber Personen, die man nicht näher kennt, wirkt meistens aufdringlich. Selbst, wenn man dabei freundlich zu lächeln versucht. Da antwortet man besser erst gar nicht. Obwohl ich ein bisschen Mitleid mit ihr habe. Sie hat eine Narbe auf der linken Stirn, einen halben Zentimeter über der Augenbraue, genauso lang und mindestens anderthalb Millimeter breit. Ein Stümper, der das verbrochen hat. Wer weiß, welchem Scharlatan sie da in die Hände gefallen war? Wenn ich das vernäht hätte, wäre die Narbe nicht mehr zu sehen.

Einmal tief durchatmen! Zorn nutzt nichts. Ihr nicht, und mir auch nicht. Zorn ist nie gut. Treibt den Blutdruck hoch und verwirrt die Sinne. Schweigend bezahlen und dann wieder hinaus auf die Straße. Sie hatte ja auch durchaus recht: Bis Bogenhausen würden die Tiefkühlpackungen vermutlich reichen.

Viele Menschen machen sich gar keine Vorstellung davon, wie es ist, wenn man plötzlich nicht mehr arbeiten kann. Und ich meine nicht, in irgendeinem x-beliebigen Beruf. Ich meine Berufung. Wenn man fühlt, dass es nichts anderes im Leben gibt, für das man geschaffen ist. Für das man genau die Kombination von Begabung hat, die einen zur idealen Besetzung macht. Es ist eine Schande, wenn dieser Zustand endet. Unwiderbringlich. Ohne Hoffnung.

Emmeram Kilian kennt diesen Zustand nicht. Erstens hat er die Fähigkeit, sich aus allen möglichen Schwulitäten brachial zu befreien, und zweitens ist er nicht berufen. Ersetzbar. Macht das mit Ellenbogen wett. Tun ja die meisten in seiner Branche. Streben nach Macht und gieren nach Mammon. Alles eine Folge dieser verirrten Wachstumsphilosophie. Dabei weiß jeder zweitklassige Mikrobiologe, dass Wachstum auf Dauer nicht möglich ist. Daran scheitern selbst Könner wie das Colibakterium. Wenn genug Nährstoffe vorhanden sind, teilt sich so eine Zelle unter Laborbedingungen alle zwanzig Minuten. Theoretisch wäre nach rund 40 Stunden die Erdoberfläche bedeckt. In der Praxis sieht das anders aus. Irgendwann werden nämlich im Erlenmeyerkolben die Ressourcen knapp, und die Bakterien stellen die Teilungen ein. Neues Wachstum lässt sich nur starten, indem man einen kleinen Teil der Population in frisches Wachstumsmedium verdünnt. Die Menschen haben diese Strategie in der Vergangenheit ebenfalls verfolgt, indem sie große Kriege führten. Mal abgesehen davon, dass das keine ernsthafte Option sein kann, hinkt die Analogie. Bakterien verdünnt man nämlich in frische Nährbrühe. Frische Ressourcen. Auf dem Planeten Erde gibt es die nicht, selbst wenn man grausame Kriege führt.

Finanzdinge sind nicht mein Metier. Ich weiß, dass man Geld braucht, um sein Leben zu finanzieren. Ich weiß auch, dass man mit mehr Geld mehr finanzieren kann. Aber darüber hinaus? Meine Frau wusste darüber mehr, und Emmeram sowieso. Eigentlich sollte ich froh darüber sein, dass beide aus meinem Leben verschwunden sind. Aber gewisse Dinge haften eben länger in der Erinnerung und verkleben die Seele.

Der Jüngling gegenüber starrt dauernd auf meine Thermotasche. Weiß nicht, warum. Was ist so merkwürdig daran, dass jemand Tiefkühlware in der Straßenbahn transportiert? Vielleicht kommt es ihm komisch vor, dass ich die Tüte auf meinem Schoß festhalte? Wenn ich mich so umsehe, macht das wirklich einen sonderbaren Eindruck. Alle anderen haben ihre Taschen um sich herum auf den Boden oder auf den freien Sitz neben sich gestellt. Aber was wissen die schon?

Lange fahre ich noch nicht Straßenbahn. Im Grunde genommen fällt es mir auch schwer. Ich bin nicht so der Typ, mit wildfremden Leuten zusammengepfercht in einem Massenverkehrsmittel zu reisen. Gar nicht mal wegen der Infektionsgefahr. Das wird ohnehin überschätzt. Mein Immunsystem ist gut gerüstet. Ich habe alle bekannten Kinderkrankheiten wie ein Mann ertragen; Windpocken hatte ich gar drei Mal. Nein, es ist eher so, dass mich die Kommunikation meiner Mitmenschen mehr und mehr entmutigt. Die Dinge, die sie in ihre Mobiltelefone sprechen. Die sie laut mit ihren Sitznachbarn diskutieren. Meistens geht es um Fernsehsendungen, Pauschalreisen, Sonderangebote, Autofinanzierungen, Computerspiele, Klingeltöne, Möglichkeiten zur Steuerhinterziehung und zum Versicherungsbetrug – und natürlich um die Makel von Nichtanwesenden. Mir drängt sich der Verdacht auf, dass der gesellschaftliche Geisteszustand zu Zeiten der Aufklärung seinen Höhepunkt erreicht hat und seitdem unaufhaltsam in die Trivialität abstürzt.

Endlich findet der Jüngling Ablenkung. Er telefoniert. Als ich noch ein Telefon hatte, habe ich es nie fertig gebracht, in Anwesenheit Dritter ein vertrauliches Telefonat zu führen. Vielleicht auch ein Grund, warum ich früher nie mit öffentlichen Verkehrsmitteln gereist bin.

Selbst als wir das schöne Haus in Grünwald noch besaßen, hatten meine Frau und ich getrennte Telefonanschlüsse. Ich finde, das gehört sich so. Da bin ich vielleicht altmodisch. Und genützt hat es ja auch nichts. Das Haus vermisse ich schon. Die Sonne im Garten, der satte Rasen und die Hängematte. Meine Frau mochte die Decksliege ja lieber, aber ich finde, es geht nichts über eine gemütliche Hängematte. Ich hatte sie ja auch mitgenommen, aber leider ist sie mir gestohlen worden. Obwohl sie schon ein paar Löcher aufwies, trauere ihr nach.

Noch drei Stationen. Das ist gut.

Hier in der Bahn ist es noch ein wenig wärmer als draußen. Langsam werden die Gemüsepackungen anfangen zu tauen. Wenn gefrorenes Gewebe langsam auftaut, ist das für die Zellen nicht ideal. Wasser ist so einfach aufgebaut und dennoch so komplex. Auch hier trifft zu, was Leonardo da Vinci erkannte: Einfachheit ist die höchste Form der Raffinesse. H_2O, zwei Wasserstoffatome und ein Sauerstoffatom. Die beiden Wasserstoffatome an den Seiten des Sauerstoffs so angeordnet, dass sie einen Winkel von 104,5 Grad bilden. Diesen Winkel besitzt nur das Wassermolekül. Einzigartig. Was wären wir ohne Wasser? Wir bestehen größtenteils daraus. 60 bis 70 Prozent. Ein normaler Mensch trägt gut 40 Kilo Wasser mit sich herum. Bemerkenswert. Und dennoch lösen wir uns nicht auf, wenn es regnet. Ich fand das schon immer erstaunlich.

Einfrieren und Auftauen ist kein einfacher Vorgang. Die Wassermoleküle bilden beim Einfrieren Kristalle, umso größer, je langsamer man die Temperatur senkt. Die Kristalle brauchen mehr Platz; Eis ist weniger dicht als flüssiges Wasser. Deshalb schwimmt es ja auch oben. Da es mehr Platz braucht, geht beim Einfrieren Gewebe kaputt, und da beim Auftauen das Gleiche umgekehrt passiert, wird der Schaden noch größer.

Hoffentlich hält die Bahn bald. Ich müsste die Packungen dringend umschichten. Mein Kühlgut soll nicht gefrieren, sondern nur kalt bleiben. Natürlich wäre der Transport in gefrorenem Zustand besser gewesen, aber dazu hätte ich das Ganze unter Hochdruck einfrieren müssen. Dann entsteht von den neun bekannten Modifikationen des Wassereises die Variante I nicht; und das ist die, die leichter ist als flüssiges Wasser. Unter Druck bilden sich viel, viel kleinere Kristalle, und bei zweitausendfachem Druck der Erdatmosphäre friert Wasser bei minus 20 Grad noch nicht mal. Dann schlagartig den Druck weg und man hat,

was man will. Aber woher sollte ich hier und heute einen Hoch-
druckgefrierer nehmen?

Endlich.

Richard-Strauß-Straße.

Erst mal hinaus aus der Tram.

Alles ist so bekannt. Wie Alltag. So oft war ich hier.

Die Kleingartenanlage liegt auch nicht weit weg. Da falle ich
mit meinem Gepäck nicht so sehr auf. Umräumen ist nötig. Jetzt
bin ich so nahe an Emmeram, da will ich mich keiner Unacht-
samkeit schuldig machen. Und ich meine medizinische Unacht-
samkeiten. Die sind zumeist prekär – und zwar unmittelbar. Bei
Finanzmenschen wie Emmeram Kilian gehen dafür ein paar
Milliarden Euro über den Hades. Sogleich stirbt niemand, aber
dafür leiden viele Schicksale. So wie meines. Insofern bin ich
nur einer unter vielen. Aber Emmeram war mein Freund, und
ich war berufen. Hier gehts ums Prinzip.

Zum Glück tickt die alte Taschenuhr in meiner Brusttasche
noch. Lange muss sie nicht mehr durchhalten. Die Zeit, die
sie zeigt, befriedigt mich. Ich liege sehr gut im Plan. In Kürze
wird es dämmern, der Abenddienst beginnt, all bereiten sich
auf die Nacht vor. Hoffentlich hat mein Besteck die letzten Tage
im Rucksack gut überstanden. Ohne präzise Instrumente kann
auch der begnadetste Operateur nicht glänzen. Und ich habe
geglänzt.

Es ist immer noch so ein schöner Tag. Mild und lauschig. Juli.
Den Mantel ziehe ich mal aus; ich brauche ihn nicht mehr, und
er riecht ohnehin sehr streng. Irgendwer wird ihn sich schon
nehmen, wenn ich ihn hier auf die Bank lege.

Nun ist es auch Zeit zu gehen, die letzten Schritte. Emmeram
wartet. Er hält sich in der zweiten Juliwoche immer in der Klinik auf. Kompletter Check, wie das so schön heißt. Ich weiß das,
weil ich ihm selbst dazu geraten hatte. Natürlich zahlte die Pri-
vatklinik einen kleinen Obolus an den empfehlenden Mediziner,
aber ich habe es nicht wegen des Geldes getan. Obwohl man mir
das unterstellte, als wir für die Herzklappen mehr berechnet

hatten, als sie kosteten. Ich will Fachfremden keinen Vorwurf machen. Die Mechanismen in einer Klinik zu durchschauen, die kostendeckend arbeiten muss, ist nicht einfach. Mit Geldschneiderei hat das allerdings überhaupt nichts zu tun. Die Patienten waren für die Therapien durchweg dankbar.

Wohlan denn. Ans Werk. Kennen Sie das Gefühl, einer Aufgabe gegenüberzustehen, die alleine so noch niemand gemeistert hat? So, als würde man alleine und ohne Sauerstoffflasche auf den Mount Everest steigen? Es fühlt sich ... ja ... erhebend an. Auserwählt.

Ein bisschen Glück braucht auch der Tüchtige – oder das passende Wissen. Die Tür am Lieferanteneingang. Unverschlossen wie immer. Der Geruch in der Nase. Ein tiefer Atemzug. Mein Reich.

Wie vorausschauend, dass ich den Ersatzschlüssel zum Ärztezimmer in Ehren gehalten habe. Als Erinnerung. Andere Leute tragen ein Medaillon an der Halskette, ich trage den Ersatzschlüssel. Memorabilia sind wichtig. Es stärkt das Selbstvertrauen, wenn die Erinnerung greifbar ist. Vieles geht im Gehirn verloren; ein Schlüssel an einer Halskette nicht.

Der Kollege Grothorst hat immer noch die gleiche Figur wie ich. Wir haben uns schon früher hin und wieder mit sauberer Operationskleidung ausgeholfen. Sie passt nach wie vor wie angegossen.

Selbst sein Passwort hat er nicht geändert, dieser Einfaltspinsel. Das macht vieles einfacher. Ich brauche nicht auf einen meiner vielen Ausweichpläne zurückzugreifen. Wenn man Zeit genug hat, kann man sehr viel nachdenken. Wasserdichte Pläne erarbeiten. Das gehörte schon immer zu meinen Stärken. Es sind so viele Detailplanungen nötig, um eine komplizierte Operation erfolgreich durchzuführen. Vor Allem, wenn ein Team von Operateuren beteiligt ist, und wenn alle minutiös genau das Richtige tun müssen. Das war eine meiner Sternstunden: Diesem armen Mann den Arm eines Toten anzunähen, weil er seinen eigenen durch eine falsch funktionierende Kreissäge gleich unterhalb des T-Shirt-Ärmels abgetrennt hatte. Knochen, Blutgefäße, Nerven. Ein Meisterwerk. Vierzehn Spezialisten im Operationssaal.

Heute werde ich mich übertreffen. Keine Hilfe. Ganz alleine. Emmeram Maria Kilian, Bankier. Privatpatient. Zimmer 23.

Dachte mir, dass Emmeram auf seinem gewohnten Raum bestanden hatte. Hätte ich an seiner Stelle auch getan. Eher eine Suite als ein Zimmer. Der Preis ist entsprechend, aber Emmeram hat es ja. Immer noch. Im Gegensatz zu mir. Menschen, die viel Geld haben, vergessen ja leicht, was es bedeutet, wenn man keines hat. Wenn man immer nur die Hände aufhalten muss, damit einem ein Betuchter etwas hineinfallen lässt. Mit großzügiger Geste. Ohne echtes Mitgefühl.

Aber bald wird Emmeram wissen, wie es ist, mit Bettlerhänden zu leben. Zimmer 23. Das letzte vor dem Eingang zum OP-Bereich.

Mein Besteck hat die Tage im Rucksack offenbar heil überstanden. Es tut gut, wieder eine Spritze aufzuziehen, mit tausendfach geübter Handbewegung. Dinge, die man mit dem Herzen macht, verlernt man nicht.

Nun zur Kühltasche. Zwischen den Spinat- und Erbsenpackungen liegen die beiden Hände. Sehen noch recht zufriedenstellend aus, trotz der mangelhaften Transport- und Temperaturbedingungen. Die Schnittflächen machen noch einen guten Eindruck. Alles eine Frage des professionellen Abtrennens. Ich fühle, dass heute ein großer Tag sein wird.

Ein letzter Blick auf den Monitor mit den Patientendaten. Aber ... was ... ? Ich glaube, mir wird schwindelig. Vermutlich der Blutdruck. Das darf doch nicht sein! Welche Perfidie des Schicksals ist dies? Diagnose: Treppensturz. Beidseitiger Bruch der Unterarmknochen. Und dann haben diese Beutelschneider natürlich zum Teuersten gegriffen, was zurzeit zu haben ist. Karbonmanschetten. Die kriege ich mit meinem OP-Besteck nie und nimmer zersägt!

Erst mal tief durchatmen. Wenn ich die Manschetten nicht vom

Arm nehmen kann, dann kann ich Emmeram die Bankiershände nicht abnehmen, von der Transplantation ganz zu schweigen. Warum hat sich das Schicksal so gegen mich verschworen? Als ob die vergangenen Nackenschläge nicht schon genug gewesen wären! So eine Katastrophe. Was mache ich denn jetzt? Ich kann doch nicht einfach kehrt machen und so tun, als wäre nie etwas geschehen.

Bleib ruhig, Doktor Sandholz. Bleib ruhig, wie du immer ruhig geblieben bist in den schwierigen Situationen deines Lebens. Auch hier muss es eine Alternative geben. Ihr Bettlerhände, die Ihr so viel Erfahrung gesammelt habt beim Empfangen milder Gaben, Ihr habt diesen ganzen Weg nicht umsonst gemacht, losgelöst von Eurem Körper. Ihr werdet ein Zeichen setzen. Doch wo? Wo? Paarige Körperstrukturen, die ich entfernen und durch die Hände ersetzen könnte, gibt es nicht im Überfluss. Die Nieren, die Lungenflügel, die Testikel. Alles innen. Nicht sinnvoll. Es bleibt nur eine Alternative.

Ich benötige ein Stück Papier und einen Stift. Die Leute sollen verstehen, was hier heute Nacht passiert ist. Warum Emmeram nun Hände am Kopf trägt statt seiner Ohren. Und warum ich mit Emmerams Ohren in den Händen zerschmettert im Krankenhaushof liege.

Jetzt versuch, es so leserlich wie möglich zu schreiben: *Falls dir jemand mehr Gehirn austeilen will, du Verbrecher, gebe ich dir heute zwei bettelnde Hände, um es gleich an der richtigen Stelle entgegenzunehmen.*

Friedrich Ani

Killing Giesing III

EINS

Er wollte nicht mehr zuhören. Seit einer Stunde hörte er ihr zu, jetzt hatte er keine Lust mehr. Er wollte still dasitzen, im Kicker lesen und sonst nichts. Aber sie hörte nicht auf zu sprechen.

Er sagte: „Ich habs verstanden."

Sie sagte: „Scheint mir nicht so."

Er sagte: „Ich mach sowas nicht."

Sie sagte: „Niemand kommt zu Schaden und wir sind gerettet." Über diese Bemerkung dachte er eine Weile nach, dann schwappte ihre Stimme wieder über seine Gedanken. Er lehnte sich zurück und versuchte, sich an den Namen des Berliner Sponsors zu erinnern, der seit einer Woche seinen Verein, die Münchner Löwen, unterstützte. Er kam nicht drauf.

„Wenn du willst, erklär ich's dir nochmal", sagte Elisabeth Klier. „Aber eigentlich gibt's da nichts zu erklären." Sie trank einen Schluck Weißwein, stellte das Glas auf den Tresen, der als Küchenteiler fungierte, und wartete auf eine Antwort.

Am Anfang hatte der neunundfünzigjährige Gideon Klier geglaubt, seine Frau habe den ganzen Tag getrunken und zuviel ferngesehen. Bis ihm klar wurde, dass sie es ernst meinte, verging fast eine Stunde. Inzwischen, so schien ihm, war sie tatsächlich betrunken. „Aha", sagte er. Dann überlegte er, ob er noch ein alkoholfreies Bier trinken sollte. „Verstehe. Ja. Aha." Er entschied sich gegen das Bier. „Wir bedrohen sie. Womit nochmal?"

„Hörst du nicht zu? Mit einer Pistole. Wir haben eine Pistole."

„Wir haben keine Pistole", sagte Klier.

„Nicht wir persönlich." Elisabeth machte eine Pause, fuhr mit dem Zeigefinger über den Rand des Glases, und ihre Lippen zuckten, wie bei einem unauffälligen Lächeln. Das gefiel Klier nicht.

„Wer dann?", sagte er.

„Manuel."

Sofort fragte er sich, ob er den Namen bisher überhört hatte. Er wusste es nicht. Er bezweifelte es, aber er war sich nicht sicher. Er wollte seine Ruhe. Er wollte ins Wohnzimmer gehen und im Kicker lesen und sonst nichts. Morgen mittag würde er noch eine Fahrstunde geben, dann war Pause bis dritten Januar. Was das nächste Jahr bringen würde, lag im Dunkeln. Aber er würde sich nicht kleinkriegen lassen, er würde seine Schulden abbezahlen, trotz aller finanziellen Probleme einen neuen Wagen anschaffen und vielleicht sogar das Büro streichen lassen. Seine Fahrschule hatte immer noch einen Namen in der Stadt, auch wenn er die Filialen in den anderen Stadtteilen hatte schließen müssen und nur noch eine in Giesing besaß. Fahrschule Klier.

Scheiß auf das alte Jahr, dachte er, in elf Tagen beginnt ein neues.

„Es wär gescheiter, du würdst mir zuhören." Elisabeth Klier schenkte sich ein neues Glas ein und prostete ihm zu, was er abseitig fand.

Aber er sagte: „Zum Wohl, Lise. Was hat Manuel damit zu tun?"

„Wo bist du denn mit deinen Gedanken? Ich hab ihn engagiert."

Kliers Unterkiefer klappte nach unten, er starrte seine Frau mit einem Gesichtsausdruck an, der Lise irgendwie behämmert vorkam. „Guck doch nicht so blöde", sagte sie.

Er schloss den Mund und schüttelte den Kopf. Allmählich nahm der Plan, von dem Lise ihm erzählte, Konturen an, endlich begriff er, wovon sie redete und welche Konsequenzen ihnen damit drohten. Das, was sie vorhatte, könnte eine Lösung sein, dachte er plötzlich. Dann fielen ihm gleichzeitig eine Menge anderer Dinge ein, die er nicht zu Ende denken konnte, weil die eindringliche Stimme seiner Frau ihn zum Zuhören zwang.

158

„Wir sind morgen abend bei den beiden eingeladen, das weißt du", sagte sie.

Er hatte nicht mehr daran gedacht. Er wollte da nicht hingehen, wozu denn? Sie waren bloß Publikum, Paul erzählte von der bevorstehenden Reise und seinem Restaurant und seinem Auto, das er „Das Mobil" nannte, Anita servierte das Essen und den Wein und behandelte ihre Gäste wie Kinder.

„Ich weiß", sagte Klier.

„Wir gehen hin, sitzen eine Stunde rum, dann klingelt's, Paul geht zur Tür, öffnet, und Schlagzu."

„Schlagzu? Was heißt Schlagzu?"

„Nur so ein Ausdruck von Manuel." Lise trank und schwenkte das Glas. „Ich hab ihm von meiner Idee erzählt, er kennt sich aus, er war fünf Jahre im Gefängnis…"

„Drei."

„Er kennt sich aus. Er hat zwei Waffen, zwei Pistolen. Oder Revolver, ich weiß nicht. Für den Notfall. Wir teilen durch drei, ich mein, durch zwei natürlich. Manuel kriegt die Hälfte. Das ist gerecht."

„Von welchem Geld?", sagte Klier. Seine Mietschulden für die ehemaligen Räume in Schwabing, Neuhausen und Riem und die Fahrzeuge, die er hatte abgeben müssen, beliefen sich auf rund hunderttausend Euro, eine Summe, über die er mit seiner Bank seit Monaten verhandelte. Und weil er ein langjähriger, solider Kunde bei der Stadtsparkasse war, rechnete er nicht mit einer totalen Absage für einen Kredit. Die Zeiten waren hart, auch wenn die Sparkassen von der globalen Misere weniger gebeutelt wurden als andere Geldinstitute.

„Pauls Geld!", sagte Lise laut, trank, sah ihren Mann grimmig an, trank noch einmal.

Damit hatte Paul Severin immer wieder geprahlt: dass er nicht so krank sei, sein ganzes Geld auf einer Bank zu deponieren. Jeder Geschäftsmann, sagte er, brauche Spielgeld für den Notfall, und sein Spielgeld lagere in einem Safe bei ihm zu Hause, rund eine Viertelmillion. Unter Freunden dürfe man das sagen.

Unter Freunden.

Früher, als sie gemeinsam in den Süden gefahren waren, jedes Ehepaar im eigenen Wohnmobil, waren sie Freunde gewesen, Männer auf der gleichen Ebene, gut verdienende unauffällige Geschäftsleute, die im Urlaub kein Wort über ihre finanzielle Situation verloren, wozu denn? Sie waren da, sie luden Leute zum Essen ein, sie führten ihre Frauen aus, sie zahlten Steuern und holten sie sich zurück, wie alle, mit denen sie verkehrten.

Seit zwei Jahren nicht mehr.

Klier hatte nicht nur die Autos seiner Fahrschule und den Polo seiner Frau verkaufen müssen, sondern auch seinen weißen Carthago. Steuern bekam er schon lange keine mehr zurück, im Gegenteil. Mit seinem geheimen Konto in Österreich hatte er einen Teil seiner Steuerschulden in Deutschland beglichen. Eine einzige Überweisung war ihm zum Verhängnis geworden.

Trotzdem wollte er in Ruhe Weihnachten verbringen und sonst nichts.

„Wir spielen die Geiseln", sagte Lise. „Manuel räumt den Tresor aus, dann nimmt er uns als Geiseln mit."

„Alle beide?", sagte Klier, als habe er intensiv über den Ablauf des Überfalls nachgedacht.

Lise zögerte. „Ja." Anscheinend brachte sie die Bemerkung aus dem Konzept. „Wahrscheinlich. Damit es überzeugender wirkt. Aber vielleicht hast du Recht, vielleicht sollte Manuel nur eine Geisel mitnehmen."

„Und wen von uns?"

Nachdem sie eine Zeitlang ihr Glas betrachtet hatte, sagte Lise: „Mich am besten. Weil ich eine Frau bin. Geiselnehmer denken immer, dass Frauen die besseren Geiseln sind."

„Woher weißt du, was Geiselnehmer denken?", sagte Klier.

„Was hältst du von dem Plan?"

Er hielt nichts davon. „Interessant", sagte er. „Und Manuel macht mit?"

„Morgen Abend. Denen wird ihr Urlaub sauber vergehen. Und wir sind unsere Schulden los. Komm, trink ein Glas mit mir.

Willst du ein Bier?"

Er trank ein Bier mit ihr, dann küssten sie sich, und weil er den speziellen Blick seiner Frau kannte, zog er sie aus und schlief mit ihr vor dem Tresen. Danach saßen sie schweigend vor dem Fernseher. Klier dachte an das Geld, mit dem er sein Geschäft wieder in Schwung bringen könnte, Elisabeth dachte an Manuel, mit dem sie ihr Leben wieder in Schwung bringen wollte.

ZWEI

Der siebenschüssige Smith & Wesson war die Hauptwaffe. Sollte sie nicht genügen, würde Manuel Gebhard die Pardini zum Einsatz bringen, eine großkalibrige Sportpistole, die er einem ehemaligen Knastkumpel für sechshundert Euro abgekauft hatte. Im Magazin lagen dreizehn Patronen, das musste genügen.

Für den sechsunddreißigjährigen ehemaligen Immobilienmakler war der Überfall am Hans-Mielich-Platz, fünf Minuten von seiner Wohnung entfernt, der Startschuss für seinen Lauf zurück ins Leben. Nach vier öden Jahren auf der verschatteten Wartebank sehnte er sich nach dem einzig wahren Scheinwerfer, der Sonne. Er hatte zwei Freunde auf Mallorca, die wussten, wie man Geschäfte mit Häusern und Apartments betrieb, egal, welche Tricks die spanische Regierung sich noch einfallen ließ, um ausländische Investoren zu schikanieren. Mit diesen Freunden plante er seine Zukunft. Und in dieser Zukunft hatte Anita keinen Platz. Aber das wusste sie noch nicht und sie brauchte es auch nie zu erfahren.

Lange, mehr als zwei Jahre, hatte Manuel an dem Plan gebastelt, um ihn im richtigen Moment am richtigen Mann zu erproben, das heißt, an der richtigen Frau. Ein paar Andeutungen, und Lise schnappte nach dem Köder. Bei Anita dauerte es nicht länger. Vermutlich nahm er wegen der Unwägbarkeit der Situation zwischen den Frauen die zweite Waffe mit. Niemand konnte vorhersagen, was passierte, wenn klar wurde, dass er nicht mit

Lise, sondern mit Anita abhauen würde. In diesen Dingen, das hatte er schon mit zwanzig vollkommen begriffen, waren Frauen weniger berechenbar als ein Tsunami, für Frauen gab es keine Vorwarnsysteme, nirgendwo auf der Welt.

Paul Severin stellte keine Gefahr dar. Er wäre zu dem Zeitpunkt schon tot. Das hatte Anita so beschlossen.

Gideon und Lise Klier steckten zu tief mit drin. Wenn sie zur Polizei gingen, hätten sie ihre Fahrschule für alle Zeit gegen die Wand gefahren.

Endlich raus hier, dachte Manuel, raus aus dem versifften Schrotthaus, weg von der verpesteten Gegend.

Nach dem Zusammenbruch seines Maklerbüros und nachdem er seine Strafe wegen Urkundenfälschung und Steuerhinterziehung abgesessen hatte, war Manuel Gebhard in ein heruntergekommenes, zweistöckiges Haus in Untergiesing gezogen, das direkt neben einem Bahndamm lag. Fünfzig Meter hinter der Unterführung betrieb sein ehemaliger Konkurrent Schneider ein florierendes Großraumbüro. Jedes Mal, wenn Gebhard an den Fenstern vorbeiging, spuckte er aus.

Eigentlich, dachte er, während er am Fenster stand und rauchte und den Eurocity nach Salzburg vorbeirasen hörte, sollte er Schneider ebenfalls aus der Welt schaffen.

„Ich vergebe dir", sagte Manuel zur schmutzgrauen Gardine und beschloss, zur Feier des Tages seine Waffen zu reinigen.

DREI

„Ich ertrag das nicht mehr", sagte Paul Severin zu seiner Frau. „Diese graublauen Bezüge sehen aus wie bei der Bundesbahn. Und sie kratzen, das hab ich dir von Anfang an gesagt, die kratzen mir die Haut auf. Und dir auch." Er grinste sie an und tätschelte ihren Oberschenkel.

Sie saß neben ihm am gedeckten Tisch. Er trank Bier aus der Flasche und rieb sich die Hände. Er fühlte sich gut. „Der Prismo hat ausgedient. Im Winter macht er Probleme im Schnee, im Sommer überhitzt er sich. Weg mit dem. Ich will den großen Hymer, achtzwanzig lang, zweidreißig breit, das sind Maße. Und Fußbodenheizung haben wir auch. Die Ausstattung ist hell, modern, luftig, nicht so spießig wie beim Prismo. Ich versprechs dir, zum Lido fahren wir nächstes Jahr mit dem Hymer. Ich hab mich schon erkundigt, das klappt alles rechtzeitig mit der Lieferung."

„Aber der ist so teuer", sagte Anita Severin zu ihrem Mann.

„Ich krieg ihn für neunzig, hab schon verhandelt, sie nehmen den Prismo in Zahlung und verscherbeln ihn weiter. Du wirst begeistert sein, ich zeig dir Fotos im Urlaub, da hauts dich um."

Ihnen gegenüber am Tisch saßen Elisabeth und Gideon Klier und hörten zu. Jedesmal, bevor ihre Freunde in Urlaub fuhren – im Sommer für vier Wochen an den Lido di Jesolo, im Winter neuerdings nach Leutasch -, trafen sie sich zu einem „Restevertilgungsabend" in der Dachgeschosswohnung der Severins am Hans-Mielich-Platz. Im Erdgeschoss befand sich das „Severin", ein bayerisches Gasthaus, das bei jungen Leuten aus dem Viertel ebenso beliebt war wie bei älteren Besuchern, die aus der ganzen Stadt nach Untergiesing kamen. Da das Lokal keinen Biergarten hatte, sperrte Paul Severin jedes Jahr den gesamten August und zwei Wochen im September zu, außerdem – und das wusste inzwischen jeder Gast – vom 23. Dezember bis zum 5. Januar. In diesen Zeiten gönnte sich das Ehepaar einen Urlaub im Wohnmobil.

„So schauts aus", sagte Severin. Er meinte niemand und nichts Bestimmtes. Vom Wurstaufschnitt war nichts mehr übrig, das Käsebrett war leer, ein paar Gewürzgurken, eingelegte Zwiebeln und von Anita ordentlich geschälte, geputzte und geschnittene Karottenstangen lagen noch auf den Tellern, im Korb zwei Semmeln und zwei Scheiben Brot.

Zwei Stunden lang hatte Severin vom Geschäftsverlauf im Herbst erzählt, dann hatte er das Gespräch auf die von der Rezession bedrohte Lage auf dem „Mobil-Markt" gebracht, wobei

163

er meinte, Gideon solle froh sein, dass er mit all dem nichts mehr zu tun habe. Klier hörte zu und dachte an Vieles. Zwischendurch redeten seine Frau und Anita in leiserem Ton über Blumen und Kaufhäuser, sie stießen mit ihren Weingläsern an, und es sah aus, als würden sie sich mögen. „Pass auf, du kleckerst", sagte Anita mehrmals zu Elisabeth wie zu einem kleinen Mädchen.

„Dusche und Klo sind extra", sagte Paul Severin gerade, als es an der Tür klingelte. Er stand auf. „Das Mobil ist nicht zu groß, aber du hast trotzdem den Eindruck, in einem Zimmer zu sein und nicht in einer Kammer. Verstehst, was ich mein?"

„Ja", sagte Klier. Es war sein erstes Wort seit ungefähr einer halben Stunde, was außer ihm vermutlich niemandem aufgefallen war.

„Scheiße", sagte Severin an der Tür, mehr nicht.

Der Faustschlag zerschmetterte seine Nase. Er sackte zu Boden. Der maskierte Mann sperrte die Tür ab und schleifte den blutenden Severin ins Wohnzimmer. Die drei Personen am Tisch blieben wie erstarrt sitzen. Severin schnappte nach Luft. Der Maskierte, der eine schwarze Wollmütze mit Augen- und Mundschlitzen und schwarze Lederhandschuhe trug, sah sich um, ging zur Couch, nahm ein besticktes rotes Kissen. Dann zog er aus einer der Taschen seines abgewetzten grünen Parkas eine Pistole.

Als Severin anfing, über den Boden zu kriechen, prustend, mit blutüberströmtem Gesicht, versperrte der Maskierte ihm den Weg, und weil Severin sich an seine Beine klammerte, trat er ihm in den Nacken. Mit einem harten Geräusch schlug Severins Kopf auf dem Parkett auf.

„Die Nummer vom Tresor", sagte der Unbekannte.

Severin spuckte Blut. Der Maskierte kniete sich neben ihn. „Die Nummer vom Tresor will ich hören."

Aus Severins verzerrtem, verschmiertem Mund kam ein Krächzen.

Der Maskierte sprang auf, ging zum Tisch, richtete die Pistole auf Anitas Kopf. „Die Nummer vom Tresor."

„Weiß ich nicht", sagte Anita Severin. Sie zitterte am ganzen Körper. Ihre Finger bewegten sich unaufhörlich auf und ab, Speichel rann aus ihrem Mund und tropfte auf ihre blaue Bluse.

„Du weißt die Nummer nicht?"

Anita schüttelte den Kopf und hörte nicht mehr damit auf.

„Dein Mann hat dir die Nummer nicht verraten?"

Sie schüttelte den Kopf.

„Kein Vertrauen", sagte der Maskierte. Er versuchte, seine Stimme zu verstellen, aber Klier fand, dass es ihm nicht sehr gut
gelang. Manuel drückte den Lauf der Waffe gegen Anitas Stirn.

„Erinnere dich."

„Das … das tut weh." In ihren Augen standen Tränen.

„Die Nummer."

„Weiß ich doch nicht", flüsterte Anita.

Im nächsten Moment stand Manuel wieder vor Severin, der sich
mit den Armen abstützte und gurgelnde Laute von sich gab.

„Jetzt die Nummer, bitte", sagte Manuel und trat Severin zweimal auf die rechte Hand. Der Wirt schrie auf, verschluckte sich,
spuckte Blut, röchelte. „Bitte? Lauter! Sprich jetzt."

„Zwei … eins … null …" Severin sackte in sich zusammen. Manuel packte ihn an den Haaren und zog seinen Kopf hoch. „…
eins …neun … sechs…" Er japste wie ein Ertrinkender. Manuel wiederholte die Zahlen. „F …f …fünf." Aus Severins Augen
flossen Ströme von Tränen. Manuel ließ seinen Kopf los, der
wieder auf den Boden krachte.

„Das ist mein Geburtstag!", stieß Anita hervor. „Zweiter Oktober
neunzehn…"

„Wo?" sagte Manuel zu ihr.

„Was?" Verwirrt schaute sie ihn an.

„Wo ist der Tresor?"

Anita brauchte eine Weile für die Antwort. „Im Schlafzimmer",
sagte sie abwesend.

Manuel verschwand. Severin zuckte, hob den Arm, stieß einen
gepressten Schrei hervor, spuckte wieder aus, krümmte sich,

zappelte mit den Beinen. Dann kippte sein Körper zur Seite und zuckte noch ein paar Mal.

Mit dem Kissen in der einen und der Pistole in der anderen Hand kam Manuel aus dem Schlafzimmer zurück. „Alles da!" Er ging zu Severin, hielt das Kissen vor die Waffe, stutzte. Er betrachtete den leblosen Körper, bevor er seinen rechten Handschuh auszog und zwei Finger an Severins Hals legte. „Der ist hin. Herzinfarkt. Schau dir die verkrümmten Pratzen an. Der hat sich selber abgeschafft. So kanns gehen."

Im Aufstehen zog Manuel den Handschuh wieder an.

Ein Schweigen und ein unangenehmer Geruch breiteten sich aus.

Das Schweigen endete, der Geruch wurde stärker.

„Wieso hauen Sie nicht ab?", sagte Elisabeth Klier zur Überraschung ihres Mannes. „Sie haben doch alles…" Und mit ausgestrecktem Arm zeigte sie in Richtung Flur, wo das Schlafzimmer mit dem offenen Tresor war.

Mit einem Mal hörte Anita auf zu zittern. „Du kannst die Maske abnehmen", sagte sie zu Manuel.

Er riss sich die Mütze vom Kopf und strich sich angewidert übers Gesicht. „Ich erstick gleich. Wo ist mein Bier?"

Anita sah ihre beiden Freunde an. „Entschuldigung, dass wir euch mit reingezogen haben. Ich konnt das Abendessen nicht mehr absagen, und heut war genau der Moment, um die Sache durchzuziehen. Wenn ihr zur Polizei geht, bringt Manuel euch wahrscheinlich um."

„Ah…", sagte Elisabeth.

Klier war sich sicher, dass seine Frau etwas anderes sagen wollte, ein längeres Wort, einen dramatischen Satz.

„Der Plan war, Manuel nimmt mich als Geisel mit, vor euch als Zeugen…"

„Von uns Zeugen…"

Immerhin, dachte Klier, schaffte sie jetzt schon drei Worte.

„… Genau, vor euch Zeugen. Später lässt er mich frei und verschwindet. Und ich verlass meinen Mann und kehr zu ihm zurück, zu Manuel. Was ist los mit dir, Lise? Manchmal muss man halt Entscheidungen treffen, und manchmal verlangen solche Entscheidungen nach Blut."

Elisabeth Klier würgte an Worten, die nicht herauskommen wollten.

„Wir geben euch was ab", sagte Anita. „Zehntausend sind leicht drin. Ist doch selbstverständlich."

„Du bist eine Schlampe", sagte Elisabeth, obwohl sie etwas ganz anderes sagen wollte.

„Und du wirst immer eine Verliererin bleiben", sagte Anita und lächelte Manuel an, dem der Schweiß über die Wangen lief.

Und du wirst immer eine Verliererin bleiben.

Noch oft musste Giseon Klier später an die letzten Worte der Frau seines ehemals besten Freundes denken.

VIER

Sie hatte den Willen. Sie hatte ein Motiv. Sie hatte die Gelegenheit. Sie war zur richtigen Zeit am richtigen Ort. Dachgeschoss, Hans-Mielich-Platz, Ecke Kühbacher Straße, Sonntag, 22. Dezember, dreiundzwanzig Uhr zwölf. Das Käsemesser mit der geschwungenen Doppelspitzklinge lag direkt vor ihr auf dem Teller. Sie griff danach, beugte sich vor und stach über den Tisch in Anitas Hals. Die vierundvierzigjährige Wirtin kippte mit dem Stuhl um, zappelte wie ihr Mann eine Zeitlang mit den Beinen und starb.

„Aus einer Eingebung heraus", sagte Gideon Klier noch in derselben Nacht zu seiner Frau, sei er daraufhin aufgesprungen, habe dem verdutzt glotzenden Manuel Kissen und Pistole aus der Hand gerissen, das Kissen auf sein Gesicht gedrückt – „warum, weiß ich nicht" – und ihm ins Herz geschossen. Nie zuvor hatte Gideon Klier eine Schusswaffe in der Hand gehalten. Nach dem Schuss hatte er sie sofort fallen lassen, vor Schreck über den lauten Knall.

Während Elisabeth den Tisch abräumte, das Geschirr spülte und die prallgefüllten Müllbeutel verknotete, holte Gideon das Geld aus dem Tresor, verschloss die Tür und wartete im Wohnzimmer, bis seine Frau in der Küche fertig war. Die drei Leichen, dachte er, würden der Polizei einige Rätsel aufgeben. Er betrachtete seine rechte Hand. Kein Abdruck einer Pistole, keine Spuren eines Schusses. Oder doch? Er stellte die weiße Plastiktüte mit den Geldscheinen auf den Boden und verglich die rechte Hand mit der linken. Kein Unterschied. Er nahm den Beutel und ging zur Wohnungstür.

„Komm endlich", sagte er.

„Ich komme", sagte seine Frau.

Sie horchten an der Tür, dann verließen sie die Wohnung. Unterwegs warfen sie die Mülltüten in einen Container. Sie gingen nach Hause, über die Pilgersheimer Straße, den Giesinger Berg hinauf zur Raintaler Straße, wo sie zur Miete wohnten. Ihre Eigentumswohnung in der Schwabinger Hohenzollernstraße hatten sie verkaufen müssen. Gideon Klier hatte immer noch nicht begriffen, welche Fehler er eigentlich begangen hatte, dass sein Leben derart zerbröselt war.

Am Heiligen Abend aßen sie Ente mit Blaukraut und Kartoffelknödel, das hatte Klier sich gewünscht. Die Tage vergingen in Stille. Über die Feiertage ruhten die Turbulenzen bei 1860 München, der Sponsor, eine Berliner Versicherung, schien noch nicht abgesprungen zu sein. Das wunderte Klier ein wenig, denn normalerweise zogen die Interessenten ihr Angebot in dem Moment zurück, wenn sie Einblick in die wahren Bilanzen des Vereins bekamen und ihnen das Ausmaß der Schulden bewusst wurde.

Elisabeth kümmerte sich um die Lichterkette und den Weihnachtsschmuck auf dem Balkon und hatte nichts dagegen, wenn ihr Mann mit ihr schlafen wollte.

„Dein Lover hat dich verarscht", sagte Klier an Silvester. Bisher hatten sie über das Thema nicht gesprochen, jener Abend war in ihren seltenen Gesprächen tabu. Die weiße Plastiktüte stand in der Abstellkammer hinter dem Regal mit den Konserven und den Putzmitteln.

„Er war nicht mein Lover", sagte Elisabeth.

„Du wolltest mit ihm abhauen."

„Wollt ich nicht."

„Wolltst du nicht."

„Nein."

„Frohes neues Jahr", sagte Gideon Klier. Sie stießen mit den Sektgläsern an und schauten zum Himmel, an dem Feuerwerke explodierten. Aus Silvester hatten sie sich noch nie viel gemacht, das war eine große Gemeinsamkeit zwischen ihnen. Wie ihre Spaziergänge an oberbayerischen Seen. Sie genossen die Landluft, kehrten in einem Gasthaus ein, redeten wenig und fuhren jedes Mal vor Einbruch der Dunkelheit nach München zurück.

Am Walchensee waren sie schon mindestens zehn Mal gewesen. Im Sommer beobachteten sie die Surfer auf dem grünen See zwischen den dunklen Hängen, im Winter schätzten sie die Einsamkeit.

Am 6. Januar, Heiligdreikönig, verließen sie gegen Mittag das Polizeipräsidium in der Ettstraße. Vier Stunden hatten die Kripobeamten sie vernommen, und sie hatten ihnen jede Frage ausführlich beantwortet. Im Grunde, sagte Klier, hätten er und seine Frau sich schon gewundert, warum sie diesmal nicht zum Essen eingeladen worden seien, da sie ja wussten, dass ihre Freunde verreisen würden, wie jedes Jahr.

Solche Sachen.

Der Geruch aus dem Dachgeschoss hatte die Nachbarn aufmerksam gemacht. Jeder hatte geglaubt, die Severins wären in Österreich. Dabei stand ihr Wohnmobil in der Garage, die sie extra für den großen Wagen hatten bauen lassen.

„Klo und Dusche sind getrennt", sagte Klier auf dem Nachhauseweg.

„Bitte?", sagte seine Frau.

„In dem Neunzigtausend-Luxus-Liner."

„Glaubst du, sie verdächtigen uns?", sagte Elisabeth.

„Nein."

„Bist du sicher?"

„Ja."

„Wieso?"

„Die haben keine Ahnung, die suchen nach kaltblütigen Mördern, nicht nach Leuten wie uns."

„Wir sind kaltblütig", sagte Elisabeth.

Auch an diesen Satz musste Klier später oft denken, wenn er zu Hause in seiner Dreizimmer-Wohnung in der Raintalerstraße in Obergiesing saß und das gerahmte Foto seiner Frau betrachtete. Niemand wusste, wohin sie verschwunden war. Er hatte sie als vermisst gemeldet, doch die Polizei fand keine Spur. Sie misstrauten ihm, von Anfang an, deswegen durfte er auf keinen Fall wieder zum Walchensee fahren. Das war ein tiefer See voller Strudel. Im Frühling wäre er gern noch einmal dort gewesen, wegen der Schönheit der Natur, der grünen Farbe des Wassers, der Stille und des vertrauten Gasthauses am See.

„Du hast mich zu einem Verbrecher gemacht", sagte er zum Foto seiner Frau. „Also habe ich mich bemüht, einer zu sein."

Jeden Montag und jeden Donnerstag kaufte er den neuen Kicker und las jede Zeile darin. Nach und nach deprimierte ihn die Wohnung immer weniger.

FÜNF

Den Stadtteil verließ er nur noch während des Fahrunterrichts. Das hätte er nie für möglich gehalten. Er war in Neuhausen auf die Welt gekommen, seine Schuljahre verbrachte er im Lehel, dann hatte er sich eine Wohnung in Schwabing gekauft. Jetzt empfand er eine Art Zugehörigkeit zu dem Viertel, in das er ursprünglich nur notgedrungen gezogen war. Eine Erklärung dafür hatte er nicht. Manchmal trank er Bier im Augustiner-Stüberl auf der Tegernseer Landstraße, manchmal ging er türkisch, manchmal italienisch, manchmal tschechisch, manchmal griechisch essen. Abende jedoch, die er für wichtig oder auf eine eigentümliche Weise für besonders hielt, verbrachte er ausschließlich im Schinkenpeter in der Perlacherstraße. Im Sommer saß er unter den Kastanien im Biergarten, bei schlechtem Wetter an einem Tisch in der Nähe der Theke, immer allein, immer mit einer Ausgabe des Kicker oder einer Boulevardzeitung.

Am 22. Dezember, ein Jahr nach seinem letzten Besuch bei den Severins, entschied er sich für eines der riesigen, üppig belegten Brote, für die dieses Lokal, das früher Gastwirtschaft zum Walchensee hieß, bekannt war. Brot Nummer 3: Italienischer Parmaschinken, Emsländer Katenschinken, Südtiroler Bauernschinken, feine Kalbsleberwurst. Dazu bestellte er ein Schälchen Sahnemeerrettich, der mit duftender Kresse garniert war. Als der Kellner das ovale Holzbrett brachte, legte Klier die Zeitung beiseite, nahm bedächtig das Besteck und die rote Papierserviette vom Teller und schnitt ein Stück Brot ab. Er zögerte, bevor er es in den Mund steckte. Der Schinken roch würzig, das Brot war nicht zu dick geschnitten, die Butter dünn aufgetragen, obenauf lag ein großes Blatt vom Rollo Rosso mit zwei Peperoni, einem Tomatenstück und einer saftigen, sorgfältig eingekerbten Gurke.

Gideon Klier war glücklich. Er dachte sogar darüber nach, ob er sich nicht doch wieder ein Mobil kaufen sollte.

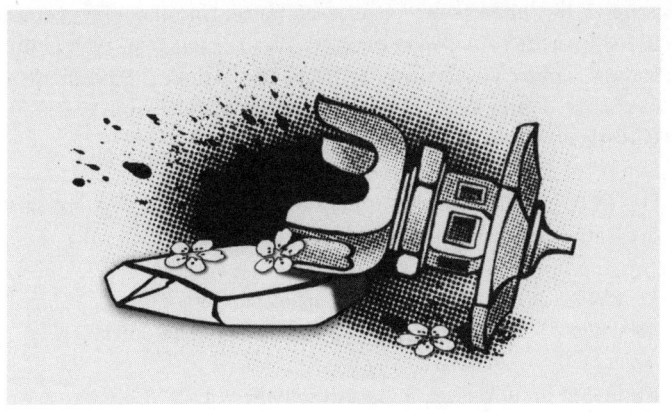

Angela Eßer

6 Uhr 23 – Guten Morgen, München

Willst du für eine Stunde glücklich sein,
so betrinke Dich.
Willst du für ein Jahr glücklich sein,
heirate.
Willst Du aber ein Leben lang glücklich sein,
so schaffe dir einen Garten.
Japanische Weisheit

Nicht Venedig. Nicht Paris oder Berlin. München.
Die Stadt hatte ihn magisch angezogen, schon als Kind. Vertraut. Kaum ein Tag verging, an dem er sich nicht daran erinnerte, wann er den Wunsch zum ersten Mal gespürt hatte, in dieser Stadt leben zu wollen. Zweiundsiebzig, Olympiade. Das Olympiadach. Diese imponierende Konstruktion, deren bloßer

Anblick ihn nicht mehr losgelassen hatte. Unumstößlich stand für ihn in diesem Augenblick gleichermaßen fest, was er in seinem Leben werden wollte: Gebäude-Erfinder, Baukünstler, Architekt. Werke erschaffen, die andere Menschen in Staunen versetzen sollten.

Seine Berufung.

Das Büro im Münchner Norden wurde sein Palast. Hier entstanden seine Lebensträume für Menschen.

Er schaute in das Dunkel des Schlafzimmers und hörte die ruhigen Atemzüge von Katja. Die letzte Nacht neben ihr. Kein Entrinnen.

Katja. Sie hatte dasselbe Gefühl gehabt wie er, dieselbe Liebe zu dieser Stadt. Auf dem zugefrorenen Nymphenburger Kanal hatte er sie stehen sehen, die Augen geschlossen. Sah, wie sie lächelte. Das Schloss, den strahlend blauen Himmel, die wohlige Kälte. Er hatte sich neben sie gestellt, die Augen ebenfalls geschlossen und mit ihr zusammen eingeatmet, bis sie ihn anschaute. Keine Stadt riecht besser, hatte sie zu ihm gesagt.

Viele Städte strömen einen unerträglichen Gestank aus, bei anderen bemerkt man kaum etwas, weder Wärme noch Kälte, weder Freude noch Stolz. Wieder andere kommen über den Geruch von Beton nicht hinaus. Einige verströmen pure Arroganz, manche den beginnenden Verfall und etliche den Mief der Mittelmäßigkeit.

München ist anders. München hat einen unvergleichlichen Geruch. Vor allem im Frühling, den er schon Tage vorher wahrnehmen konnte, so wie alle, die mit dieser Stadt verschmolzen waren. Nichts hatte ihn an solchen Tagen daran hindern können, frühmorgens über den Viktualienmarkt zu gehen und die Ankunft dieser Jahreszeit auf den Gesichtern der Marketender zu sehen. Endlich die lang ersehnte Wärme, die alle tief inhalierten, den Schal noch um den Hals geschlungen. Die vertrauten Höhlen verlassen wie nach einem langen, erholsamen Winterschlaf.

Immer noch träge, aber mit der satten Gewissheit, dass neue und doch altbekannte Düfte die Geister beleben werden. Würzige Käsesorten, frische Kräuter, glänzend poliertes Obst. An den Ständen vorbeischlendern, unbekannte Menschen wissend anlächeln und an einem eilig vors Café herausgezogenen Stuhl Platz nehmen. Für kurze Zeit Ruhe und Geborgenheit tanken.

Lautlos stand er auf und öffnete das Fenster. Katjas Duft vermischte sich mit der hereinströmenden Luft dieser Stadt. Eine letzte Atempause.

Menschen konnte man entweder riechen oder nicht. Genau wie Städte. München war für ihn einzigartig, das Zuhause seines Lebens, dieses unverwechselbare liebenswerte Millionendorf. Nach der Lebendigkeit eines Sommertages, die Lindwurmstraße hinauffahren bis zum Sendlingertorplatz. Einatmen. Die satte Schwüle vermischt mit den ersten Anzeichen der Nacht. Dämmerung, kühle Luftwellen, Stadtlichter. Musik, die aus den Autos auf die Straße dringt. Lachen auf den Bürgersteigen. Dampf, der aus den Poren des Asphalts steigt. Sonnenstraße, Stachus, Lenbachplatz und dann der Wittelsbacher Brunnen. In Stein gemeißelte Oase inmitten dieser Stadt. Wasser in warmes, hell glänzendes Gelb getaucht. Freude und Ehrfurcht. Königsplatz, Luisenstraße, Bahnhof. Menschen beobachten. Auf den Stufen sitzen, eine Zigarette rauchen, die neue Zeitung durchblättern. Der Nachtzug nach Rom.
Sein Stadt-Garten.
Immerwährendes Staunen, kostbare Gewohnheit, ein täglicher Rausch. Und mittendrin: er, Katja, Elly, Marie, Ben und sein Garten. Lange hatte er gebraucht, bis alles seiner Vorstellung von Perfektion entsprach. Die kleine Holzbrücke über den Wasserzufluss zum Teich, die ausgesuchten Findlinge im Steingarten, die sorgfältig zurechtgeschnittenen Bäume und Büsche. Alles brauchte seine Fürsorge, seinen Zuschnitt, sonst würden sie nicht mehr in tiefer Ordnung sein. Kiefern, Zedern, Bambus.

Sein Lebens-Garten.

In der Küche bereitete er sich einen grünen Tee zu und schaute in seinen Garten, der noch im Dunkeln lag. Der Moment für das Rechen des Weges war gekommen, die kleinen weißen Steine sollten mit der Morgendämmerung in einem meisterhaften Bogen den neuen Tag empfangen.

Das Ganze vollständig in Ruhe und im Fluss.

Er dachte an das Messer, das in der Küchenschublade lag. Das japanische Küchenmesser, das sie letztes Jahr zu Weihnachten geschenkt bekommen hatten. Alles ein für alle Mal regeln, in Reine bringen, wieder Ordnung herstellen.

Die Frist war abgelaufen, heute war Zahltag. Unabänderlich.

Er ging in den Garten, kniete sich auf den großen rechteckigen Stein und versuchte sich zu entspannen und zu meditieren, den Morgen zu begrüßen. Bis hierhin war er gekommen, sein Traum lebendig geworden. Endlich in der höchsten Liga mitspielen. Alles war gut gegangen, bis jetzt. Bis zum Crash an der Börse. Einem Tipp war er gefolgt, wider besseres Wissen. Er war ins Bodenlose gerutscht, konnte nun nichts mehr aufhalten. Das Projekt am Bahnhof eine leer stehende Ruine, ein Fass ohne Boden. Die doppelte Hypothek auf das Haus, der hohe Baukredit. Er hatte sich übernommen. Sämtliche Träume geplatzt, verspekuliert in jeder Hinsicht, erfolglos versucht zu retten. Alles verloren, genauso wie das Geld seiner Mutter.

Katja hatte nichts bemerkt. Beschäftigt mit den Kindern, dem Haus, dem Garten. War immer ohne jegliche Sorgen eingeschlafen. Sie hatte seinen Bankrott nicht entdeckt, nichts mitbekommen.

Er dachte daran, wie sie lachend vor ihm gestanden hatte, mit Elly an der Hand. Die Scheckkarte sei wohl kaputt, der Bankautomat hatte sie einfach eingezogen. Leider hätte sie das das mit der Bank nicht mehr regeln können, es war ja Samstag gewesen. Er würde das erledigen, hatte er ihr geantwortet, gleich am

Montag würde er sich darum kümmern. Montag, der Tag, an dem alle sein Versagen in der Zeitung lesen würden.

Niemand würde sein Glück zerstören. Niemand sollte ihn verhöhnen können. Niemand mit den Fingern auf ihn zeigen.

Es war an der Zeit.

Er hörte Elly in ihrem Zimmer brabbeln. Sie war wach geworden, vielleicht schlecht geträumt. Er musste zu ihr gehen, die anderen sollten weiterschlafen können.

Elly stand schon mit der Puppe im Arm in der Küche, als er wieder ins Haus kam. Er nahm sie auf den Arm und kniff sie in die Nase. Zusammen tranken sie heiße Milch, Elly aus ihrer Lieblingstasse. Sie gingen in ihr Zimmer, spielten Vater-Mutter-Kind und Elly lachte. Sie kugelten auf dem Boden herum, bauten ein Zauberschloss. Ein großes Bild wollte sie anschließend noch malen, von dem schönen Garten, den sie hatten. Niemanden, den sie kannte, hatte so einen, auch der Kindergarten nicht. Da gab es noch nicht einmal einen Teich. Sie gähnte, rieb sich die Augen und wurde langsam wieder schläfrig.

Er sang ihr Lieder vor, wiegte sie noch ein wenig im Arm, bis sie eingeschlafen war, und legte sie vorsichtig in das Kinderbett. Er schaute sie an. Ein zufriedener kleiner Engel. Ein Münchner Kindl. Voller Unschuld. Und so sollte es auch sein und bleiben. Er lächelte sie voller Liebe an, nahm das Kopfkissen und schüttelte es auf. Dann drückte es lange auf ihr Gesicht. Sie würde glücklich schlafen – für immer.

Leise verließ er das Zimmer und ging auf Zehenspitzen den Flur entlang, obwohl er wusste, dass ihn niemand hören würde. Die wenigen Tabletten hatten ihre Wirkung getan. Alle schliefen tief und fest. Nur Elly hatte gestern Abend ihren Saft nicht mehr getrunken, deshalb war sie auch wach geworden. Aber die anderen schliefen. Er hielt kurz inne und atmete durch, ging in das Zimmer von Ben, danach in das von Marie. Auch sie würden ab jetzt für immer schlafen. Für immer ohne jeglichen Makel.

Er musste sich beeilen, sonst würde er seine Aufgabe nicht mehr erfüllen können. Nicht rechtzeitig genug. Heute war Montag. Alles vorbei. Zwangsräumung.

Als die ersten Sonnenstrahlen sich gerade durch die Wolkendecke kämpften, holte er das Messer aus der Schublade. Symbol tiefer Verbundenheit, aber auch der Trennung. Endgültig. Liebe und Schmerz.

Behutsam strich er Katjas dunkle Locken aus ihrem Gesicht, sah, wie schön sie war. Nein, sie würden nicht mehr zusammen am Kanal stehen, den Schnee und das Eis einatmen. Vielleicht woanders, irgendwann, irgendwo in einer anderen, unendlichen Weite. Er schloss die Augen und sog tief Katjas Duft ein. Ein letztes Mal. Vorsichtig streichelte er ihre Wange, fuhr mit der Hand über ihren Hals hinunter zum Rücken, fühlte die einzelnen Rippen. Das Messer lag warm in seiner Hand. Langsam, fast behutsam stach er zu, das Blut floss über das Messer, seine Hände und tränkte das weiße Laken. Weiß und rot, dachte er, ein vollkommenes Gemälde, vollendet. Rot für Mut, Offenheit und Leidenschaft. Weiß für die Rechtschaffenheit, Aufrichtigkeit und Reinheit.

Er setzte sich auf den kleinen Hocker neben dem Bett und nahm Abschied. Sah zu, wie sich das Blut auf dem Laken langsam ausbreitete, der rote Kreis immer größer wurde. Nein, niemand, den er liebte, sollte die Schande erleben, kein Heim haben, in München ausgeschlossen sein.

Er ging wieder zurück in den Garten. Zur gleichen Zeit wie jeden Morgen, ein bisschen früher vielleicht und grüßte die vorbeifahrende Zeitungsausträgerin. Ihren Namen hatte er vergessen.

In der Einliegerwohnung brannte kein Licht. Es würde auch keines mehr angemacht werden. Zumindest heute nicht. Bei seiner Mutter, der er so viel schuldete, war er schon gestern Abend gewesen. Sie hatte ihr schönstes Kleid angehabt. Es hatte ihn gefreut. Die Augen hatte er ihr schließlich auch für immer geschlossen und den Rosenkranz ihrer Mutter in die gefalteten Hände gelegt. Sie hätte es sich so gewünscht.

Er stellte sich auf die Straße und nahm Abschied. Das Haus mitsamt Garten strahlten die gewohnte Ruhe aus. Friedvoll. Alles war geordnet.

Sie würden sich alle wieder sehen.

Im letzten Garten. Im Garten Eden.

Die Nachbarin winkte ihm zu wie jeden Morgen, er grüßte zurück und wechselte ein paar Worte mit ihr, die Hände in den Hosentaschen. Ja, heute würde ein schöner Tag werden. An seinen Beinen wurde es warm. Der Kater kam von seiner nächtlichen Streiftour zurück. Er streichelte ihn eine Weile und ging dann zum Auto. Mäxchen würde ein neues Zuhause finden in dieser Stadt, da war er sich sicher.

Er schaute auf seine Hände, die auf dem Lenkrad lagen. Blutverschmiert. Er legte den Rückwärtsgang ein, fuhr langsam aus der Garage und schaltete das Radio ein. Mit der Fernbedienung schloss er das Tor.

„Einen wunderschönen guten Morgen, München. Es ist 6 Uhr 23, und so wie es aussieht, wird das ein herrlich sonniger Tag …"

Er ließ das Fahrerfenster herunter und nahm die hereinströmende warme Morgenluft in sich auf. Wollte München noch einmal inhalieren. Englischer Garten, Westpark, Olympiapark. Aber alles war anders. Auf dem Petuelring fiel ihm der Name der Zeitungsausträgerin wieder ein. Gschwendtner. Ein schöner bayrischer Name, dachte er.

Dann drückte er das Gaspedal durch und lenkte das Auto auf die Gegenfahrbahn.

Zoe Beck

Draußen

Von: Gil Peters
An: Dr. Vera Mertens
Gesendet: Donnerstag, 11. Juni 09, 18:49 Uhr
Betreff: Unser Termin gestern

Liebe Frau Dr. Mertens,
ich hab nochmal über alles nachgedacht. Wie besprochen. An
meinem Standpunkt hat sich nichts geändert. Ich denke *nicht*,
dass jetzt ein guter Zeitpunkt wäre, die Tabletten abzusetzen,
und ich denke *ebenfalls nicht*, dass mir eine Therapiepause gut
täte.
Ich frage mich, wie Sie überhaupt dazu kommen, mir so etwas
vorzuschlagen. Falls Sie sich mit mir überfordert fühlen oder
den Eindruck haben, nicht kompetent genug zu sein, würde ich
Sie bitten, mich an einen Ihrer Kollegen zu empfehlen.
Ich wünsche Ihnen nun einen schönen Urlaub, und wir
telefonieren dann wieder wie verabredet am 8. Juli um 16 Uhr.
Mit freundlichen Grüßen,
Ihre G. Peters

Von: Dr. Vera Mertens
An: Gil Peters
Gesendet: Donnerstag, 11. Juni 09, 20:14 Uhr
Betreff: Re: Unser Termin gestern

Liebe Frau Peters,
haben Sie Dank für Ihre Nachricht, auf die ich vor meinem Urlaub noch kurz eingehen will: Die Therapie kann nur dann Fortschritte erzielen, wenn *Sie* mitarbeiten *wollen*. Da waren wir uns doch einig. Sie sagen, Sie hätten sich mit Ihrem Zustand abgefunden und weigern sich gleichzeitig, die Therapie zu beenden. Das sollten wir nach meinem Urlaub noch einmal in Ruhe besprechen.
Ein neues Rezept sende ich Ihnen zu. Ich bitte Sie dennoch, während meiner Abwesenheit darüber nachzudenken, wann wir die Medikamente – langsam und kontrolliert – absetzen und in welcher Weise wir therapeutisch weiter verfahren sollen.
Alles Gute für die kommenden drei Wochen.
Dr. Vera Mertens

Von: Gil Peters
An: Dr. Vera Mertens
Gesendet: Freitag, 12. Juni 09, 01:18 Uhr
Betreff: Re: Re: Unser Termin gestern

Liebe Frau Dr. Mertens,
ganz ehrlich, ich ärgere mich über das, was Sie mir schreiben. Ich *mache* Fortschritte! Und ich finde, der größte Fortschritt ist doch meine Erkenntnis, dass an mir nichts falsch ist. Ich meine, *Sie* sagen doch immer, dass es nicht Aufgabe der Therapie ist, etwas toll zu finden, wovor man Angst hat, sondern zu lernen, besser mit der Angst umzugehen. Und wenn eine Phobie einem den Alltag nicht versaut – warum muss man gegen sie vorgehen? Soll ich, mal ganz hypothetisch gesprochen, eine

Therapie gegen eine Nilpferdphobie machen, wenn ich in München wohne, wo es keine gibt, außer im Zoo? (Wenn ich nicht gerade als Tierpflegerin für die Nilpferde in Hellabrunn zuständig bin, ha, ha.)

Ich habe jetzt verstanden, dass es für mich keine Notwendigkeit mehr gibt, meine Wohnung zu verlassen. Am Anfang mag das noch ein Thema gewesen sein, aber mittlerweile haben sich die Gegebenheiten doch zu meinen Gunsten verändert: Ich muss nicht mal mehr zum Einkaufen aus dem Haus. Spitze! Meinen Job erledige ich online und verdiene sehr viel Geld damit (wovon *auch Sie* profitieren, das möchte ich an dieser Stelle nicht unerwähnt lassen), und über diverse Plattformen habe ich so viele Bekanntschaften geschlossen, das können Sie sich gar nicht vorstellen. Ginge ich nun aus dem Haus, würde ich einen großen Teil meiner wirklich gut bezahlten Arbeitszeit sinnlos verschleudern. *Kein Mensch muss heute noch das Haus verlassen!!!* Warum also soll ausgerechnet *ich* mich zwingen?

Wg. Tabletten: Ich schlafe sehr gut durch. Sollte ich mal vergessen, sie zu nehmen, schlafe ich sehr unruhig.

Wg. Therapie: Nur, weil ich mittlerweile die Symptome akzeptiere, ja sogar als Bereicherung meines Lebens betrachte, heißt es *nicht*, dass wir die Ursache so mir nichts, dir nichts übergehen können. Diesem Thema haben wir uns, wie ich finde, nicht eingehend genug gewidmet.

MfG

GP

Von: Dr. Vera Mertens
An: Gil Peters
Gesendet: Freitag, 12. Juni 09, 07:10 Uhr
Betreff: Re: Re: Re: Unser Termin gestern

Liebe Frau Peters,
nur ganz kurz, weil auf dem Weg zum Flieger: Wir sprachen anfangs fast *nur* über die Ursache, kamen aber nicht sehr weit. Dann sind wir *auf Ihren Wunsch* hin in die Verhaltenstherapie zur besseren Bewältigung Ihres Alltags gewechselt. Aber ja, machen wir dort weiter, wenn Sie sich nun dazu bereit fühlen.
Eilige Grüße, alles Gute!
Dr. Vera Mertens

Von: Gil Peters
An: Dr. Vera Mertens
Gesendet: Freitag, 12. Juni 09, 12:33 Uhr
Betreff: Re: Re: Re: Re: Unser Termin gestern

Ja, ja, schon gut, es lag an *mir*, okay. Jetzt haben wir das mit dem Alltag aber geklärt, also kann es endlich mit den wirklich wichtigen Dingen weitergehen.
Ich kann Ihnen gar nicht sagen, wie satt ich diese Diskutiererei gerade habe.
Schönen Urlaub.
GP

Liebe Frau Dr. Mertens,
es tut mir leid, dass ich Sie im Urlaub störe ... Hoffentlich lesen
Sie überhaupt Ihre Mails ... Es ist etwas passiert: Mein Haus
wird renoviert! Heute Morgen wurde es VOLLSTÄNDIG mit
einem Gerüst EINGEZÄUNT. Der Vermieter muss versäumt
haben, mich darüber in Kenntnis zu setzen. Ich traue mich jetzt
nicht mehr aus dem Schlafzimmer, weil es der einzige Raum mit
Jalousien ist, wer braucht schon Jalousien in einer Dachwohnung
... Sie wissen ja, wie ich wohne ... Blick nach Norden, Osten und
Süden ... Friedensengel und Isarauen ... Niemand kann in
meine Wohnung sehen ... Niemand kann mich sehen ... Aber
jetzt dieses GERÜST!
Schreiben Sie mir meinetwegen eine Extrarechnung, aber BITTE
melden Sie sich! Ich bin, wie Sie wissen, immer online. ES IST
DRINGEND!
GP

Guten Tag,
Sie bieten auf Ihrer Seite eine Notfallberatung an. Ich bin ein
Notfall: Man hat meine Wohnung mit einem Gerüst eingezäunt.
Umzingelt, könnte man auch sagen. Ich traue mich nicht mehr
aus dem Schlafzimmer (einziger Raum mit Jalousien). Was soll
ich machen? Bitte antworten Sie mir umgehend.
Gil Peters

Von: Gil Peters
An: info@agoraphobie.net
Gesendet: Montag, 15. Juni 09, 13:24
Betreff: N O T F A L L

Na toll, das klappt ja super bei Ihnen mit einer zeitnahen Beantwortung menschlicher Hilferufe!!!
Enttäuscht, GP

Von: info@agoraphobie.net
An: Gil Peters
Gesendet: Montag, 15. Juni 09, 14:30
Betreff: Re: NOTFALL

Lieber Herr Peters,
unsere Notfallberatung hilft Ihnen gerne mit Adressen in Ihrer Nähe weiter. Teilen Sie uns bitte Ihren Wohnort mit, damit wir Ihnen einen Ansprechpartner vor Ort nennen können.
Mit freundlichen Grüßen,
Ihr Agoraphobie-Team
PS: Kennen Sie schon unseren Online-Fragebogen? Erste-Hilfe-Tipps erhalten Sie direkt nach dem Ausfüllen!

Von: Gil Peters
An: info@agoraphobie.net
Gesendet: Montag, 15. Juni 09, 14:33
Betreff: Re: Re: NOTFALL

Ich bin eine FRAU! Und meine Ansprechpartnerin vor Ort ist im Urlaub! Ha, ha! Das hilft mir *wirklich* weiter.

Von: info@agoraphobie.net
An: Gil Peters
Gesendet: Montag, 15. Juni 09, 14:55
Betreff: Re: Re: Re: NOTFALL

Liebe FRAU Peters,
wir verstehen Ihre Not! Aber um Ihnen wirklich umfassend helfen zu können, geben Sie uns doch bitte ein paar weitere Informationen zu Ihrer Person:
- Seit wann leiden Sie an Agoraphobie?
- Wie ausgeprägt ist Ihre aktuelle Angst auf einer Skala von 1-10?
- Welche Symptome treten bei Ihnen auf?
- Was haben Sie bisher dagegen unternommen?
- Befinden Sie sich in therapeutischer Behandlung?
- Wenn ja, wie lange schon?
- Nehmen Sie Medikamente?
- Wenn ja, wie lange schon?
- Liegen andere psychische oder physische Beschwerden vor?
Schauen Sie sich doch auch mal unseren Online-Fragebogen auf unserer Internetseite an. Wenn Sie ihn ausgefüllt haben, erscheinen eigens auf Ihr Profil zugeschnittene Erste-Hilfe-Tipps.
Wir hoffen, Ihnen weitergeholfen zu haben.
Ihr Agoraphobie-Team
PS: Kennen Sie schon unseren Online-Fragebogen? Erste-Hilfe-Tipps erhalten Sie direkt nach dem Ausfüllen!

Von: Gil Peters
An: info@agoraphobie.net
Gesendet: Montag, 15. Juni 09, 15:00
Betreff: Re: Re: Re: Re: NOTFALL

Herrje, ich BIN in Behandlung, aber meine Therapeutin ist gerade im Urlaub, ich NEHME Tabletten, ich habe seit acht Jahren meine verdammte Wohnung nicht mehr verlassen, und das war auch GUT so, kein Mensch, der Internet hat, muss vor die Tür gehen, alles klappte wunderbar, bis heute dieses Scheißgerüst auftauchte!

Ich will nur wissen, was ich machen soll, damit ich aus meinem Schlafzimmer raus kann. Ich muss aufs Klo, ich will was essen, aber mit diesen Scheißgerüstbauern vorm Fenster KANN ICH NICHT aus dem Schlafzimmer!

Na gut, ich fülle ihren Scheißfragebogen aus.

Von: Gil Peters
An: info@agoraphobie.net
Gesendet: Montag, 15. Juni 09, 15:17
Betreff: Fragebogen

Der soll ja wohl ein Witz sein, Ihr Fragebogen. Für wen ist DER denn gedacht?! Sagen Sie doch gleich, dass Sie keine Ahnung haben. Beraten Sie von mir aus Hausfrauen mit Flugangst, aber bitte KEINE Agoraphobiker.

Von: Gil Peters
An: Franz-Xaver Müller-Schwiedens
Gesendet: Montag, 15. Juni 09, 15:42 Uhr
Betreff: Gerüst

Lieber Herr Müller-Schwiedens,
sehr zu meinem Erstaunen musste ich feststellen, dass heute ein Gerüst am Haus hochgezogen wurde. Dürfte ich Sie bitten, mir mitzuteilen, wie lange das Gerüst dort stehen wird und zu welchem Zweck? Wird häufig jemand vor meinen Fenstern auftauchen? Mir liegt doch sehr daran, über diese unangenehme Situation genauestens informiert zu sein.
Bitte antworten Sie mir so schnell wie möglich.
Mit freundlichen Grüßen,
Gil Peters, Dachgeschoss
PS: Ich habe bereits mehrfach versucht, Sie telefonisch zu erreichen.

Von: Franz-Xaver Müller-Schwiedens
An: Gil Peters
Gesendet: Montag, 15. Juni 09, 17:58 Uhr
Betreff: Re: Gerüst

Grüß Gott, Frau Peters,
ja, meine Sekretärin und meine Frau haben mir schon gesagt, dass Sie ein paar Mal angerufen haben. Also, ich hatte beim letzten Mietergrillen im Mai an der Isar allen gesagt, wann das Gerüst kommt. Tut mir leid, ich dachte, es hätte sich rumgesprochen. Außerdem gab's einen Aushang. :-)
Jedenfalls, das Gerüst steht ja nun seit heute, und es bleibt für etwa drei Wochen. Das Haus wird gestrichen, und die Fenster gleich mit, und dann gibt's noch ein paar Reparaturen am Dach, könnt also a bissl rumpeln, wenn Ihnen einer von den Herrn aufs Dach steigt! :-)

Ach ja, und wenn Sie dann bitte einfach Ihre Hausratsversicherung anrufen würden, die müssen das nur wissen, dass da ein Gerüst ist.

Schönen Tag noch, und wenn die Arbeiter Ihnen blöd kommen, melden Sie sich noch mal! Sind aber alles liebe Jungs. :-)

Ihr Franz-Xaver Müller-Schwiedens

PS: Bevor ich das vergesse: Meine Frau, die liest ja immer so gern Ihre Bücher, und jetzt ist doch schon wieder eins in der Bestsellerliste. Also wenn Sie da vielleicht mal wieder so ein signiertes Exemplar für uns hätten, das wär ganz toll! Mein Neffe, der lebt in den USA, der hat da sogar auch schon ein Buch von Ihnen gekauft, auf Englisch!

PPS: Meine Frau ist gerade am Telefon und sagt, ich soll Ihnen sagen, dass sie zwar weiß, wie viel Arbeit Sie haben, aber vielleicht können Sie's ja doch mal einrichten, dass Sie sich kennen lernen. Also meine Frau und Sie. Jetzt wohnen Sie ja schon seit acht Jahren bei uns, und irgendwie klappt das nie mit dem Treffen. Das ändern wir aber mal, ja? :-)

Von: Gil Peters
An: info@a-und-o-versicherungen.de
Gesendet: Montag, 15. Juni 09, 18:05 Uhr
Betreff: Hausratsversicherung, Kundennr. 4837204P

Sehr geehrte Damen und Herren,
meine Wohnung ist seit heute (Montag, 15.6.) von einem Gerüst umzingelt. Das Ganze soll drei Wochen dauern. Mein Vermieter sagt, ich soll Ihnen das mitteilen. Was er mir nicht gesagt hat, ist, ob es in so einem Fall Mietminderung geben kann, aber das wissen Sie wahrscheinlich nicht?

Mit freundlichen Grüßen,
Gil Peters

Liebe Frau Dr. Mertens,
offenbar hatten Sie heute noch keine Gelegenheit, in Ihre Mails
zu schauen. Sicher holen Sie das morgen nach. Es ist also nach
meinen Informationen jetzt so: Das Gerüst bleibt drei Wochen,
und sie wollen sogar am Dach arbeiten! Ich bin also nicht nur
seitlich, sondern auch von oben umzingelt! (Obwohl umzingelt
vielleicht nicht das technisch korrekte Wort ist.) Sie können sich
meine Verzweiflung vorstellen!
Ich mache nun Folgendes, bis Sie einen besseren Vorschlag
haben: Ich werde tagsüber schlafen und nachts wach sein. Ich
gehe einfach morgens um halb acht ins Bett, oder wann auch
immer diese Handwerker kommen. Dann schlafe ich, und bis
ich wieder wach bin, müssten die doch verschwunden sein?
Ich bin mir sicher, dass sich dadurch die Situation etwas
entschärft, auch wenn mir dieses Gerüst nach wie vor
unerträglich ist, ganz egal, ob jemand drauf rumrennt oder
nicht.
Ich hab auch schon überlegt, ob ich vielleicht die doppelte
Dosis nehmen soll? Nicht auf einmal, sondern die erste Tablette
wie üblich vorm Schlafengehen, und dann gleich nach dem
Aufwachen noch eine. Was meinen Sie?
Ach, und wenn Sie mir dann gleich noch einen Kollegen
empfehlen würden. Ich finde das sehr lästig, dass Sie im Urlaub
sind und Ihre Mails nicht beantworten.
MfG
GP

Von: Gil Peters
An: Dr. Stefan Brandt
Gesendet: Dienstag, 16. Juni 09, 03:51 Uhr
Betreff: Notfallpatientin aus der Praxis Dr. Mertens

Lieber Herr Dr. Brandt,
dem Anrufbeantworter der Praxis von Frau Dr. Mertens entnehme ich, dass Sie ihre Vertretung sind. Haben Sie Zugriff auf die Akten? Wenn nicht, könnten Sie das rasch einrichten? Es geht um Folgendes: Vor meiner Wohnung ist ein Gerüst, und ich kann das Schlafzimmer nicht mehr verlassen, außer nachts, um ins Bad zu gehen oder etwas aus der Küche zu holen, aber jedes Mal habe ich doch große Angst (refer to: *Krankheitsbild*). Dabei hatte ich mich ganz gut in alles eingefunden und war in den vergangenen Jahren sehr zufrieden mit meiner Situation. Mit einem Gerüst hab ich nicht gerechnet. Aber wer kommt auch auf sowas.
Wenn Sie meine Akte haben, melden Sie sich doch bitte so schnell es geht bei mir. Ich will nicht drei Wochen lang im Schlafzimmer sitzen müssen.
Vielen Dank.
Mit freundlichen Grüßen,
Gil Peters
PS: Ich bin natürlich Privatpatient*in*.

Von: Gil Peters
An: Dr. Stefan Brandt
Gesendet: Dienstag, 16. Juni 09, 14:22 Uhr
Betreff: Ihr Anruf

Lieber Herr Dr. Brandt,
danke für Ihren Anruf. Tut mir leid, ich war noch etwas verschlafen, und rückblickend denke ich, dass ich wohl über-reagiert habe. Einfach aufzulegen ist sonst nicht meine Art.

Fakt ist, dass ich selbstverständlich weiß, wie wichtig es ist, die Ursache für meine Agoraphobie anzugehen. Die von Ihnen vorgeschlagene Realitätskonfrontation ist sicher ein interessanter Ansatz, auch wenn er mir *nicht ganz neu* ist. Haben Sie vielen Dank.

Ich warte dann, bis Frau Dr. Mertens wieder da ist.

Grüße,

Gil Peters

Von: Gil Peters
An: Dr. Vera Mertens
Gesendet: Dienstag, 16. Juni 09, 14:31 Uhr
Betreff: Dr. Brandt

Dieser Dr. Brandt ist ein Idiot, das fürs Protokoll! Wie können Sie einem wie dem ernsthaft Ihre Vertretung überlassen? Ich glaubs nicht. Rief mich an und faselte was von Realitätskonfrontation. Was denkt der sich? Soll ich nach acht Jahren zur Polizei rennen und eine Anzeige aufgeben? Ich weiß, die Verjährungsfrist beträgt zwanzig Jahre, aber was bringt mir *das denn*?

Von: Gil Peters
An: Dr. Vera Mertens
Gesendet: Dienstag, 16. Juni 09, 15:37 Uhr
Betreff: Gerüst

Sie laufen die ganze Zeit vor meinen Fenstern rum. Ich höre das ganz genau. Ich kann natürlich nicht schlafen, obwohl ich noch eine Tablette genommen habe. Ich schlafe einfach nicht. Sie laufen auf dem Gerüst entlang und bleiben vor jedem Fenster stehen!

Von: Gil Peters
An: Dr. Vera Mertens
Gesendet: Dienstag, 16. Juni 09, 17:44 Uhr
Betreff: Gerüst

Ich glaube, sie sind weg. Aber ich höre seit ein paar Minuten
wieder Schritte auf dem Gerüst. Vielleicht sind Kinder dran
hochgeklettert. Oder die Nachbarn unter mir turnen drauf
rum. Ich kann aber nicht nachsehen, ich gehe nicht aus dem
Schlafzimmer, bevor es dunkel ist.
GP (die sich *irgendwie* die ganze Zeit mit sich selbst unterhält)

Von: Gil Peters
An: Dr. Vera Mertens
Gesendet: Dienstag, 16. Juni 09, 23:59 Uhr
Betreff: Ursachenforschung

Ich weiß nicht, ich denke die ganze Zeit darüber nach, was
das bringen soll, ihn anzuzeigen. Das ist nicht die Art, an die
Ursache ranzugehen, die ich im Kopf hatte. Wir hatten ja auch
damals darüber geredet, und ich finde immer noch, dass es
überhaupt nichts bringt. Ich weiß, er hat jetzt eine Frau und
einen kleinen Sohn. Ich habe M. auf Facebook gefunden. Er hat
die Firma seines Vaters übernommen und sieht sehr glücklich
auf den Bildern aus. Was passiert, wenn ich ihn anzeige? Danach
geht es mir doch auch nicht besser.
Außerdem denke ich immer noch, dass es ja nicht unbedingt nur
allein seine Schuld war, vielleicht war ich nicht deutlich genug,
vielleicht ist ihm das alles gar nicht so klar. Und dann komm ich
jetzt, acht Jahre später, und zeige ihn an, nur weil ein Gerüst vor
meiner Wohnung ist. Dieser Dr. Brandt ist doch ein Volldepp,
sowas vorzuschlagen. Der Typ ist hochgefährlich! Echt.

194

Von: Gil Peters
An: Dr. Vera Mertens
Gesendet: Mittwoch, 17. Juni 09, 05:37 Uhr
Betreff: Anzeige

Hm. Hm. Hmmmm… Wegen der Anzeige … Es wär doch auch deshalb schon totaler Bullshit, weil ich irgendwelchen fremden Leuten dann alles erzählen müsste, nach acht Jahren! Also was genau würde mir das denn bringen? Ich glaube, ich rufe morgen doch noch mal diesen Dr. Brandt an, das soll er mir erklären.

Von: Gil Peters
An: Dr. Vera Mertens
Gesendet: Mittwoch, 17. Juni 09, 14:29 Uhr
Betreff: Dach

Sie sind auf dem Dach. Ich höre sie dort rumklettern. Sie schaben an der Dachrinne rum. Kein schönes Gefühl zu wissen, dass sie direkt über mir sind.

Heute Morgen bin ich zu spät ins Bett gegangen. Oder die waren zu früh. Jedenfalls suchte ich gerade nach einem Buch in meinem Arbeitszimmer, als einer von denen an die Scheibe klopfte und mir zuwinkte. Ich hätte mir wirklich doch überall Jalousien hinmachen lassen sollen. Andererseits, im Schlafzimmer fühle ich mich ja auch nicht wohl, trotz Jalousien. Weil ich sie die ganze Zeit höre, wie sie draußen rumlaufen.

Ich werde Dr. Brandt wohl doch nicht anrufen, weil ich mir schon denken kann, was er zu sagen hat. Aber ich bin doch nicht auf *Rache* aus! Genugtuung ist auch nur ein anderes Wort für Rache. Und ob das Gerechtigkeit wäre, kann ich nicht sagen.

Außerdem würde Jan davon auch nicht wieder lebendig. Und darum geht es doch, sich zu überlegen, was das alles bringt? Jan bleibt tot, und ich hätte wahrscheinlich ein noch schlechteres Gewissen, wenn ich M. anzeige, weil dann seine Frau und sein Sohn unglücklich wären.

Ich kann nicht arbeiten. Seit dieses Gerüst da ist, kann ich nicht arbeiten. Ich kann auch nicht mehr schlafen, egal, wie viele Tabletten ich nehme. Ich will nur, dass dieses Scheißgerüst wegkommt. Drei Wochen halte ich das nicht aus. Ich weiß nicht mehr, wo ich noch hin soll!

Heute, nachdem ich Ihnen geschrieben hatte, klopften sie an mein Schlafzimmerfenster. OBWOHL DIE JALOUSIEN UNTEN WAREN! Als ich nicht öffnete, klingelten sie ein paar Minuten später an der Tür. Und dann schoben sie einen Zettel unter der Tür durch: Nächste Woche Dienstag werden meine Fenster gestrichen, und ich muss sie alle öffnen! In der ganzen Wohnung!

Das geht doch nicht. Kann ich mich dagegen wehren? Ich habe schon den Vermieter angerufen, aber der versteht irgendwie nicht, worum es mir geht. Unter uns, ein Schwachkopf. Er meinte nur, Dienstag sei schönes Wetter angesagt, alles halb so wild.

Alle Fenster!

Ich kann nicht arbeiten, jetzt noch weniger als vor der Ankündigung mit den Fenstern. Deshalb habe ich nachgedacht, und zwar über Jan. Dr. Brandt rief mich nämlich heute Abend an und schlug noch einmal vor, Realität in die ganze Sache zu bringen, am besten, indem ich mir alle Fakten ganz sachlich notiere. Das hab ich getan, und danach war mir endlich klar: Jan hatte *nicht* etwa diesen Unfall, weil er sich so sehr über mich aufgeregt hat! Ich habe mir acht Jahre lang umsonst die Schuld gegeben und immer wieder gedacht: Wenn ich ihm nur nicht gesagt hätte, was M. mit mir gemacht hat, dann wäre Jan noch am Leben. Es hat ihn so aufgeregt! Wie das passieren konnte, hat er mich dauernd gefragt! Wie er mich angeschrien hat! Aber

nein: Er hatte diesen Unfall, weil er *über M.* entsetzt war! Das ist
großartig, wirklich großartig …
Ich fürchte, ich muss in Ruhe nochmal über alles nachdenken.
Wenn nur dieses Gerüst nicht wäre …
Ich denk die ganze Zeit, dieses Gerüst zieht meine ganze
Aufmerksamkeit ab …

Von: Gil Peters
An: Dr. Vera Mertens
Gesendet: Donnerstag, 18. Juni 09, 09:17 Uhr
Betreff: Jan

Vorhin – ich konnte wieder nicht schlafen, trotz Tabletten –
vorhin hab ich bei Jans Eltern angerufen, um mit ihnen über
alles zu reden. Sie geben mir immer noch die Schuld! Sie
wollten gar nicht zuhören und warfen mir vor, dass ich damals
keine Anzeige erstattet hätte. Wenn ich *gleich und sofort und auf
der Stelle* Anzeige erstattet hätte, dann hätte sich Jan *bestimmt*
nicht so ÜBER MICH aufgeregt, und dann wäre er mit dem
Auto *nicht* gegen einen Baum gefahren, sagte seine Mutter. Ich
sagte ihr, nein, das ist nicht wahr, er war entsetzt über das, was
M. mir angetan hat, *deshalb* war er so außer sich! Aber sie hat nur
schrill gelacht. Und dann, dann hörte ich auch noch Jans Vater
im Hintergrund:
„Kann dann ja nicht so schlimm gewesen sein, wenn sie sich
das von dem hat gefallen lassen, ohne hinterher zur Polizei
zu gehen!" Das hat er gesagt. „Kann dann ja nicht so schlimm
gewesen sein!"
Soviel also zum Thema Realitätscheck! Jetzt fällt alles
auseinander. Ich musste es doch zuerst Jan erzählen! Wer
geht denn *erst* zur Polizei und sagt es *dann* seinem Freund!
Und hinterher?! Ich war mir so sicher gewesen, dass es nichts
bringt, ihn anzuzeigen. Aber Jans Eltern hätte es geholfen. (Mir
vielleicht auch???) Soll ich wirklich zur Polizei gehen? Sind dann

Jans Eltern glücklicher?

Wenn ich ihn anzeige, muss ich alles wieder durchmachen, einmal, zweimal, dreimal …

Nein: Anzeigen bringt einen Dreck.

Jans Eltern wollen Rache für ihren Sohn.

Ich will endlich meine Ruhe haben.

Wenn M. nicht gewesen wäre, vor acht Jahren, dann hätte ich jetzt ein normales Leben und würde nicht wegen diesem Scheißgerüst austicken.

Von: Gil Peters
An: Dr. Vera Mertens
Gesendet: Donnerstag, 18. Juni 09, 23:20 Uhr
Betreff: M.

Ich sehe ganz klar: M. muss weg.

Von: Gil Peters
An: Dr. Vera Mertens
Gesendet: Sonntag, 21. Juni 09, 04:12 Uhr
Betreff: M.

Ich hab lange recherchiert, während Sie sich die Sonne auf den Pelz scheinen lassen. Ich hab die letzten Tage nichts anderes gemacht. Es gibt Mittel und Wege, wie man es erledigen lassen kann. Hab ich nicht gesagt, dass man das Haus nicht mehr verlassen muss? Auch das kann man ganz leicht online erledigen: Man wird mit einem Nickname ausgestattet und in einen Chatroom geführt, wo auf einem sicheren Kanal in aller Ruhe die Einzelheiten geklärt werden.

Apropos, es kostet viel weniger, als ich immer dachte. Ich habe ihnen natürlich die doppelte Summe in Aussicht gestellt – nicht, dass sie auf die Idee kommen, doppelt abzukassieren, indem sie ihn vorwarnen und sich dann von ihm was dafür zahlen lassen, dass sie ihn nicht … Ich weiß gar nicht, wie sie es machen werden. Oder wer es tun wird. Ich erfahre es noch früh genug. Oder auch nicht.

Natürlich besteht die Gefahr, dass sie mich linken. Aber welche Chance hab ich? Keine. M. muss weg, und fertig.

Sie werden es, das finde ich sehr aufregend, mit der Handykamera filmen und ins Netz stellen. Selbstverständlich kenne nur ich die URL für diese Seite. Heute Nacht geht es los … In weniger als 24 Stunden … Sie verstehen das sicher. Sie werden es nicht gutheißen, aber Sie werden es verstehen. Es ist okay, wenn Sie erst einmal nichts dazu sagen.

Von: Gil Peters
An: Dr. Vera Mertens
Gesendet: Sonntag, 21. Juni 09, 10:03 Uhr
Betreff:

Obwohl ich es SCHON gut gefunden hätte, wenn Sie sich wenigstens KURZ zwischendurch gemeldet hätten.
Diese Warterei macht mich noch wahnsinnig.

Von: Gil Peters
An: Dr. Vera Mertens
Gesendet: Sonntag, 21. Juni 09, 14:46 Uhr
Betreff:

Bestimmt warten die, bis es dunkel ist.

Von: Gil Peters
An: Dr. Vera Mertens
Gesendet: Sonntag, 21. Juni 09, 21:34 Uhr
Betreff:

Vielleicht ist es einfach noch zu hell. Was sagen Sie?

Von: Gil Peters
An: Dr. Vera Mertens
Gesendet: Sonntag, 21. Juni 09, 21:51 Uhr
Betreff:

Die haben mich bestimmt verarscht. Die haben das Geld genommen und sich einfach abgemacht. Klar, lukrative Sache. Man kann ja schlecht zur Polizei gehen und sagen, hey, ich habe da so zwielichtigen Typen aus dem Internet, die ich nicht kenne, Geld gegeben, damit sie was für mich erledigen. Aber was sie erledigen sollten, kann ich Ihnen gerade nicht sagen, mein Geld will ich trotzdem zurück.
Blöd …
Dass man sowas mit Kreditkarte bezahlen kann … Bin gespannt, was auf der Abrechnung steht. Wahrscheinlich ähnlich wie bei Bordellbesuchen, irgendwas Unverfängliches.

Von: Gil Peters
An: Dr. Vera Mertens
Gesendet: Sonntag, 21. Juni 09, 22:09 Uhr
Betreff:

M. ist Familienvater … der geht doch früh ins Bett … Wann wollen die das denn machen?

Von: Gil Peters
An: Dr. Vera Mertens
Gesendet: Sonntag, 21. Juni 09, 22:14 Uhr
Betreff:

Es ist ja nicht so, dass die das einfach vergessen haben könnten. Sowas vergisst man ja nicht. Die haben doch nicht fünfzig Aufträge am Tag, so dass sie dauernd was durcheinanderbringen. Hoppla, den Dings hätten wir ja noch erledigen müssen!
Ich aktualisiere die Seite alle zehn Sekunden, aber es ist nichts zu sehen. Nein. Die haben mich verarscht.
Na gut. War ein Versuch. Hätte bestimmt eh nichts gebracht. Genau wie eine Anzeige.
Oder ist das vielleicht ein Zeichen? Ein Schicksalswink? Dass ich ihn doch anzeigen sollte?
Ich halte diese Warterei nicht mehr aus!

Von: Gil Peters
An: Dr. Vera Mertens
Gesendet: Montag, 22. Juni 09, 03:00 Uhr
Betreff: Vollbracht!

Sie haben es erledigt! Und ich durfte zusehen! Mit der Handykamera haben sie es gefilmt. Schlechte Qualität und alles ziemlich dunkel, aber netterweise haben sie ihm eine Taschenlampe ins Gesicht gehalten, als sie fertig waren, damit ich ihn mir ansehen konnte.
Zwischendurch hatte ich ja Zweifel, ob das überhaupt was bringt. Aber ganz ehrlich: Es geht mir viel, viel besser. Ich kann es noch gar nicht richtig einordnen, in meinem Kopf schwirrt alles, ich fühle mich ganz leicht, ein bisschen wie berauscht … Und müde … Obwohl ich aufgeregt bin … Aber ich habe auch seit einer Woche nicht mehr richtig geschlafen. Jetzt kann ich bestimmt tagelang ruhig durchschlafen.

Wissen Sie was? Wahrscheinlich dachte ich irgendwo tief im Unbewussten, er könnte das Gerüst hochklettern und bei mir einbrechen, und dann würde dasselbe passieren wie vor acht Jahren.

Gut, damals ist er nicht eingebrochen. Damals wollte er mich im Auto nach Hause bringen, sagte er. Natürlich hat er mich *nicht wirklich* nach Hause gebracht, aber das wissen Sie ja. Deshalb dachte ich immer, hm, vielleicht hat er was missverstanden, vielleicht hab ich die falschen Signale gesendet … Aber nachdem ich alle Fakten aufgeschrieben hatte, wie von Ihrem Kollegen angeregt …

Jetzt ist es vorbei. Jetzt muss ich mir keine Sorgen mehr machen. Ich weiß nur noch nicht, wie ich es Jans Eltern sagen soll. Vielleicht persönlich? Ich könnte gleich morgen, wenn ich ausgeschlafen habe, zu ihnen gehen. Obwohl, was soll ich da … Andererseits … Ach, egal. Hauptsache raus.

Von: Gil Peters
An: Dr. Vera Mertens
Gesendet: Montag, 22. Juni 09, 03:08 Uhr
Betreff: Nachtrag

Ach, das Beste habe ich Ihnen noch gar nicht gesagt: Wissen Sie, wo sie ihn aufgespürt haben? In der Landsberger Straße, hinter der Friedenheimer Brücke … Sie wissen, was ich meine. Er kam gerade vom Straßenstrich. Das haben sie zwar nicht so gesagt, aber was soll er sonst um diese Zeit dort gemacht haben? Am Sonntagabend, und zu Hause warten Frau und Kind.

Von: Gil Peters
An: Dr. Vera Mertens
Gesendet: Montag, 22. Juni 09, 08:21 Uhr
Betreff: Rausgehen

Liebe Frau Dr. Mertens,
ich habe ein paar Stunden geschlafen. Nicht lang, aber tief und erholsam. Ich hab auch nichts geträumt, obwohl ich mit den Tabletten normalerweise immer träume.
Gerade bin ich aufgestanden, hab geduscht, mich angezogen, gefrühstückt, meine Handtasche aus dem Kleiderschrank gekramt und gepackt.
Ich glaube, heute gehe ich aus dem Haus. Ja, richtig! ICH GEHE RAUS! Ich weiß nur noch nicht, wohin ich gehen soll. Es gibt ja eigentlich keinen Grund, vor die Tür zu gehen. Na ja.
Ach, gerade kommen die Bauarbeiter und winken. Ich habe zurückgewunken. Sehen Sie? Es geht mir schon so viel besser!
Bis später dann.
Herzliche Grüße,
Ihre Gil Peters

Von: Dr. Vera Mertens
An: Gil Peters
Gesendet: Montag, 22. Juni 09, 11:07 Uhr
Betreff: Re: Rausgehen

Liebe Frau Peters,
ich bin nun schon viel früher aus dem Urlaub zurückgekehrt
– ich hatte nur Regen, Regen, Regen. Ich sehe, dass Sie mir
sehr oft geschrieben haben. Leider hatte das Hotel keinen
Internetzugang für die Gäste. (Irgendwelche Leitungen waren
wegen der Unwetter ausgefallen.)
Ich habe nur Ihre letzte Mail gelesen und freue mich, dass es
Ihnen besser geht und Sie den Schritt nach draußen wagen
wollen.
Jetzt lese ich erst einmal den Rest Ihrer Mails.
Alles Gute!
Ihre Vera Mertens

Von: Dr. Vera Mertens
An: Gil Peters
Gesendet: Montag, 22. Juni 09, 11:45 Uhr
Betreff: Bitte um Rückruf!!!

Rufen Sie mich sofort an, wenn Sie das lesen! Ich gehe davon aus,
dass ich ein paar Ihrer Mails missverstanden habe und Sie über
Recherchen für einen neuen Roman berichten?!
Ich bin etwas verwirrt. Bitte melden Sie sich umgehend! Ich
habe schon mehrfach bei Ihnen angerufen, aber Sie gehen nicht
ran?!

Von: Dr. Vera Mertens
An: Gil Peters
Gesendet: Montag, 22. Juni 09, 12:00 Uhr

Betreff: Bitte um Rückruf!!!

Frau Peters,
jetzt mal in aller Ruhe. Ist das eine Art Racheaktion von Ihnen,
weil ich mich nicht gemeldet habe? Ich konnte mich nicht melden.
Ich saß in einem Holiday-Resort fest, wo die Telefonleitungen
zusammengebrochen waren, weil der Regen irgendwelche
Schlammlawinen ausgelöst hat. Aber jetzt bin ich wieder da, ich
habe Zeit für Sie. Gehen Sie doch bitte ans Telefon.
Ihre Dr. Vera Mertens

Von: Dr. Vera Mertens
An: Gil Peters
Gesendet: Montag, 22. Juni 09, 12:31 Uhr
Betreff: ???

Ich habe in den Polizeimeldungen im Internet etwas von einem
brutalen Raubmord an dem Familienvater und Unternehmer
Martin N. gelesen. Sagen Sie mir, dass das nicht wahr ist!
Ich werde jetzt zu Ihnen fahren. Ich hoffe doch sehr, dass Sie
mir die Tür öffnen, wenn ich klingle.

Von: Gil Peters
An: Dr. Vera Mertens
Gesendet: Montag, 22. Juni 09, 12:33 Uhr
Betreff: Re: ???

Nein, warten Sie. Ich komme zu Ihnen. Und Sie haben Recht.
Wir müssen dringend miteinander reden.
Ich habe mich über die ärztliche Schweigepflicht informiert.
Natürlich habe ich Sie da in eine unangenehme Situation
gebracht.
Dieses Gerüst hat mich abgelenkt.
Also dann, bis gleich!

Von: Dr. Stefan Brandt
An: Dr. Vera Mertens
Gesendet: Montag, 6. Juli 09, 20:13 Uhr
Betreff: Wo steckst Du?

Liebe Vera,
wie war Dein Urlaub? Wieder gut gelandet?
Ich versuch schon den ganzen Tag, Dich zu erreichen ... Handy
ist aus, Festnetz klingelt ins Leere, in Deiner Praxis geht immer
nur der AB ran und erzählt mir, dass Du ab dem 6. – also ab
heute – wieder zu erreichen bist ... Deine Patienten stehen bei
mir Schlange ...
Also, meld Dich doch bitte umgehend bei mir, ja?
Bis bald,
Dein Stefan

Vera,
am Montag ging ich ja noch von einem verpassten Flieger oder einer romantischen Urlaubsbekanntschaft aus ... Aber mittlerweile ... Du bist nicht zu Hause, Du gehst an kein Telefon ... Deine Patienten rennen mir immer noch die Bude ein ... Ich mache mir langsam ein bisschen Sorgen.
Lass von Dir hören, ja?

Stefan

Carsten Sebastian Henn

Der Fall Maria W.

Ich weiß, dass die folgende Geschichte wie ein Märchen klingt, aber sie ist keins. Sie ist wahr – obwohl man es kaum glauben kann. Doch genau so hat es sich zugetragen. Noch dazu in Deutschland. In München. Deshalb habe ich mich auch entschieden, diesen Kriminalfall für die Anthologie der Kölnisch-Preußischen Lektoratsanstalt zu schildern, statt eine erfundene Geschichte beizusteuern.

Passiert ist das ganze Ende Februar letzten Jahres, als ich zur Recherche für meinen neuen Roman in München war Ich wohnte damals für ein paar Wochen als Untermieter in der schlecht beheizten Wohnung eines Freundes, der zum Ensemble des Lustspielhauses gehört, und wollte mir die Orte und Plätze angucken, an denen Verdächtige wohnten, Verfolgungsjagden stattfanden oder Blut floss.

Alle meine Romane haben einen gewichtigen, kulinarischen Anteil. Deswegen decken mich die lieben Kollegen der schreibenden Zunft auch immer mit Tipps ein, wo ich was essen sollte – dafür muss ich mehr als einen Witz über den Zusammenhang zwischen der Anzahl der Recherchereisen und dem Umfang meines Bauches ertragen …

Einer der heißesten Tipps für München war der Gewürzladen von Alfons Schuhbeck am Platzl. Über 100 Gewürze, Dutzende Mischungen und exotische Salze. Direkt am zweiten Tag bin ich hin. Das ganze Platzl scheint fest in der Hand des Fernsehkochs zu sein, denn neben diesem Laden gibt es von ihm noch einen für Eis, einen für Schokolade sowie zwei Restaurants. Ein Imperium. Fehlt nur die Schuhbeck-Statue in der Platzmitte, mit hoch erhobenem Kochlöffel!

Das Geschäft hatte leider so gar nichts von der erotisch aufgeladenen Atmosphäre eines orientalischen Gewürzbasars, dafür zu viel von der aufgeräumten Ordnung einer Apotheke. Trotzdem ist die Auswahl an Gewürzen grandios. Ich schlenderte herum, schnupperte mal hier, mal dort, und belauschte dabei zufällig ein Gespräch. Maria W. – deren Namen ich allerdings erst später erfuhr – sprach mit einer Kundin, einer sehr gepflegten älteren Dame mit kurzem Rock und hohen Schuhen. Ganz leise fragte sie Maria W. nach etwas, das ihren jungen Freund ordentlich in Schwung bringen würde. Ich näherte mich den beiden, um alles mitzukriegen, und tat so, als könnte ich die Augen nicht vom nahe stehenden australischen Salz lassen. Maria W. fragte die Frau, welche Haarfarbe ihr Bürscherl denn hätte. Es war dunkelblond gelockt, das weiß ich noch genau. Daraufhin mischte Maria W. in Windeseile etwas zusammen. Sie sah übrigens aus wie eine nette, alte Oma. Etwas hager vielleicht, doch durchgängig lächelnd, die Haare zu einem Dutt geknotet. Niemals hätte ich damals vermutete, dass etwas mit ihr nicht stimmen könnte. Erst spät fiel mir auf, dass mehrere Kundinnen im Laden nur darauf zu warten schienen, dass Maria W. frei wurde. Ich fand das alles sehr skurril und kaufte mir nach langem Überlegen dreierlei Pfeffer, sowie ein Bratkartoffelgewürz vom Meister. Das maß mir Maria W. sogar persönlich ab. Ich wollte 70 Gramm – und sie traf das Gewicht exakt. Beim ersten Versuch, wie in der Edeka-Reklame.

Am nächsten Tag las ich etwas geradezu Abenteuerliches. Und zwar in der „Abendzeitung". Als Krimiautor ist man grundsätzlich sehr aufmerksam, was Todesmeldungen angeht. Weil man halt immer auf der Suche nach Inspiration ist. Diesmal war es eine kleine Meldung, die mich aufhorchen ließ. Ein Bogenhausener war ebenso nackt wie tot in seinem Bett gefunden worden. Auf dem Laken lauter Gewürzpulver. Die Polizei tippte auf eine perverse Sexpraktik. Das ließ mich sehr, sehr neugierig werden.

Aber wie mehr darüber erfahren? Naja, mir kam zu Hilfe, dass ich Mitglied einer kriminellen Vereinigung bin, die sich „Syndikat" nennt. Ist allerdings viel harmloser, als es klingt. Im „Syndikat" haben sich deutschsprachige Krimiautoren und -autorinnen zusammengeschlossen. Nun muss man wissen, dass Krimiautoren im „echten" Leben allen Arten von Jobs nachgehen, denn in 99 Prozent der Fälle reicht das Geld aus den Buchverkäufen leider nicht aus, um davon ein menschenwürdiges Leben zu bestreiten. Die Brot-und-Butter-Berufe sind zum Beispiel Rechtsanwalt, Lehrer, Übersetzer, Priester – aber auch Polizist und Kriminalbeamter. Und einer der Kollegen sitzt bei der Münchner Polizei – da hab ich dann natürlich gleich mal nachgehakt. Dort war die Geschichte Tagesgespräch. Vor allen wegen der saftigen Details, die nicht in der Zeitung standen. Die erzählte mir der Kollege allerdings erst bei einem Weißbier am Abend im „Brauhaus zur dicken Sophie". Der Tote in Bogenhausen hieß Harald Gluck, war 53, Frührentner und Küster einer katholischen Gemeinde. Bis vor Kurzem glücklich verheiratet, dann aber von seiner Frau verlassen, die weggezogen war und nun einen zweiten Frühling im Münchner Westen erlebte – oder vielleicht eher einen verlängerten Sommer.

Harald Gluck starb einen sehr, sehr schönen Tod. Er wurde

nämlich mit einem unglaublich breiten Lächeln aufgefunden – und einer Erektion (die definitiv nicht auf die Leichenstarre zurückzuführen war). Er lag auch nicht einfach in einem Bett mit ein bisschen Gewürzpulver, nein, acht verschiedene Chili-Sorten waren auf seine unterschiedlichen erogenen Zonen aufgetragen worden. Ja, es gibt mehr als eine erogene Zone, auch wenn wir Männer das häufig nicht glauben wollen …

Da die Gewürze handelsüblich waren, und keine Gewalteinwirkung an der Leiche zu entdecken war, landete der Fall bei den Akten. Vielleicht auch, weil die Kommunalwahl anstand, und keiner der Stadtoberen einen anstößigen Skandal brauchen konnte. So halten's zusammen, die Amigos!

Für Sie mag jetzt auf der Hand liegen, dass die im Gewürzladen arbeitende Maria W. etwas mit diesem merkwürdigen Tod zu tun hatte, für die Münchner Polizei dagegen nicht. Und auch mir ging es so, als ich drei Tage später nochmals zum Laden ging (ich brauchte etwas Tahiti-Vanille für eine Crème brûlée, die ich als Dankeschön für meinen „Herbergsvater" kochen wollte). Natürlich wollte ich mich von Maria W. bedienen lassen, doch sie war leider nicht zur Arbeit erschienen. Ohne Grund, wie mir eine ihrer Kolleginnen pikiert mitteilte.

Da wurde ich hellhörig. Am nächsten Tag ging ich wieder hin, abermals war keine Maria W. da. Und so ging das weiter. Sie kam nicht mehr zurück.

Nach einer guten Woche wollte ich schon aufgeben. Aber als ich dann aus dem Laden trat, sah ich eine Frau um die Ecke zur Falkenturmstraße gehen. In ihren Augen war so ein komischer, suchender Blick, und sie ging gebückt, als dürfe sie nicht gesehen werden. Sowas fällt mir immer auf. Ich also hinterher. Sie traf sich mit einer anderen Frau. Dreimal dürfen Sie raten, mit wem: Maria W.! Die beiden tauschten etwas aus, unter der Hand. Ich bin direkt hingerannt, aber Maria W. verschwand augenblicklich – die andere Frau starrte mich entgeistert an. In dem Moment hab ich blitzschnell geschaltet. Konnte mich ja kaum als Carsten Sebastian Henn vorstellen, neugieriger Krimiautor aus Köln. Also behauptete ich dreist, ich sei von der Polizei, und verlangte zu erfahren, was sie da in der Hand halte. Um mich zu legitimieren zog ich meinen Ausweis der „Fédération Internationale des Journalistes et Ecrivains des Vins et Spiritueux" hervor (einer internationalen Weinjournalistenvereinigung…). Ganz schnell, so dass sie nur das Foto von mir sehen konnte, und dass es sich wirklich um einen offiziellen Ausweis handelte. Die Frau wurde leichenblass. Zitternd zeigte sie mir ein schwarzes Metalldöschen mit einem roten Deckel. Als ich es ihr abnahm, um daran zu riechen, wollte sie schon wegrennen. Doch ich hielt sie fest. Sie habe nichts Ungesetzliches getan, sagte sie zitternd, das sei nur ein einfaches Tomatengewürzsalz. Ach ja, antwortete ich, und warum kaufen Sie es dann auf der Straße, und die Verkäuferin rennt wie von der Tarantel gestochen weg? Da brach es dann aus ihr heraus. Ihr Mann käme kaum mehr zeitig nach Hause, hätte ständig Affären, ihre Ehe sei eigentlich vorbei, sie würden nur noch zusammenleben wie Bruder und Schwester. Sie wäre schon in der Eheberatung gewesen, nichts hätte es genützt, sie sehe keinen Ausweg mehr als dieses Pulver. Die Maria W. sei eine Heilerin von Gottes Gnaden! Das Liebesgewürz würde ihr Mann heute Abend noch ins Geschnetzelte bekommen. Ich dürfe ihr das Döschen nicht wegnehmen!

Ich bin Krimiautor – kein Unmensch. Also ließ ich sie einfach gehen. Noch heute fühle ich mich ein bisschen elend, wenn ich an diese Begegnung denke. Vielleicht liest die Betroffene ja diesen Bericht. In diesem Fall möchte ich gern sagen, dass es mir wirklich Leid tut, ihr solche Angst eingejagt zu haben. Mich muss damals der Teufel geritten haben.

Ab dieser Begegnung verbrachte ich meine Zeit fast nur noch auf dem Platzl – doch Maria W. tauchte nicht mehr auf. Aber ich blieb beharrlich – immerhin war die Verpflegung dank dem Schuhbeckschen Imperium bei der ganzen Warterei hervorragend.

Es war schon ziemlich zum Ende meines Rechercheaufenthalts in München, an einem Samstagabend, als ich zu Fuß Richtung

Tram schlenderte. Auf einmal spürte ich, dass mich jemand verfolgt. Aber immer wenn ich mich umdrehte, war da nichts. Es kam mir vor als hörte ich ein Schlurfen und ein Flüstern. Ganz komisch. Ich bin dann schneller gegangen, weil ich fix zurück in die Wohnung wollte. Das Gefühl, nicht allein zu sein, wurde immer stärker, und dann passierte es, als ich gerade durch die dunkelste Gasse ganz Münchens passierte. Ich schwöre, es ging alles ganz plötzlich. Ein Schemen löste sich aus der Finsternis, und Maria W. stand vor mir. Ich hätte aufgeschrien, doch sie lächelte ganz beruhigend. Trotzdem hatte ich tierische Angst. Mit dieser alten Frau stimmte etwas ganz und gar nicht. Wer konnte wissen, zu was sie fähig war? Ich dachte darüber nach, einfach an ihr vorbeizugehen, doch dann blieb ich wie ein blödes Reh im Scheinwerferlicht stehen. Sie legte mir eine Hand auf den Arm und fragte, was ich von ihr wolle. Was sagt man in so einem Moment? Ich zumindest sagte erst mal nichts. Dann kam sie noch näher. Ich roch ihren Atem. Kamille und Minze. Sie drückte mir ein kleines Gewürzdöschen in die Hand. Ich fragte, was da drin sei. Sie antwortete nur, dass ich es eines Tages gut gebrauchen könnte.

Dann ging sie fort. Ich bin ihr nachgelaufen, aber sie war nirgends mehr zu sehen. Einfach verschwunden. Ich kam mir vor wie in einem Horrorfilm. Den Weg zurück bin ich gerannt.

Wenn Sie jetzt wissen wollen, was in der Dose ist, naja, dazu kommen wir später. An diesem Abend machte ich es zumindest nicht auf. Irgendwie hatte ich Angst davor, was dann passieren würde.

Zumindest hielt mich damals dann nichts mehr. Ich legte richtig los. Schließlich bin ich gelernter Journalist. Mit viel gutem Zureden – und dem ein oder anderen Euro-Schein – fand ich folgendes im Gewürzladen heraus: Es existiert kein einziges Foto von Maria W. – obwohl jeder Mitarbeiter des Schuhbeck-Imperiums bei Einstellung fotografiert wird. Es gibt auch keine Kontoverbindung. Maria W. erhielt ihr Honorar als einzige – und auf ausdrücklichen Wunsch – per Barscheck am Monatsende. Die

Kolleginnen und Kollegen mochten sie nicht, weil alle Kunden zu ihr wollten. Doch Schuhbeck – in diesem Fall sein Geschäftsführer Thomas Schrenzinger – hielt an ihr fest.

Doch es wurde alles noch mysteriöser: Es gab keinen Eintrag im Einwohnermeldeamt von München oder umliegenden Stätten, keine Krankenversicherung, keine Rentenversicherung. Bei Google ergibt ihr Name exakt 0 Treffer (und das ist an sich schon nahezu unmöglich!). Anders ausgedrückt: Maria W. gibt es eigentlich überhaupt nicht.

Zudem fand ich zwei aufschlussreiche Fakten: Neun Monate nach Maria W.'s Arbeitsbeginn stieg die Geburtenrate in München um 11 Prozent an – und Alfons Schuhbecks eigenes Sexgewürz verstaubte im Regal.

Natürlich fuhr ich auch nach Bogenhausen. Denn schließlich war immer noch nicht klar, ob Maria W. und der gut gewürzte Tote in einem Zusammenhang standen, oder ob ihr Verschwinden nach dem Mord purer Zufall war. Natürlich wusste ich, dass da längst alles weggeräumt wäre, was mit dem Unglücksfall zu tun hatte. Und trotzdem.

Es war ein kleines Reihenhaus, sehr schlicht weiß verputzt, nichts Außergewöhnliches. Ich klingelte – keiner da. Also bin ich ums Haus rum, in den Garten. Die gläserne Verandatür stand offen – ich will mich hier ja nicht juristisch verstricken und plötzlich wegen Hausfriedensbruch angezeigt werden. Sperrangelweit. Warum auch immer. Ich also rein, laut hallo rufend, aber keiner antwortete. Zuerst bin ich die Treppe hoch. In der oberen Etage lag das Schlafzimmer. Das Bett war neu bezogen, alles ordentlich, der graue Fußboden gesaugt. Und über dem Kopfende ein großes Kreuz mit leidendem Jesus. Genau gegenüber eines von Maria, wie sie gen Himmel betet. Eine echte Lusthöhle also.

Das ganze Haus sah aus, als lebte hier ein Pfarrer. Einer von der Art, die sich selber züchtigte. Obwohl ich wusste, dass Harald Gluck tot war, hatte ich ein wenig Angst, dass er gleich hinter einem der blickdichten Vorhänge hervorspringen könnte. Ich wollte schnell wieder raus. Nur einen Blick in die Küche warf ich vorher noch. In den Gewürzschrank. Den hatte die Spurensicherung auch durchsucht und die Chilisorten alle mitgenommen. Doch der Zimt stand noch da. Ein Tütchen aus Schuhbecks Gewürzladen. Ich schaute auf die Gewichtsangabe: 100 Gramm. Exakt. Hier hatte jemand bei Maria W. eingekauft. Die Spur war heiß! Ich öffnete das Tütchen und roch daran. Zimt, keine Frage. Aber irgendwie schärfer und fruchtiger als üblich. Noch ungewöhnlicher war ein kleines Zettelchen, das ganz tief im Gewürz steckte. Mit einem Puls von wahrscheinlich 180 las ich es mir durch. Folgendes stand drauf: Geben Sie ihrem Mann morgens einen Teelöffel in seinen Kaffee. Seien Sie unbedingt bei ihm, wenn er ihn trinkt! Nach rund einer Woche wird er Sie unbändig begehren.

Also war es nicht Harald Gluck selbst, sondern seine Frau Bettina, die bei Maria W. eingekauft hatte. Wahrscheinlich auch die Chili-Pulver, die ihm einen erfreulichen Tod beschert hatten. Doch wieso? Sie hatte sich doch von ihm getrennt. Ich musste zu ihr.

Gerne würde ich schreiben, dass in diesem Moment Polizeisirenen ertönten und ich sportiv durch die Gärten flüchten musste. Aber genauso unbehelligt wie ich reinkam, ging's auch wieder hinaus.

Die Adresse der Witwe bekam ich problemlos über die Auskunft – nur hatte ich keine Ahnung, wie ich sie zum Sprechen bringen sollte. Wenn ich mich als Kriminalbeamter ausgab, würde sie bestimmt nichts sagen, und als Priester ging ja wohl auch nicht. Ich beschloss, die Lage erstmal zu sondieren. Wie sich herausstellte, war sie aus Aubing fortgezogen und lebte jetzt in Langwied. Der Vermieter zog über sie her, wie ich es noch nie erlebt habe. Seinen Beschreibungen zufolge musste Bettina Gluck ein wahres Satansweib sein. Ich also ab nach Langwied.

Wie sich herausstellte, war Bettina Gluck allerdings die netteste Person, die man sich nur vorstellen kann. Und völlig am Ende mit den Nerven. Ich spürte sie abends im örtlichen Landgast-

hof auf – obwohl man an derlei Örtlichkeiten in Bayern normalerweise nie allein stehende Damen findet. Sie saß vor einem
längst schal gewordenen Hefeweizen. Ich setzte mich zu ihr
und begann einfach zu erzählen, und zwar die Wahrheit. Über
meinen Beruf, über Maria W., über das, was ich in ihrem ehemaligen Haus in Bogenhausen gefunden hatte. Sie hörte zu und
sagte lange nichts, starrte nur auf ihr warm gewordenes Bier.
Ich bestellte ihr ein neues und erzählte weiter, von mir ganz
persönlich, meiner Ehe, meinen Kindern, was mir so durch den
Kopf ging. Sie hörte zu, das spürte ich, und irgendwann muss
ich wohl kein Fremder mehr für sie gewesen sein. Sondern ein
Freund, dem man sich anvertrauen konnte. Und das wollte sie,
das brauchte sie, sich endlich jemandem anvertrauen. Sie sprach
leise, als alles aus ihr herausströmte, und sie sah mich während-
dessen nicht ein einziges Mal an.
Bettina Gluck hatte sich vor rund einem halben Jahr erstmals
an Maria W. gewandt, weil sie ihr Liebesleben mit Pülverchen
beleben wollte. Doch ihr Mann wollte nichts davon zu sich
nehmen – sie dagegen schon. Dank der Gewürze fühlte sie sich
plötzlich wie befreit von allen Ketten, schäumte nur so über vor
Lebenslust. Doch wohin damit? Bettina Gluck wollte immer
häufiger mit ihrem unwilligen Mann ins Bett, Neues ausprobie-
ren, Spaß haben. Er aber verfluchte sie wegen ihrer satanischen
Lust, Harald Gluck muss so richtig erzkatholisch gewesen sein.
Man kann sich ja kaum vorstellen, dass es sowas heutzutage
noch gibt. In Bogenhausen anscheinend schon. Ihr Mann ver-
bot ihr schließlich die Gewürzmischung und verbrannte sie
demonstrativ im Mülleimer. Sie kaufte sich neue, versteckte sie
gut, doch er fand sie und verbuddelte sie irgendwo im Garten.
Sie besorgte sich wieder neue und deponierte sie bei einer guten
Freundin. Irgendwann ging es einfach nicht mehr, und Bettina
trennte sie sich von ihrem Mann. Nein, das trifft es nicht richtig:
sie haute einfach ab. Nach Aubing, wo sie sich ein möbliertes
Zimmer nahm. Aber er spürte sie auf, schickte ihr Pralinen und
Blumen, schrieb lange Briefe, umwarb sie wie zu ihren besten

Zeiten. Irgendwann gab Bettina Gluck nach und ging zu ihm zurück. Und was macht er? Sperrt sie ins Schlafzimmer, wie einen Junkie zum Entzug. Und schlug sie, weil er den Teufel aus ihr treiben wollte. Besprühte sie sogar mit Weihwasser. Exorzismus für Anfänger. Erst als sie so tat, als sei alles wieder in Ordnung, ließ er sie frei. Sie fuhr als erstes zu Schuhbecks Gewürzladen, sprach lange mit Maria W., klagte ihr Leid, und erhielt die Chili-Pulver sowie einen langen Vortrag darüber, wie sie anzuwenden waren. Er sollte sterben, aber vorher begreifen, wie unrecht er ihr getan hatte. Bettina hielt sich haargenau an die Anweisungen, bestrich ihren Mann, als er schlief, mit den Gewürzen, und verschaffte ihm so den wohl schönsten Moment seines Lebens. Erst mit seinem letzten Atemzug begriff er dadurch, wie unrecht er sein ganzes Leben gehabt hatte und was er seiner Frau angetan hatte.

Jetzt, wo er tot war, fühlte sie sich schrecklich schuldig. Sie hatte doch nur ein bisschen mehr vom Leben gewollt, ein bisschen Glück und, ja, ein bisschen Lust. Plötzlich wusste ich, was Maria W. gemeint hatte, als sie mir damals in der dunklen Gasse das Gewürzdöschen in die Hand gedrückt und gesagt hatte, ich könne es eines Tages gut gebrauchen. Seitdem trug ich es immer mit herum – und nun gab ich es Bettina Gluck. Eine Kurpackung für die Nerven, sagte ich zu ihr. Sie nahm es zögernd an. Ob es Koriander gegen Kummer oder Safran gegen Schuldgefühle war, ich weiß es nicht. Doch als ich Bettina Gluck vierzehn Tage später noch einmal anrief, um zu fragen, wie es ihr ging, klang sie wieder wie ein Mensch, der Freude am Leben hat. Mittlerweile hat sie Deutschland verlassen, deswegen kann ich all dies auch niederschreiben. Ihr macht es nichts aus, sie hat jetzt ihr Glück gefunden. Manchmal gibt es anscheinend doch Gerechtigkeit in dieser Welt.

Das alles ist jetzt Monate her, doch vor Kurzem kochte die Geschichte wieder hoch. Ich habe mich mal wieder in einem Antiquariat herumgetrieben. Einem kleinen, verhutzelten Laden in der Kölner Südstadt. Dort fand ich ein Bild im „Malleus

Maleficarum", bei dem mir das Herz stehen blieb. Das Buch ist auch als Hexenhammer bekannt und wurde vermutlich Ende des 15. Jahrhunderts von dem Dominikaner Heinrich Kramer verfasst. Eine der abgebildeten Hexen – sie soll gerade auf einem Scheiterhaufen verbrannt werden – sieht aus wie Maria W.. Nun sind die Kupferstiche des Buches weit davon entfernt, photorealistisch zu sein, und ich mag mir da auch was einbilden, aber die Ähnlichkeit hat mich wirklich geschockt. Das Bild ist auch im Internet (leider in schlechter Qualität) unter http://www.kirchenopfer.de/images/hexenwahn.gif zu finden.

War – und ist – Maria W. also eine leibhaftige Hexe? Vielleicht sogar eine, die seit Jahrhunderten lebt? Es klingt völlig unmöglich, gerade für mich als sehr rational denkenden Menschen. Aber gerade deshalb fasziniert mich die Geschichte dieser Frau so. Deshalb möchte ich Sie bitten: Falls Sie selbst im Frühjahr 2008 mit Maria W. zu tun hatten oder sogar wissen sollten, wo sie sich seit ihrem Verschwinden aufgehalten hat oder aufhält, informieren Sie bitte den Verlag (schreibstube@lektoratsanstalt.de). Dieser wird alle Schreiben umgehend an mich weiterleiten.

Jörg Juretzka

Der Narr, der Wein, die Laute und des Feuers Brunst

Chronik eines hochnothpeinlichen Verhörs in sechs Kapiteln

Erstes Kapitel

Es gab dereinst in Bayern einen grundgütigen König, der geliebt und geachtet wurde von seinen Untertanen. Oder zumindest von denen, die wussten, was gut für sie war.

Doch leider, leider: Seit ihm die Gattin, Königin und Mutter seines Töchterleins mit einem Minnesänger durchgebrannt war, plagten ihn die Schwermut und der Ennui. Kein fahrender Sänger kam mehr, ihn zu unterhalten, nachdem sich im Reich herumgesprochen hatte, dass Münchens Verliese überquollen von Minnesängern, die am eigenen Leibe erfahren mussten, dass der Grundgüte ihres Herrschers gewisse Grenzen gesetzt waren.

Und nun war ihm auch noch der Marstall abgefackelt worden, keiner wusste wieso und warum. Der Chef der Palastwache selbst war beauftragt, einen Schuldigen zu stellen, vor Allem nachdem der Kämmerer, unter viel gutem Zureden von Seiten des Scharfrichters, dieses grausamste aller Worte geflüstert, dieses Schreckgespenst aller Haus- und Grundbesitzer ausgesprochen hatte, das da heißt: ‚UNTERVERSICHERT'.

Und obwohl man nun durch die ganze Residenz hindurch hören konnte, wie sehr der Kämmerer in der Folterkammer seine fehlende Weitsicht bereute, so vermochte das doch den König nicht wirklich aus seiner Schwermut zu befreien.

„Alsdenn", rief er schließlich. „Bringt Uns her den Narren. Eurem König ist nach Zerstreuung."

Zweites Kapitel

Der Narr zerquetschte einen liederlichen Fluch zwischen den Zähnen, als ihn die Häscher seines Königs holen kamen. Ihm war nach Allem, nur nicht danach, diesen pompösen alten Sack zu zerstreuen, grundgütig hin oder her.

Ihm pochte der pochende Schädel, und das quälende Gefühl, gestern Nacht eine grässliche Dummheit begangen zu haben, quälte ihn gleichzeitig gar grässliglich.

Alles hatte angefangen mit dieser bauchigen, in Stroh gewickelten Flasche, die ihm Giovanni, der neue Bäcker am Hofe, direkt von seinem Ofen herunter verkauft hatte. Nur ein paar Schluck davon, und die Grenzen zwischen Schein und Sein waren so fließend geworden wie sein Erinnerungsvermögen bröckelig. Eine innere Stimme riet ihm, schleunigst das Land zu verlassen und nicht zurückzukehren, bevor ihm nicht ein mindestens armlanger, möglichst eisgrauer Bart gewachsen war.

Einzig der Häscher waren viere, und die Spitzen ihrer Lanzen hießen nicht umsonst so. Damit trieben sie den Narren ebenso munter wie mühelos vor sich her über den Hof der Residenz, an dessen einem Ende eine Schar gaffender Dörfler bestaunte, was einmal der Königliche Marstall gewesen war – und immer noch sachte vor sich hinkokelte. Der Chef der Palastwache selbst bückte sich gerade nach etwas in den rauchenden Trümmern, und der Hofnarr spürte, wie ihm eine dunkle Ahnung das Innere seines Beinkleides hochkletterte und mit eiseskalten Fingern an sein Gemächt langte.

Drittes Kapitel

Eine seit Äonen nur von Possenreißer zu Possenreißer weitergegebene, streng gehütete Weisheit dieser Zunft lautet: ‚Mit einer eiskalten Hand um die Klötze und einem Krummschwert im Genick ist schlecht lustig sein'.

„Alsdenn", sprach der König. „Wir in Unserer Grundgüte haben beschlossen, demjenigen die Hälfte Unseres Reiches Bavaria und die Hand Unseres Töchterleins zu überlassen, der es schafft, Uns aus Unserer Schwermut zu erlösen. Und du, Unser geschätzter Hofnarr, sollst als Erster die Fortüne erhalten."

Der Narr stöhnte innerlich. Das, genau das hatte er schon lange befürchtet. Die Sache war nämlich die: Wer das halbe Reich erbte, erbte auch die Hälfte der Schulden, und der Narr war keineswegs bereit, sein gesamtes Erspartes rauszuforken für die Extravaganzen des Hofes, vom Wiederaufbau des Marstalles mal ganz zu schweigen. Ajeh, der verdammte Stall …

Der König blickte abwartend, während der Narr sich das schmerzende Hirn zermarterte, warum um alles in der Welt der niedergebrannte Stall solche Fluchtinstinkte in ihm auslöste.

Der König räusperte sich. Der Scharfrichter brachte sich und sein Krummschwert hinter dem Narren in Position.

Ah, und dann kam da noch eines hinzu: des Königs Töchterlein. Die mit dem Zinken. Die mit den Zähnen. Die mit dem (wie man wusste) immensen Durst und dem (wie man so hörte) immerfeuchten Schritt. Die der König nun schon das achte Jahr feilbot wie sauer Bier. Die kam da noch hinzu.

Der König klatschte ungeduldig in die Hände. Der Scharfrichter übte ein paar flotte Schwünge, machte sich locker, wärmte die Muskulatur an.

Das Blöde, das wirklich Blöde an dieser Situation war letztendlich das: Schaffte es der Narr, den König zum Lachen zu bringen, hatte er die halben Staatsschulden am Hals – und die ganze Tochter. Schaffte er es nicht, wurde ihm gleich hier die pochende Birne vom Rumpf getrennt.

„Alsdenn", rief der König, am Ende seiner Geduld. „Wenn ihm keine Narretei einfällt, so möge er Uns ein heiteres Liedlein klimpern. Wo hat er denn seine Laute gelassen?"

Die Laute! Der Wein! Der Stall! Die Laute! Dem Narren brach der Schweiß aus, als ihn Erinnerung auf Erinnerung einzuholen begann wie Wolf auf Wolf den flüchtenden Pferdeschlitten.

„Wir zählen bis drei", sprach der grundgütige König, seufzend vor Schwermut, und wandte sich damit an Hofnarren wie Scharfrichter gleichermaßen.

Viertes Kapitel

„Pardautz!", rief der Narr, der beim königlichen „Drei!" mit einem Ruck aus seiner Introspektive erwacht war, und hieb sich eine aufgeblasene Schweinsblase über den Kopf.

Doch anstatt wie früher in seliger Heiterkeit zu zerfließen, starrte ihn der König nur von Minute zu Minute finsterer an.

Der Narr zog seine beste Karte. Ein brandneuer Witz, ein garantierter Brüller. „Kommt'n Pferd in die Schänke. Fragt der Wirt: ‚Warum so'n langes Gesicht?'"

Und endlich, endlich, endlich, nach all den Monden schwermütiger Stille, hallte der Thronsaal der Königlich Bayerischen Residenz nur so wider von freiestem und fröhlichstem Gelächter.

Nur der König blickte ernst, wie sich sein Hofnarr und sein Scharfrichter so wiehernd in den Armen lagen.

„Vielleicht sollte er Uns doch lieber ein Liedlein trällern", befand der Monarch trocken.

Der Narr spürte, wie er in Schwung kam. Da war dieses Lied, das zurzeit ganze Tavernen zum Schunkeln brachte …

„Ich bin ein Holzfäller, wie ich ihn mag …
Ich trink bei Nacht und ich schlaf bei Tag …"

„Moment!" Der König hob die Hand. „Wieso", fragte er, etwas spitz, „wieso begleitet er sich denn nicht mehr auf der Laute? Wo hat er es, sein Instrument?"

Der Narr zerrte an seinem Kragen. Die Laute und ihr Verbleib waren Teil eines Themenkomplexes, an den er im Moment lieber nicht rühren wollte.

„Ich muss sie verlegt haben", krächzte er und wollte sich augenblicklich wieder in das Holzfällerlied stürzen, als eine Tür schlug.

Der Chef der Palastwache in all seiner wohlbekannten Unerbittlichkeit trat vor und verbeugte sich ehrerbietig vor seinem Herrscher.

Und plötzlich kamen dem Narren der verdammte warme Wein und der ach so gemütliche Stall und, kaum dass er sich ein wenig von der roten Miege hinter die Binde gekippt und die Saiten seiner Laute gestimmt hatte, auch noch die junge Frau mit der Hakennase und dem Überbiss in den Sinn.

Und dem Narren wurden die Knie … weich. Weich wie der Weiche Schanker, den des Königs Töchterlein kürzlich erst dem Bader angehängt hatte, der sich seitdem täglich zur Ader ließ, ohne das verdammte Jucken in seinem Hosenstall damit wirklich loszuwerden.

„Suchst du vielleicht das hier?", wandte sich der Palastwachenchef an den Narren. Und er wedelte vielsagend mit einem rauchgeschwärzten Gegenstand, der unschwer als der Hals eines Instrumentes zu erkennen war, von dem die für den lieblichen Klang der Laute so unabdingbare Anzahl von exakt fünf Saiten baumelten. „Möchtest du wissen, wo ich das gefunden habe?",hakte der Oberst der Wache nach.

Der Narr schnippte mit dem Finger, winkte dem Scharfrichter, beugte sich vor und legte Kopf und Hals auf den Richtblock.

Fünftes Kapitel

„Haltet ein!"

Der Scharfrichter grunzte gereizt, verhielt aber, mit dem Krummschwert in beidhändigem Rückschwung, und sah fragend zu seinem Monarchen. Der hob in bekannter Grundgüte die Hand und blickte, wie der Chef der Palastwache und letztendlich auch der Narr, der dafür seinen Kopf vom Richtblock nehmen musste, zur Tür des Thronsaals, in der rotnäsig, pferdezähnig, aufgelöst und einen massiven Eisbeutel auf dem fettigen Scheitel balancierend des Königs Töchterlein im Nachthemd stand und noch einmal „Haltet ein!", inbrunstierte.

„Nanu", staunte der König, „was treibt denn dich, Unser Töchterlein, dich Unserer gerechten Rechtsprechung in den Vollzug zu werfen?"

„Er ist unschuldig!", rief die Tochter und verwies auf den Narren, der, Kopf und Hals längst wieder auf den Block gebettet, die Augen schloss in ehrlicher Entnervung.

„Ich war es, o Vater, o Herrscher Bavarias, die die Lampe umstieß im Stalle und in der Hitze der Vereinigung!" Damit warf sie sich vor dem Thron zu Boden, weiterhin den Eisbeutel haltend, doch keineswegs ihr Nachtgewand, das nach oben rutschte und damit dem Blick sowohl des Palastwächters wie dem des Scharfrichters ungehinderten Zugang zur zweigeteilten Enormität ihres nackten Hinterns gewährte. „Und ich bin es auch, die nun SEIN –" dramatische Geste in Richtung des mit weiterhin wohlweislich geschlossenen Augen nun leise zähneknirschenden Narren, „– SEIN Kind unter dem Herzen trägt!"

Sechstes und letztes Kapitel

„Nun mach schon", flüsterte der Narr, der wusste, wann er gefickt war. „Ich verspreche, ich beschwer mich auch nicht, hinterher."

Doch der Henker schüttelte nur leicht den Kopf und ließ das Krummschwert sinken.

„Du schenkst Uns einen Enkel?", fragte der grundgütige König und ein Hauch von Skepsis gesellte sich zu seiner üblichen Schwermut. „Dann", entschied er schließlich und sah nicht ohne Verdruss zum Narren, „lasset Uns die Hinrichtung absagen und stattdessen eure baldige Vermählung ausrufen!"

„Schlag zu, ich flehe dich an!", bat der Narr, weiterhin quer über den Richtblock gebeugt.

Doch der Scharfrichter, der sich acht lange Jahre jedes Mal geduckt hatte, wenn des Königs Töchterlein versuchte, eines ihrer glubschigen Augen auf ihn zu werfen, tauschte einen wissenden Blick mit dem Chef der Palastwache, der aus ganz ähnlichen Gründen erleichtert schien, und legte sein Krummschwert beiseite wie der Palastwächter sein angekokeltes Corpus Delicti, und beide nutzten die so gewonnene Freiheit ihrer Hände zu spontanem Applaudieren.

„Ruft Uns den Ausrufer", rief der König, nicht wirklich begeistert über die Aussicht, ausgerechnet den Hofnarren als Schwiegersohn zu bekommen, „damit Wir ihm die, äh, frohe Botschaft ..."

„Moment", unterbrach ihn der Narr, der sich zunehmend übergangen zu fühlen begonnen und gleichzeitig aufgerichtet hatte, und das Krummschwert zitterte gar sehr in seiner Hand. (wie kommt das Schwert in seine Hand?) „Ihr glaubt wohl, ihr könnt mich hier verarschen, was?", wütete er. „Erst hängt ihr mir den Brand an und dann zieht ihr mir 'nen Ring durch die Nase, doch eins sag ich euch: Eher lasse ich mich vierteilen, als dass ich diese fette, versoffene Matschkuh heirate!"

Das einem wohl erdachten und dann dennoch gescheiterten Plan folgende, gerne etwas ernüchterte Schweigen legte sich über den Thronsaal, bis erst leise glucksend, dann gepresst, und schließlich schallend der König das begann, was ihm zu entlocken er den Narren ursprünglich hatte holen lassen.

Der König lachte.

Und der Narr, der begriff, dass er nun doppelt gefickt war, sprang mit einem gewaltigen Satz durch die in Bleiglas gefasste Darstellung Marias mit dem Kinde hinunter in den Hof, landete dortselbst auf dem Rücken des ohne seinen Stall etwas ratlos herumstehenden Königlichen Rappen, dem er die Hacken in die Flanken trieb, kalt lächelnd über die sich ihm unter Wehklagen in den Weg werfende Königstochter hinweg und weiter und weiter in gestrecktem Galopp, verfolgt von des Königs Häschern, bis er sie an der Grenze Burgunds endlich hinter sich gelassen und – Zufall – den Minnesänger wiedergetroffen hatte, der seinerzeit mit der Königin durchgebrannt war, diese aber längst gegen einen Ochsenkarren voll Lauten, Fiedeln, Flöten und Trommeln eingetauscht hatte, und die beiden gründeten auf der Stelle eine Schar, mit der sie fortan dem alpenländischen Liedgut, und nebenbei – an dieselbe Klientel gerichtet und daher ohne wirkliche kulturhistorische Relevanz – auch dem Weichen Schanker zu weiter Verbreitung verhalfen.

Der Bader, vom dauernden Aderlass zu geschwächt, um sich groß zur Wehr zu setzen, bekam schließlich des Königs Töchterlein und, nur allzu bald, auch des Narren Bastard zugeschanzt.

Wenig später fielen die Schweden in München ein, und kurz darauf die Pest.

So kanns gehen.

Michael Rossié

Wie man einen München-Krimi schreibt

Bavaria-Filmgelände, Büro Filmproduzent   *Innen/Tag*
Auf einem unbequemen Stuhl sitzt in schwarzem Rollkragen-
pullover und schwarzem Jackett der Autor H Punkt Holtkemper. Er scheint sich nicht sonderlich wohl zu fühlen, obwohl er
sich durch den Genuss mehrerer Schnäpse auf das Gespräch
vorbereitet hat.
Ihm gegenüber, mit einem in Bronze gemeißelten Lächeln, der
Filmproduzent Benni Loichinger. Der Schreibtisch von Loichinger im Hintergrund ist leer, so als sei hier lange nicht gearbeitet
worden.

Mein lieber Holtkemper, da ist viel Schönes dran an Ihrem
Drehbuch. Aber wir müssen noch ein paar klitzekleine Änderungen vornehmen. Wir wollen Ihren München-Krimi ja verkaufen, oder?

Findet der Redakteur meine Ideen nicht gut?

Fernsehredakteure sind geradezu allergisch auf gute Ideen. Sie trennen Tag und Nacht die guten von den schlechten, um dann die schlechten Ideen zu senden. Nein, ein Krimi muss den Geschmack der Zielgruppe treffen.

Und wie ist die Zielgruppe?

Groß, Holtkemper, möglichst groß.

Also doch Verona Pooth in der Badewanne?

Wenn Sie das unterbringen, wunderbar. Mario Adorf als Schwerverbrecher wäre auch nicht schlecht, und als Partnerin Hannelore Elsner in einer schweren Krise. Die Frau ist sich ja für nichts zu schade.

Aber Münchner sind in keiner Krise. Nie!

Da haben Sie leider Recht. Deswegen geht ja auch der Amokläufer nicht. Das wirkt immer gleich so brutal. Der Krimi soll München vermitteln, wie es wirklich ist: lebensfroh, frisch gestrichen, glücklich.

Ich kann ja schließlich keinen Krimi über eine geklaute Kreditkarte schreiben.

Lassen Sie die Banken lieber mal ganz raus, Holtkemper, sonst kriegen wir wieder Ärger mit der Staatskanzlei.

Wie wäre es mit geklautem Obst?

Holtkemper, lassen Sie den Sarkasmus. Sie schreiben fürs deutsche Fernsehen. Und da nehmen Sie am besten keinen Konflikt und lösen den dann positiv.

Aber so ein Film braucht doch auch eine Botschaft.

Eine Botschaft im Film bitte nur, wenn sie besetzt wird.

Also doch lieber ein misshandelter Hund …

Ein Zamperl ist gut. Das zieht. Und natürlich darf auch ein richtiges Verbrechen vorkommen. Leider liegen wir in der Kriminalstatistik nur an vorletzter Stelle. Dresden ist hinten.

Ja, aber doch nur, weil der Flughafen nicht zu München gezählt wird.

Wie kann man einen Flughafen, der in Ingolstadt liegt, zu München rechnen? Jetzt seien Sie doch nicht so spitzfindig, Holtkemper. Nehmen Sie als Opfer einen Münchner, der in Ruhe sein Bier trinken will, ein Tourist aus Köln stört ihn, es gibt einen Tumult, und der Kölner wird erschlagen. Das ist glaubwürdig. Oder wie wäre es mit einem Touristen, der einen Bahnbeamten ersticht, weil er an einem Fahrkartenautomaten der S-Bahn in eine Lebenskrise gerät?

Wer hier regelmäßig S-Bahn fährt, gerät unweigerlich in eine Lebenskrise.

Ja, aber dann müsste das Opfer ein Münchner sein. Das kommt nicht gut. Moment, er könnte aus Grünwald kommen, denn München-Krimis spielen eigentlich in Grünwald. Aber dahin fährt keine S-Bahn. Also doch besser ein Berliner. Noch besser zwei Berliner. Dann ist Mord okay. Berlin erwähnen Sie aber ansonsten besser gar nicht. Es gibt keinen Münchner, den interessiert, was in Berlin passiert. Dazu ist die Tagesschau da.

Schlagzeile in der Zeitung: Zwei tote Berliner!

Nein, Holtkemper. So was würde hier niemand drucken. Besser: Münchner nach Angriff auf zwei Berliner unter Schock. Unfälle mit voll besetzten Reisebussen interessieren nur, wenn zumindest einer verletzt wurde, der innerhalb des mittleren Ringes wohnt.

Und bitte kein Blut. Diese Stadt ist so sauber, da erschrickt man bei jedem Blutfleck. Legen Sie die Leiche auf den Bauch. Ansonsten können Sie es richtig brutal machen. Herz kaputt, Milz kaputt, Leber kaputt, eine sechzehnstündige Operation – da können wir den Solbach nehmen oder den Hehn – und in München ist ein medizinisches Wunder passiert. Die Botschaft muss sein: Wenn schon niedergeschlagen, dann wenigstens in München.

> Aber dann muss doch wenigstens der Täter aus München kommen.

Von mir aus. Aber dann kommt nur Affekt oder Notwehr in Frage.

> Der Täter ist völlig pleite, er sieht in Panik keine andere Möglichkeit als …

Mein Gott, Holtkemper, in Düsseldorf vielleicht. In München ist eine Insolvenz kein Grund, jemanden umzubringen. Meinetwegen Mord, um an eine billige Wohnung zu kommen oder an eine Box fürs Oktoberfest. Oder jemand erschießt sich, weil er sich München nicht mehr leisten kann und nach Chemnitz abgeschoben werden soll. Aber nur weil hier und da die eine oder andere Million fehlt, lässt sich doch ein Münchner nicht zu Gewalttaten hinreißen.

> Betrug?

Wegen Betruges werden hier nur Zugereiste verurteilt. Ebenso Steuerhinterziehung oder Bestechung. Hier kennt jeder einen Amigo, Sie verstehen?

Wie wäre es mit Habgier als Motiv?

Meinetwegen, Holtkemper. Aber Habgier allein ist sehr dünn. Bauen Sie da wenigstens noch einen kleinen Ödipus-Komplex ein. Da haben wir dann auch schon die Gastrolle für Senta Berger. Und lassen Sie den Mord bei Föhn geschehen. Da gibt es dann später mildernde Umstände.

Brauchen wir denn nicht einen wirklichen Bösewicht?

Nicht, wenn er aus München kommt. Finden Sie das Gute im Bösen. Lassen Sie den Täter abends für die Münchner Tafel eindecken. Wenn es nichts Anspruchsvolles ist, zusammen mit der Ferres. Aber da finden wir dann keinen Regisseur. Also machen Sie die Geliebte älter, und wir fragen Uschi Glas.

Ist das nicht unlogisch, Uschi Glas als Geliebte?

Logik behindert im Film doch nur. Meinetwegen ist sie die Tante. Oder nehmen Sie die Speidel beim Kuchenverkauf in der Fußgängerzone, das bringt Quote, oder Giulia Siegel. Aber geben Sie ihr im Film einen Mann, dann kriege ich die leichter. Oder wie wäre es mit Sara, diesem Germany's-Next-Topmodel. Aber von der müssen wir möglichst viel sehen, Holtkemper! Wieso passiert der Mord bei Ihnen ausgerechnet in der Nacht?

Die meisten Verbrechen geschehen nachts.

Holtkemper, im Fernsehen nicht. München: Da will der Zuschauer die Berge im Hintergrund. Davor eine blau-weiße Tram, darin strahlend der Herr Malchow, ein Trambahnfahrer, der für seine Tram durch die Hölle geht. Ein Brauereiwagen rumpelt durchs Bild, eine hübsche Blondine liest die Abendzeitung, und Fritz Wepper fährt den Wagen vor. Das ist München.

Wo soll denn der Brauereiwagen herkommen?
Der Krimi spielt im Hochsommer.

Die Wies'n muss rein. Und Hochsommer ist sowieso schlecht. Da sind die Münchner alle in Italien. Komplette Straßenzüge voller verschleierter Frauen und von Kölnern, die ihren Dom vermissen, das will niemand sehen.

Dann müssen wir auf den Dreh zwischen den
Nackten im Englischen Garten verzichten. Sex sells.
Das waren Ihre Worte.

Schreiben Sie ruhig eine Sexszene rein. Die werden wir nicht senden, aber ein Foto daraus geben wir den Fernsehzeitschriften. Vielleicht ein Interview mit Sandy Meyer-Wölden, wie sie sich fühlt, wenn sie mit einem fremden Mann Sex hat. Oder wir bauen noch eine Zeugenvernehmung im Müllerschen Volksbad ein. Lara Körner sagt im Dampfbad aus. Das ist Sex genug für das deutsche Fernsehen.

Also Spätsommer.

Sehr gut, Holtkemper. Wir sind nicht nur die deutsche Großstadt mit den meisten Feiertagen, nein, sobald in München die Sonne herauskommt, wird hier nicht mehr gearbeitet. Das gibt viele Verdächtige. Die setzen Sie dann einfach auf dem Gärtnerplatz in die Sonne. Alleine diese Szene bringt tausend Touristen zusätzlich.

Ein Cabrio für die Kommissare?

Nein, lassen Sie die Polizei mit einem BMW-Oldtimer kommen. Das wirkt weniger bedrohlich.

Aber der Täter fährt einen Porsche 911?

Kein Problem. Geben Sie dem Porsche ein Nummernschild mit EBE oder FFB und schon ist es völlig logisch, dass der Oldtimer den Porsche stellt. Und lassen Sie den Kommissar privat ruhig einen dicken BMW fahren. Schließlich ist München die Hauptstadt der Bewegung. Denken Sie aber mit dran, dass da hinten so ein Aufkleber drauf muss. „Wenig CO_2" oder so ähnlich. Schließlich wollen wir beim Fernsehen Vorbild sein.

Schwarze Autos für die Bösen und weiße Autos für die Guten?

Na klar, Holtkemper. Wir wollen den Zuschauer ja nicht verwirren. Aber nennen Sie den Kommissar nicht Heitmeyer und seinen Assistenten Soric. Das ist nun nicht wirklich originell. Und zählen Sie bitte die Wörter der Dialoge. Wenn wir Heino Ferch als Täter besetzen, bekomme ich mit dessen Rechtsanwalt wieder Probleme, weil der Kommissar mehr Text hat als er.

Weiß dann nicht sofort jeder, wer der Täter ist, wenn in jedem Bild Heino Ferch vorkommt?

Wirkung vor Logik, Holtkemper. Ihr Kommissar redet sowieso zu viel. Ein bayrischer Kommissar redet nicht über das, was selbstverständlich ist. Schon gar nicht zu einem Fremden. Die Anzahl der Wörter, die ein echter Münchner am Tag freiwillig von sich gibt, liegt bei einem guten Dutzend. Die Bestellung des Bieres mit eingerechnet.

Dann kommt der Kommissar eben aus Franken.

Nein, das geht gar nicht. Dass ein Franke ein Bayer ist, glauben nur die Franken. Der Kommissar wohnt in Giesing, wo er als 60er-Fan aufgewachsen ist. Erst später hat er dann seine Liebe für den FC Bayern entdeckt. Fußball muss rein.

Sein Hobby ist also Fußball.

Ja, das ist viel besser, als ihn am Wochenende an den Gardasee zu schicken. Die Münchner gelten sowieso als arrogant. Zeigen Sie ihn lieber auf dem Weg ins Stadion oder meinetwegen beim Gespräch im Stau am Sonntagabend bei Holzkirchen. Und wie er dabei die Auspuffgase des Vordermannes einatmet. So sieht hier die soziale Wirklichkeit aus. Und mindestens eine Szene für den Ude?

Der Ude? Aber der ist doch gar kein Schauspieler?

Richtig. Deswegen ist der ja so gut. Am besten im braunen Cord-Anzug. Und ein Friseur muss noch rein.

Wieso denn ein Friseur?

Weil ein Friseur in München zur Prominenz gehört. Das ist nun mal so. Mick Jagger können Sie auch noch einbauen. Nicht im Bild natürlich. Aber lassen sie jemand sagen, dass er bald kommt oder gerade wieder weg ist. Das schafft Atmosphäre.

Ein Kommissar, der auf die Stones steht?

Ja, zum Ausgleich bauen Sie mindestens ein Museum ein. Die Leute sollen nicht denken, dass hier alle nur in Biergärten herumsitzen. München hat die größte Anzahl von Museen in Deutschland.

Das ist doch langweilig.

Langweilig? Sind Sie der Autor oder ich? Sorgen Sie für Spannung. Der Krimi soll München so zeigen, wie es der Durchschnittsdeutsche sieht.

> Eingebildet, reich und skeptisch gegenüber
> allem Fremden.

So blasiert, wie Sie tun, Holtkemper, ist der Münchner gar nicht. Die Holzbank im Biergarten ist für alle gleich. Haben Sie einen Biergarten eingebaut?

> In sechs Szenen.

Wunderbar. Der Münchner spricht dauernd von Biergartenbesuchen und setzt damit seine Kollegen unter Druck. Man arbeitet hier eh lieber draußen. Oder gar nicht. Aber lassen Sie diese Schickeria-Party weg. Wird ja auch auf die Dauer langweilig, ständig mit Boris Becker oder Helmut Dietl anstoßen zu müssen. Auch die Ochsenknecht-Söhne sind sterbenslangweilig, wenn sie nicht gerade singen. Selbst der Lauterbach verhält sich so, dass man nicht bemerkt, dass er da ist. Aber Ottfried Fischer ist gut. Der macht Quote nur durch seine Anwesenheit.

> Das wird aber ziemlich teuer!

Dann sparen Sie eben woanders, Holtkemper. Den Unfall am Anfang, den müssen wir nicht sehen. Erzählen Sie von der größten Massenkarambolage aller Zeiten, das kommt viel besser. Lassen Sie den Ausflug nach Sylt weg, am Starnberger See ist es eh schöner, und die Recherche in Hamburg brauchen wir auch nicht. Der Kommissar ruft dort einfach an. Und natürlich erkündigt er sich nach den Flugpreisen und erfährt, dass die bei Condor am günstigsten sind. Sie verstehen den kleinen Wink, Holtkemper? Da gibt es jede Menge Möglichkeiten für Product Placement: Eine kleine Verfolgungsjagd in den fünf Höfen, eine

Geldübergabe in der leeren Allianz-Arena und mindestens einen Sympathieträger in der neuesten Trachtenmode. Schaffen Sie das bis nächste Woche?

> Sollte ich nicht besser erst mal ein Treatment schreiben?

Holtkemper, Redakteure lehnen am liebsten ganze Drehbücher ab und keine Treatments. Die wichtigsten Eckpunkte kennen Sie ja jetzt. Apropos Holtkemper, Sie sind nicht zufällig mit einem Redakteur verwandt?

> Nein, wieso?

Ach nichts. Auch keine … sagen wir Affäre mit einer Redakteurin?

> Nein.

Schade. Das hätte hilfreich sein können. Na ja, wie auch immer. Sie sehen, nur ein paar kleine Änderungen, und schon läuft die Sache. Bringen Sie noch ein bisschen Spannung rein, ein paar Wendungen, ein bisschen Herz und Schmerz und als Farbtupfer Roberto Blanco. Sie werden sehen, die Quote wird alle Rekorde brechen. Ich sehe das schon vor mir. Im Schlussbild trinken die Kommissare ein Weißbier mit Waldemar Hartmann. Das Logo der Brauerei ist gut zu sehen und die Kellnerin hat einen wahnsinnig beeindruckenden Stapel Holz vor der Hütt'n. Perfekt. – Sehen Sie, Holtkemper, so schreibt man einen München-Krimi.

Die Autorinnen und Autoren

Friedrich Ani, geb. 1959, lebt in München. Zuletzt erschienen sein Roman „Totsein verjährt nicht" (Zsolnay) und das Kinderbuch „Meine total wahren und überhaupt nicht peinlichen Memoiren mit genau elfeinhalb" (Hanser).
www.friedrich-ani.de

Zoe Beck, geboren 1975, wuchs zweisprachig auf und pendelt zwischen Großbritannien und Deutschland. Ihre große Liebe neben der Literatur ist die Musik: Mit drei Jahren begann sie, Klavier zu spielen, gewann bald darauf diverse Wettbewerbe und gab zahlreiche Konzerte. Heute arbeitet sie als freie Autorin und nimmt ihr allererstes Klavier immer noch bei jedem Umzug mit.
www.zoebeck.net

Angela Eßer wurde in Krefeld geboren, studierte Theaterwissenschaft in München und gibt mörderische Kochseminare, in denen die Ess- und Trinkvorlieben von berühmten Privatdetektiven und Kommissaren aus der Kriminalliteratur aufgedeckt werden. Außerdem ist sie Herausgeberin einiger Krimi-Anthologien, Organisatorin von Krimifestivals und neben Jürgen Kehrer und Andreas Izquierdo Sprecherin des Syndikats.
www.angelaesser.de

Roger M. Fiedler: Reiseleiter für Andalusien, Physiker, Sekretär, Bahnschaffner, Schriftsteller, erhielt einige Literaturpreise und Stipendien, schreibt Kriminalromane, Kurzgeschichten, Romane und Erzählungen.
www.roger-m-fielder.de

Henrike Heiland arbeitete nach ihrem Studium der Neueren Englischen Literatur als Producerin für internationale TV-Koproduktionen bei KirchMedia in München. Heute lebt sie als freie Drehbuch- und Romanautorin in Hamburg. Im Mittelpunkt ihrer drei bisher erschienenen Kriminalromane »Späte Rache«, »Zum Töten nah«, »Blutsünde« stehen der Rostocker Hauptkommissar Erik Kemper und die Kriminalpsychologin Dr. Anne Wahlberg.
www.henrikeheiland.de

U.A.O. Heinlein, geboren 1955, Professor für Genetik, Musiker und Publizist, hat in den letzten Jahren für seine Polit-, Wirtschafts- und Wissenschaftsthriller angelsächsischer Prägung ausgesprochen gute Kritiken erhalten.
www.uaoh.de

Carsten Sebastian Henn, geboren 1973, lebt mit Frau, Kindern, Katzen, unzähligen CDs und zwölf Rebstöcken bei Köln. Seine Reihe um den Koch und Meisterdetektiv Julius Eichendorff verkaufte sich bereits über 100.000 mal und erscheint auch in Hörbuchform, gelesen von Jürgen von der Lippe. Sein Roman „Tod & Trüffel" stand mehrere Wochen in der Spiegel-Bestsellerliste, auch der Nachfolgeband „Blut & Barolo" wurde ein großer Erfolg..
www.carstensebastianhenn.de

Andreas Izquierdo, geboren 1968, Sohn eines deutschen Ingenieurs und einer spanischen Krankenschwester; aufgewachsen in Iversheim (Nord-Eifel), nach dem Abitur (1987) nach Köln gezogen. Zusammen mit Jürgen Kehrer und Angela Eßer Sprecher des Syndikats.
www.izquierdo.de

Jörg Juretzka schreibt Bücher, wenn er nicht gerade auf dem Bau malocht oder seinem liebsten Hobby nachgeht: auf Autobahnbrücken herumstehen und dem Verkehr zuwinken.

Iny Lorentz: Dahinter steckt das Münchner Ehepaar Iny (*1949) und Elmar (*1952), das seit 2003 erfolgreich historische Romane veröffentlicht („Die Wanderhure") und neuerdings auch Thriller unter dem Namen Nicola Marni. Die vorliegende Story basiert auf dem Romanmanuskript „Genoveva" (AT), einer Geschichte aus dem frühen 16. Jahrhundert, die 2010 bei Knaur als Hardcover erscheint.

Beatrix Mannel studierte Theater - und Literaturwissenschaften. Danach arbeitete sie knapp zehn Jahre als Redakteurin beim Fernsehen bis sie 2000 damit anfing, ihren Traum vom Bücher schreiben zu verwirklichen. Seitdem schreibt sie Romane für Kinder und Jugendliche, Thriller und historische Romane für Erwachsene. Sie lebt mit ihrer Familie in München.

www.beatrix-mannel.de

Sandra Niermeyer, geboren 1972 in Melle/Niedersachsen. Lebt seit 1997 in Bielefeld/Nordrhein-Westfalen, arbeitet dort als freie Autorin. 2002 Würth-Literaturpreis der Tübinger Poetik-Dozentur. 2003 Förderpreis des Landes Nordrhein-Westfalen für junge Künstlerinnen und Künstler in der Sparte Dichtung und Schriftstellerei. 2004 und 2006 wurde sie für den Glauser-Kurzkrimipreis nominiert. 2007 Marlen-Haushofer-Literaturpreis. Veröffentlichungen bisher in Literaturzeitschriften, Anthologien, Zeitungen und Magazinen (z.B. Bella Triste, Entwürfe, Das Magazin, Gazette, Am Erker, Signum, Konzepte, Krautgarten, Podium, taz, Freitag).

Heidi Rehn, gebürtige Rheinländerin, lebt seit ihrem Studium in München. Nach zwei historischen Kriminalromanen aus dem München Ludwigs II. erscheint Anfang 2010 bei Knaur „Die Wundärztin", ein historischer Roman aus der Zeit des Dreißigjährigen Krieges.

www.dierehn.de.

Michael Rossié, geb. 1958 in Köln und aufgewachsen in Süchteln am Niederrhein, lebt seit knapp 30 Jahren als Schauspieler, Coach und Autor in München. Er schrieb Drehbücher für Fernsehserien, sowie das Drehbuch zu „Supersingle". 2004 erschien neben seinem Buch „Sprechertraining" sein Buch „Frei sprechen" (Econ). Ein weiteres Sachbuch über „Schwierige Gespräche mit Chef und Kollegen" erschien im Herbst 2005 bei Haufe.
www.sprechertraining.de

Andrea Maria Schenkel, geboren 1962, lebt in der Nähe von Regensburg. Ihr Debüt „Tannöd" wurde 2007 mit dem Deutschen Krimi-Preis, dem Friedrich-Glauser-Preis, der Corine und dem Martin Beck Award für den besten internationalen Kriminalroman ausgezeichnet. Ebenfalls preisgekrönt ist der Nachfolgeroman: Kalteis. Zuletzt erschienen: Bunker. www.andreaschenkel.de

Stefan Slupetzky, Jahrgang 1962, lebt als Schriftsteller in seiner Geburtsstadt Wien. Sein Kriminalroman „Der Fall des Lemming" wurde mit dem Friedrich-Glauser-Preis für das beste Krimi-Debut ausgezeichnet, „Lemmings Himmelfahrt" mit dem Burgdorfer Krimipreis. „Das Schweigen des Lemming" wurde 2007 zu einem der 100 Lieblingsbücher der Wiener gekürt. Nach dem Erscheinen des vierten Bands der Reihe, „Lemmings Zorn", erhielt Slupetzky im Jahr 2009 den Radio-Bremen-Krimipreis.
www.members.chello.at/st.slup/

Antje Stockmann ist diplomierte Grafikdesignerin und lebt in Köln. Näheres unter www.antjestockmann.de.

KÖLN BLUTROT
16 Autoren, 24 Tote, eine Stadt.

Deutschlands beste Kurzkrimiautoren haben zugeschlagen: in der Nordstadt, in der Südstadt, op der schäl Sick. Einfach überall. Und jetzt hat unsere schöne Domstadt ein paar Leichen mehr. Die Bestsellerautoren Jacques Berndorf und Gisbert Haefs haben die Messer gewetzt, die Friedrich-Glauser-Preisträger Norbert Horst, Jürgen Ehlers und Sabina Naber die Pumpgun durchgeladen, die Krimispezialisten Ralf Kramp, Brigitte Glaser, Carsten Sebastian Henn die Axt geschwungen, und die Kölner Killer Helmut Frangenberg, Sibylle Spittler und Hartwig Liedtke im Giftschränkchen gewühlt. Der Träger des Deutschen Kurzkrimipreises, Kai Hensel, hat zusammen mit Sir-Walter-Scott-Preisträger Andreas Izquierdo und Thrillerspezialist U.A.O. Heinlein die Lunten gelegt. Und zum Schluss haben Angela Eßer und Julius Moll sie alle beerdigt.

Illustrationen: Antje Stockmann, mit einem Vorwort von Frank Schätzing

ISBN 978-3-940610-06-5
Taschenbuch,
258 Seiten, € 10,–

Julius Moll
LYRIK FÜR NICHTLYRIKER
Illustrationen von Egbert Greven

Moll schafft es, aus alltäglichen Begebenheiten und Dingen mit sanfter Hand Verse zu destillieren, die in ihrer scheinbaren Leichtigkeit an Wilhelm Busch und Robert Gernhardt erinnern.

> „Da, wo der wilde Hafer sticht,
> da trag ich meine Hose.
> Am Bauch, wo keine Hose ist,
> da hab ich Gürtelrose."

Vierzeiler wie dieser lindern die Tragik des alltäglichen Menschenlebens um ein Vielfaches, und wenn Gedichte dies leisten, könnte man im Grunde genommen schon restlos zufrieden sein. „Lyrik für Nichtlyriker" geht allerdings einen Schritt weiter. Hier werden den Versen Linolschnitte zur Seite gestellt, die die therapeutische Wirkung noch verstärken. Kongenial und mit dem souveränen Augenzwinkern des wahren Meisters hat Egbert Greven die Mollschen Gedichte illustriert – und dabei ist man geneigt, den Ausdruck kongenial wörtlich zu nehmen.
Ob es um das Schicksal von Haustieren geht oder um das ganzer Hausgemeinschaften, ob um die Frage, wie Häuser auszusehen hätten, wenn die Räume rund statt eckig wären, wieso ein Frosch auf Regen wartet oder warum man Plauen nach kurzer Zeit wieder verlassen möchte: Moll und Greven beantworten all diese existenzialistischen Fragen in Wort und Bild. Um Willy Brandt zu zitieren: „Hier wächst zusammen, was zusammen gehört."

ISBN 978-3-940610-04-1
Hardcover, Schutzumschlag,
76 Seiten, € 22,80